Wein Reise Buch Österreich

ES SIND MEIST DIE KLEINEN
DINGE, DIE DAS LEBEN
BUNT UND LEBENSWERT MACHEN.

DEINE ELTERN

Klaus Egle

Wein Reise Buch Österreich

Fotos von Gerhard Trumler

Pichler Verlag

Fotonachweis:

© Huber: Seite 190, 192
Klaus Egle: Seite 132, 176 u., 178, 183 u.
Autorenfoto Klaus Egle: © Birgit Edlhofer

Alle übrigen Fotos stammen von
Gerhard Trumler

ISBN 978-3-85431-514-8

Wien · Graz · Klagenfurt
www.ichlese.at

Umschlag- und Buchgestaltung:
Bruno Wegscheider
Produktion: Alfred Hoffmann
Recherchen: Mag.[a] Sabine Lintschinger

Reproduktion: Pixelstorm, Wien
Druck und Bindung:
Druckerei Theiss GmbH, St. Stefan

DAS AMA-Gastrosiegel – ein Siegel der Verlässlichkeit!

Für eine große Anzahl der Gäste spielen Authentizität und Regionalität eine wichtige Rolle. Die Herkunft der in der regionalen Küche verwendeten Produkte wird immer häufiger nachgefragt. Bewusst im Restaurant essen bedeutet, sich genussvoll den modern zubereiteten Gerichten aus heimischen Rohstoffen hinzugeben.
Nachhaltigkeit und die Rückbesinnung auf regionale Angebote gewinnen also in der Gastronomie und Hotellerie immer mehr an Bedeutung. Laut einer Studie der Universität für Bodenkultur legen 70 Prozent der Gäste im Restaurant großen Wert auf nachvollziehbare Herkunftsangaben.

Der Schulterschluss zwischen Landwirtschaft und Gastronomie ist die Basis für eine „kulinarische Destination Österreich". Aus diesem Grund hat die AMA Marketing GesmbH ein Rückverfolgungssystem entwickelt. Mit dem AMA-Gastrosiegel werden Betriebe, die die Philosophie des regionalen Einkaufs leben, ausgezeichnet und zertifiziert.
Versehen mit dem AMA-Gastrosiegel garantieren Österreichs Wirte, dem Gast Gerichte aus der Region zu kredenzen, die mit österreichischen Rohstoffen gekocht werden. Im Detail bedeutet dies, dass Gastronomiebetriebe aus den Produktkategorien Fleisch, Milch, Eier, Obst & Gemüse sowie Wild und Süßwasserfisch individuell jene Produkte auswählen, deren Herkunft in der Speisekarte gekennzeichnet werden soll. Hierbei steht die Transparenz der Herkunft im Vordergrund.

Inhalt

Liebe Wein- und Genussreisende!

Im Jahr 1997 schrieb ich mein erstes Weinreisebuch mit dem Titel „Die schönsten Weinstraßen Österreichs". Ein respektables Werk mit einigen Farbfotos, ausführlichen Essays und Tipps, die sich vor allem auf Winzer und Wirtshäuser bezogen. 2004 folgte das zweite, wesentlich umfangreichere Buch mit vielen neuen Winzern und weit mehr Tipps zum Essen, Wohnen und Einkaufen. Als ich meinem Verlag im Jahr 2009 ein neues Projekt zu diesem Thema vorschlug, argumentierte ich damit, dass sich in den Weinregionen schon wieder so vieles getan und entwickelt hätte, das festzuhalten notwendig und lohnenswert wäre. Erst bei der Arbeit an diesem Buch habe ich wirklich realisiert, wie Recht ich damit hatte.

Da sind die neuen Weinkeller in allen Regionen wie die sprichwörtlichen Schwammerln aus dem Boden geschossen – und das in einer Form, die jede Weintour inzwischen zugleich zur Architektur-Reise werden lässt. Da wurden komfortable Winzerzimmer installiert, neue Weingartenhotels gebaut und Wellness-Bereiche installiert. Wein-Erlebniswelten öffneten ihre Tore, bestens sortierte Regionalvinotheken säumen jeden Weg und zahlreiche Ab-Hof-Verkäufer und Anbieter regionaler Spezialitäten sorgen dafür, dass man von einer Weinreise stets mit reicher Beute zurückkehrt. Sie alle habe ich versucht in diesem Buch zu versammeln. Darüber hinaus aber auch noch Angebote, die über den Radius von Hunger und Durst hinausgehen: Sehenswürdigkeiten, architektonisch interessante Bauwerke, Museen und Ateliers, Freizeit- und Sportangebote und nicht zuletzt Sehens- und Erlebenswertes für Kinder.

Trotz redlichen Bemühens kann aber dieses Buch keinen Anspruch auf Vollständigkeit erheben. Es soll einfach nur ein zuverlässiger Reisebegleiter sein, eine Richtschnur, die Sie, liebe Leserin und Sie, lieber Leser, zielsicher zu den guten Adressen im Weinland führt. Dass Sie daneben auch Ihre eigenen Entdeckungen machen und Ihre persönlichen Favoriten finden, das wünsche ich Ihnen.

Ihr

Beim Schilcher zu Hause

Der Schilcher ist der rosa Farbtupfer in der österreichischen Weinlandschaft. Ein rassiger Geselle, in dessen Heimat, der Weststeiermark, sie den Begriff „Weinberg" vermutlich erfunden haben.

Die Weststeiermark ist das kleinste Weinbaugebiet des Landes, aber das sagt gar nichts, denn ein markantes ist es allemal. Nicht nur wegen seiner außergewöhnlichen Landschaft – dazu kommen wir noch –, sondern vor allem wegen seinem Wein: dem Schilcher. Der ist ein Unikat in Österreich und im Rest der Welt sowieso und vor allem: ebenso wie das „Steirerbluat" alles andere als ein Himbeersaft. Wir verdanken diese Einsicht Reinhard P. Gruber, dem Dichter, der sich hier niedergelassen und sich viele Gedanken über den Schilcher, das Steirertum im Allgemeinen und die Weststeiermark im Besonderen gemacht hat. Er hat im übrigen auch klargelegt, warum die Weststeiermark „Weststeiermark" heißt, obwohl es doch Teile der „Grünen Mark" gibt, die weit westlicher situiert sind: „Wo der Westen ist, definiert der Weststeirer allein: dort, wo er wohnt, ist er, sagt er und darüber hinaus gibt es keine Weststeiermark. Darüber wird nicht diskutiert!", erklärt er in seinem bekannten „steirischen" Roman „Aus dem Leben Hödlmosers".

Dass indes der Schilcher kein Himbeersaft ist, liegt allein schon deshalb auf der Hand, weil Himbeeren etwas Süßes sind und in süßer Form tritt uns der Schilcher eher selten entgegen. Eine Tatsache, die seit Jahrhunderten bekannt sein dürfte und von höchster Stelle bestätigt wurde. So schrieb Papst Pius V., der im Jahr 1782 auf der Reise zu Kaiser Joseph II. war, nach einem Besuch im Franziskanerkloster Maria Lankowitz bei Köflach in sein Tagebuch: „Sie haben uns einen rosaroten Essig vorgesetzt, den sie Schilcher nannten!"

Von diesem Image, das muss man sagen, hat sich der Schilcher inzwischen wirklich emanzipiert, wenngleich eine kernige Säure nach wie vor ein wesentliches Charakteristikum des roséfarbenen Rebensaftes geblieben ist. So richtig Karriere machte der resche Weststeirer, der bis dahin eher als einfacher Haustrunk und Bauernwein galt, im Zuge der „Entdeckung" der Steier-

Steinerne Wächter: Weingarten-Pavillons bei Schloss Stainz

mark durch ein breiteres Publikum von Wein- und Genussreisenden ab Mitte der Achtziger Jahre. Es entstand ein regelrechter Schilcherboom, die Preise zogen kräftig an und die Nachfrage galoppierte zeitweise dem Angebot davon. Inzwischen hat sich das längst wieder eingependelt. Der Schilcher findet seinen Markt und den Winzern ist es gelungen, dem einstmals als „Rabiatperle“ und „Heckenklescher“ diskreditierten Edelsäuerling so weit Manieren beizubringen, dass er heute als ebenso liebens- wie kostenswerte regionale Spezialität gilt. Im Zuge dessen hat sich auch sein Erscheinungsbild stark diversifiziert: Als wichtigste „Spin-offs“ wären dabei Schilcher-Frizzante, Schilcher-Sekt, und Schilcher-Trebernbrände sowie Süßes von der Trockenbeerenauslese über Schilcher-Konfekt bis zu Schilcher-Eis zu nennen.

Wenn wir nun schon über das Wesen des Schilchers sprechen, muss der Vollständigkeit halber auch erklärt werden, dass dieser Wein nicht etwa aus einer „Schilcher-Traube“, sondern aus einer Rotweinrebe namens „Blauer Wildbacher“ gekeltert wird. Diese kann zwar durchaus auch beachtliche Rotweine hervorbringen, was aber aufgrund des hohen Säuregehalts und des kräftigen Gerbstoffs besonders reife Trauben und viel Fingerspitzengefühl im Keller erfordert. Seine wahre Bestimmung findet der Blaue Wildbacher jedoch im Schilcher, der aus der Weststeiermark das „Schilcherland“ gemacht hat. Als Symbol für hochwertige Weine wählte die hiesige Markenschutzgemeinschaft das weiße Pferd – in Anlehnung an die Lipizzaner im unweit von Ligist gelegenen Gestüt Piber.

In den zahlreichen Buschenschenken der Gegend trifft er auf kongeniale Partner: vom einfachsten – und vielleicht besten –, dem „Verhackertbrot“ mit faschiertem, geräuchertem Speck und dem traditionellen Kübelfleisch, das gebeizt, geräuchert und im Fett eingelegt wird, über das steirische Backhendl und die Maroni im Herbst, bis zu Steirerkas und Heidensterz aus Buchweizenmehl. Zu beachten ist in diesem Zusammenhang unbedingt die Tatsache, dass der Schilcher eigentlich nur dann seine wahren Qualitäten in Sachen Duft und Geschmack ausspielen kann, wenn er in der adäquaten Atmosphäre seiner näheren Heimat getrunken wird. Schon in der Südsteiermark lässt er meist deutlich nach und weiterer Export, etwa nach Wien oder gar ins Ausland, hinterlässt fast immer irreparable Schäden. Nicht etwa, dass der Wein verderben würde, aber er mundet bei weitem nicht mehr so wie dort, wo man ihn im Schatten eines Kastanienbaumes, bei prächtiger Aussicht und einer deftigen Jause verkostet hat.

Wein vom Steilhang

Also begeben wir uns dorthin, wo der Schilcher wächst und wo er idealerweise auch getrunken wird: auf die Schilcher-Weinstraße. Diese beginnt im Norden in Ligist, wo schon die Kelten Weinbau betrieben haben und wir gleich einmal einen fabelhaften Eindruck von dem bekommen, was uns auf dieser Reise erwartet. Rund um den hübschen Ort mit seinem kleinen, von alten Häusern gesäumten Hauptplatz, erheben sich die extrem steilen Weinberge, die den Verdacht nahe legen, dass dieses Wort in der Weststeiermark erfunden worden ist. Mitten drin sichtet man da und dort einen Buschenschank, der gleich zu genussvollen Abstechern mit dem Auto oder zu Fuß lockt. Da lässt sich noch vieles entdecken und wer bei einer deftigen Jause und einem reschen Tropfen Ligist einmal von oben sehen will, ist hier meistens genau richtig. Wir wenden uns aber nun nach Süden und fahren schnurstracks nach St. Stefan ob Stainz. Da begegnen uns – was die zügige Weiterfahrt nicht erleichtert – gleich mehrere hochkarätige Schilcherproduzenten, die einen Zwischenstopp geradezu unabdingbar machen.

In Gundersdorf sind es der Winzer **Max Grinschgl** und der **„Florlwirt“**, wo sich die kühlen Tropfen gleich zu deftigen Gerichten aus der Regionalküche verkosten lassen, ehe man das **Weingut Vollmaier-Wieser** besucht, das unter anderem mit Raritäten wie einem Schilcher-Eiswein aufwarten kann.

Das Auffinden der einzelnen Betriebe ist übrigens nicht immer ganz leicht, denn viele Adressen liegen zwar auf dem Gemeindegebiet von St. Stefan ob Stainz, sind aber winzigen Orten zugehörig, die sich auf den Bergen und Kogeln der Region verteilen. Insoferne versteht man auch plötzlich den Schilderwald an jeder Straßenkreuzung, der für Puristen und Naturfreunde das Landschaftsbild sicherlich nicht verschönert, dafür aber die Navigation eindeutig erleichtert. Dennoch können sich solche Stichfahrten oft als echtes Geduldspiel erweisen, insbesondere dann, wenn auf dem Hinweisschild keine Entfernungsangabe steht; insgeheim hege ich ja den Verdacht, dass diese öfters ganz bewusst unterschlagen wird, um herumziehenden Weinfreun-

Gut durchlüftet: „Kellerfenster" aus Ziegeln in Langegg

den nicht von vornherein den Mut zu nehmen. Da kann es schon passieren, dass man etliche Kilometer bergauf und bergab fährt, unzählige Kehren überwindet und schließlich, wenn man bereits daran zweifelt, sich nach wie vor in der Steiermark zu befinden, doch noch vor der Tür eines versteckt gelegenen Buschenschanks steht, der aber – der Teufel schläft bekanntlich nicht – gerade Ruhetag hat.

Schilcher mit Aussicht

Das ist freilich kein besonderes Malheur, da die Auswahl an guten Produzenten und Wirtshäusern im Gebiet rund um St. Stefan wirklich so groß ist, dass man schon eher die Qual der Wahl hat; ein kurzer vorheriger Anruf hilft freilich, sich Enttäuschungen zu ersparen. So wendet man sich also bergwärts und fährt in Richtung Reinischkogel, wo die Schilcherweinstraße mit Langegg und Greisdorf, ihre vielleicht schönsten Plätze zu bieten hat. Also weiter den Berg hinauf, wo noch so manches Kleinod zu finden ist; so etwa das idyllisch auf einer „Bio-Alm" gelegene **Gasthaus Wassermann** mit eigenem Wildgehege, Schilcherweinbau und Bio-Komfortzimmern. In Langegg selbst schließlich stößt man auf ein ganzes „Nest" von Buschenschenken, deren bekannteste wohl die von **Josef Lazarus vulgo Pers** und **Stefan Langmann vulgo Lex**, sind.

Dass es hier und auch in anderen Teilen der Weststeiermark mit hoher Buschenschankdichte besonders an schönen Sommer- und Herbstwochenenden zu einer regelrechten Touristen-Überflutung kommen kann, soll nicht verschwiegen werden. Andererseits lässt sich auch in Langegg an stilleren Tagen nach wie vor ein gutes Glas Schilcher, eine deftige steirische Jause und vor allem eine unvergleichliche Aussicht über St. Stefan, Stainz und das weitere Umland genießen. Eine Tatsache, die sich längst bei der überregionalen Prominenz herumgesprochen hat, die sich mit dem **„Jagawirt"** in Sommereben bei Greisdorf ihr bevorzugtes Plätzchen gesucht hat. Man muss freilich zugeben, dass die Damen und Herren dabei durchaus guten Geschmack bewiesen haben. Denn abgesehen von der – selbstverständlich – exzellenten Lage mit dazugehöriger Aussicht, hat es die Familie Goach verstanden, hier ein kleines kulinarisches Paradiesgärtlein zu schaffen, das einerseits die Sehnsucht des Stadtvolkes nach unverfälschter Natürlichkeit befriedigt aber andererseits hohe Perfektion bietet und keinen Komfort vermissen läßt. Das alles gelingt so gut, dass der Junior des Hauses in Wien eine „Zweigstelle" des Jagawirts gegründet hat; das **„Steirerstöckl"** ist eine Art Schutzhaus am Rande des Pötzleinsdorfer Schlossparks (1180 Wien, Pötzleinsdorfer Str. 127, Tel. 01/44 04 943), in dem ausschließlich steirische Schmankerln und Weine serviert werden.

Etwas weiter unten, sozusagen im Herzen von Greisdorf, findet sich mit dem **Gasthaus Jochum** zwar ein weniger berühmter Betrieb, der aber nicht nur mit einem idyllischen Gärtlein und gepflegter Atmosphäre im liebevoll gepflegten, alten Haus aufwarten kann, sondern zum hervorragenden Backhendl auch feine Weine aus dem eigenen Anbau und einen köstlichen Schilchersekt serviert. Für den „Abstieg“ nach Stainz bietet sich eine ganze Reihe von kleinen Straßen und Wegen an, die sich entlang der extrem steilen Weinberge hinunterschlängeln und immer wieder atemberaubende Ausblicke freigeben. Neben der einen oder anderen Buschenschank sieht man hier zahlreiche wunderschön renovierte Winzerhäuschen, sogenannte „Schilcherstöckln“, von denen etliche als Ferienhäuser zu mieten sind.

Der Schlossberg lebt

Was man aus luftiger Bergeshöh’ längst ausgemacht hat, lässt sich, wieder im Tale angelangt, aus der Nähe besichtigen: das Schloss Stainz mit seiner beeindruckenden barocken Stiftskirche und der Dependance des steirischen **Landesmuseums Joanneum** ist auch für kulturell weniger interessierte Weinreisende zumindest einen Kurzbesuch wert. Insbesondere natürlich dann, wenn im Rahmen der „styriarte“ die inzwischen schon legendären Kirchenkonzerte stattfinden. An den Abhängen des Schlosses haben die Winzer Max Grinschgl vlg. Walter, Fritz Klug vlg. Voltl und Eduard Oswald vlg. Trapl den alten Schlossweingarten wieder bepflanzt, der einst von Erzherzog Johann, dem großen Förderer des steirischen Weinbaus, angelegt worden war.

Doch Stainz hat noch eine kleine Attraktion parat, die Kinder ebenso wie Nostalgiker und Weinfreunde begeistert: der sogenannte **„Flascherlzug“**, der unter Dampf und Getöse von Stainz nach Preding schnauft, legt auf diesem Weg zahlreiche Zwischenstopps ein, damit die Fahrgäste

Zentrum der Kultur und des Weinbaus: Stainz in der Weststeiermark. Oben die barocke Kirche, unten das Schloss, in dem eine Dependance des steirischen Landesmuseums Joanneum untergebracht ist, und im Vordergrund der rekultivierte Weinberg, den einst Erzherzog Johann anlegen ließ.

Gelegenheit haben, sich an einem Glaserl Schilcher und kleinen Imbissen wie Verhackertbroten oder Strauben (gezuckertes Butterteiggebäck) zu stärken. Der Name dieses kuriosen Verkehrsmittels rührt nicht vom Schilcher her, sondern geht darauf zurück, dass in den zwanziger Jahren die Patienten des bekannten Naturheilers „Höller-Hansl" ihre in kleine Fläschchen abgefüllten Urinproben mit dieser Dampfeisenbahn nach Rechling bei Stainz brachten, wo der Wunderdoktor wirkte.

Selbstverständlich werden auch Weinfreunde in Stainz fündig: Im Detail bei der ehemaligen Weinkönigin, engagierten Winzerin und Weinakademikern **Karin Ulz** und überblicksmäßig im **Weinhaus Stainz**. Durch die Initiative von Weinfreaks aus dem Ort entstanden, bietet das modern gestaltete, ehemalige Armenhaus praktisch alles, was Weinherz und -gaumen begehren könnten. Von Seminarräumen und Weinveranstaltungen bis hin zu einer gut sortierten Feinkostabteilung und einem ausufernden Weinangebot mit regionalem Schwerpunkt.

Ganz dem Schilcher hat sich hingegen die **Vinothek „Schilcherstöckl"** verschrieben, die man bei der Weiterfahrt über die Bundesstraße 76 in Rassach erreicht. Hier werden neben Erzeugnissen aus bäuerlichem Kunsthandwerk rund 40 Schilcher zur Verkostung und zum Kauf angeboten; eine ideale Anlaufstelle, um sich einen Überblick über das Weinangebot der Region zu verschaffen. Folgt man von Stainz aus weiter der Weinstraße so findet man auf der historischen Warte am Stainzer Kogel, die im Jahr 1902 von den Naturfreunden errichtet worden ist, einen Überblick der etwas anderen Art ... Das nahe gelegene **Gasthaus Engelweingarten**, bietet seine Dienste inzwischen leider nur noch als Frühstückspension an – Lage und Aussicht sind freilich so schön wie eh und je.

Weinreben einmal wild – als Haus-Schmuck – und kultiviert: Weingarten bei Deutschlandsberg.

Nach diesem Höhenflug stürzen wir uns wieder in die Tiefe vom „Gamsgebirg" nach Bad Gams und dann weiter nach Deutschlandsberg, wobei auf dieser Strecke immer wieder Abzweigungen in die steilen Weinberge hinaufführen und dazu verlocken, einige der zahlreichen Buschenschenken zu suchen und zu erproben. Nicht versäumen sollte man auch einen Abstecher in den Osten, zu **Günter J. Müller** in Gussendorf bei Groß St. Florian, das übrigens auch ein sehenswertes **Feuerwehrmuseum** sein Eigen nennt. Der steirische Weinzampano ist nicht nur einer der wichtigsten Schilcherproduzenten, sondern besitzt auch erstklassige Weinlagen in der Südsteiermark sowie ein Weingeschäft in der Wiener Innenstadt, in dem neben den eigenen Produkten auch feine Delikatessen und ein ausuferndes Angebot an Importweinen angeboten wird *(Der Wein, 1010 Wien, Riemergasse 6, Tel. 01/338 52 15, Internet: www.der-wein.at).*

Die Heimat des Schilchers

Deutschlandsberg selbst ist von Weinbergen und Buschenschenken aber auch von zahlreichen Burgen und Schlössern umgeben. Im Norden **Schloss Wildbach**, dem die „Schilcher-Rebe" ihren Namen und Kunstfreunde einige der schönsten Kompositionen Franz Schuberts verdanken,

Hier bekam der Blaue Wildbacher seinen Namen: wildromantisch-verwachsene Gartenstiege des Schlosses Wildbach bei Deutschlandsberg.

Schloss Deutschlandsberg mit schönen Gästezimmern und einem ausgezeichneten Restaurant gleich oberhalb des Ortes und schließlich, etwas weiter südlich, das verträumte Märchenschloss **Hollenegg,** dessen Arkadenhof besonders sehenswert ist. Noch weiter südlich folgt dann **Schwanburg,** ehe man über Wies nach Eibiswald, zum End- oder eben Anfangspunkt der Schilcherweinstraße gelangt. Auch auf dieser Strecke winden sich Nebenstraßen immer wieder auf Hügel und Weinberge hinauf, wo man mit zuverlässiger Sicherheit auf einen Buschenschank stößt, wobei die Landschaft jetzt etwas offener, die Berge niedriger und die Weinrieden verstreuter wirken.

Nichtsdestotrotz findet man in der Region rund um Wies und Eibiswald mit **Erich Kuntner** in St. Ulrich in Greith, **Christian Reiterer** in Lamberg und **Johann Jöbstl** in Wernersdorf einige der besten Schilcherproduzenten. Die Familie Jöbstl, die hier unter anderem eine Schaubrennerei und ein Schnapsmuseum betreibt, ist übrigens für ihre exzellenten Edelbrände noch weit bekannter als für den Schilcher. In Eibiswald selbst wartet zum Abschluss dieser Schilcherland-Tour schließlich noch ein Wirtshauskuriosum, das auf jeden Fall einen Besuch lohnt. **„Hasewends Kirchenwirt"** ist die inzwischen rare Kombination aus Fleischhauerei, Wirtshaus und Kino. Bestens geeignet, um sich nach einem köstlichen Essen noch mit einem guten Glaserl Wein einen Film anzusehen und anschließend einen Beutezug zu Kübelfleisch, Speck und Würsten aus eigener Schlachtung und Produktion zu unternehmen.

Winzer&Weine

Die Blaue Wildbacherrebe bedeckt fast 90 Prozent der Rebflächen in der Weststeiermark und liefert die Trauben für die Schilcherproduktion. Durch das rasche Abpressen der Maische entsteht daraus der roséfarbene Schilcher, ein Wein, der bereits im 16. Jahrhundert urkundlich erwähnt wurde und der zum Markenzeichen der gesamten Weinregion wurde. Auch wenn unter eingefleischten Schilcherfreunden Einmütigkeit darüber herrscht, dass man diesen nach Möglichkeit nur dort trinken sollte, wo er gewachsen ist, hat er seinen zweifelhaften Ruf als „Sauerampfer" oder „Heckenklescher" abgelegt und hat sich zu einer gefragten regionalen Spezialität entwickelt. Was nicht zuletzt dadurch bewiesen wird, dass bei guten Produzenten die – zumeist kleine – Ernte schon zeitig im Frühjahr ausverkauft ist.

Mit ein Grund dafür sind natürlich die zahlreichen Buschenschenken, die man auf den Hügeln und Bergen der Schilcher-Weinstraße findet. Obwohl man die einst urige und ursprüngliche Atmosphäre heute aufgrund der vielen Konzessionen an den Tourismus nur noch selten antrifft, lässt sich in diesen kleinen Betrieben am ehesten die „Seele" des Schilchers und des Schilcherlandes ergründen.

GROSS ST. FLORIAN

Domäne Müller

8522 Groß St. Florian, Grazerstraße 71
Tel. 03464/21 55, Fax 21 16 25
E-Mail: office@mueller-wein.at
Internet: www.domaene.mueller.at

Günter J. Müller ist einer der großen steirischen Wein-Zampanos. Sein Reich erstreckt sich über das traditionsreiche ehemalige Prinz Liechtensteinsche Weingut in Deutschlandsberg, die „Deutschen Weingärten" in Wielitsch und das Weingut am südsteirischen Ottenberg. Zahlreiche internationale Prämierungen und die weltweiten Exporterfolge sprechen für die Güte der Müller-Weine.

PÖLFING-BRUNN

Erich Kuntner

8544 St. Ulrich im Greith
Obergreith 48
Tel.+Fax 03465/33 83
E-Mail: office@trinkgenuss.at
Internet: www.trinkgenuss.at

Viel mehr als „nur" Schilcher findet man im Weingut der Familie Kuntner. Rotwein vom Blauen Wildbacher sowie feine Weißweine gehören ebenso zum Sortiment wie Edelbrände, verschiedenste Essige oder Frucht- und Traubensäfte.

Gartentrakt in Schloss Wildbach: Wein und Wurlitzer – ob sich das Abspielen geeigneter Musik wohl positiv auf den Rebensaft in den Fässern auswirkt?

STAINZ

Weinbau Karin Ulz

8510 Stainz, Hauptplatz 2
Tel.+Fax 03463/22 16
E-Mail: Ulz.tracht-wein@aon.at

Karin Ulz war nicht nur Weinkönigin, sondern ist auch Weinbau- und Kellermeisterin sowie Weinakademikern. Diplom-Arbeitsthema: Natürlich der Schilcher, den sie heute in verschiedenen, köstlichen Varianten keltert.

ST. STEFAN OB STAINZ

Max Grinschgl

8511 Gundersdorf 50, Tel. 03463/823 00

Max und Junior Franz Grinschgl betreiben ein kleines feines Schilcherweingut und betreuen gemeinsam mit Fritz Klug und Eduard Oswald auch den Weingarten am Stainzer Schlossberg.

Markus Klug

8511 Greisdorf, Hochgrail 100
Tel. 03463/817 19

„Ursprüngliche Menschen, ursprüngliches Land, ursprünglicher Wein!" So lautet das Motto am Wein- und Kastanienhof der Familie Klug – und das seit 1792. Angeboten wird natürlich Schilcher und im Herbst Edelkastanien verschiedenster Sorten.

Stefan Langmann vulgo Lex

8511 St. Stefan ob Stainz, Langegg 23
Tel. 03463/61 00, Fax -4
E-mail: weingut@l-l.at, Internet: www.l-l.at

Der Qualität verpflichtet ist die Familie Langmann, die hier oben, in herrlicher Lage seit mehr als 250 Jahren Weinbau betreibt. Ausgezeichnet wurde man dafür schon vor einem Jahrhundert: Im Jahr 1909 bei der ersten Schilchermesse in Stainz. Hier kommen nur erstklassige Produkte auf den Tisch, vom Wein über den Rohmilchkäse von der Hofkäserei Deutschmann bis zur feinen Räucherforelle. Übernachten kann man hier in den schmucken Winzerzimmern

Josef Lazarus vulgo Pers

8511 Langegg 20
Tel. 03463/62 00-0, Fax -4
E-Mail: weingut-lazarus@aon.at
Internet: www.weingut-lazarus.at

Prima Aussicht, herzhafte Jause und dazu die ganze Wein-Farbenpalette von Weiß über Schilcher bis zu Rot – das erwartet den Gast im Weingut Lazarus und dazu noch komfortable Gästezimmer. Viel Freiraum und ein liebevoll angelegter Kinderspielplatz sorgen dafür, dass sich hier auch kleine Gäste wohl fühlen.

Eduard Oswald vulgo Trapl

8511 St. Sefan ob Stainz, Lestein 40
Tel. 03463/810 82
Internet: www.trapl-schilcher.at

Eduard Oswalds Weingut und Buschenschank befinden sich an einem etwas abgelegenen, wunderbaren Plätzchen. Hier kann man den Tag, die Jause und den Wein genießen, den Oswald nach traditioneller Art und Weise und unter Berücksichtigung der Mondphasen keltert.

Anton Spari

8511 St. Stefan ob Stainz, Neuberg 108
Tel. 03463/819 85

Mit nur einem Hektar Rebfläche ist das Weingut der Familie Spari einer der Geheimtipps unter den Schilcherwinzern – klein, aber fein!

Wein- und Sektmanufaktur Strohmeier

8511 St. Sefan ob Stainz, Lestein 48
Tel. 03463/802 53, Fax 818 10
E-Mail: wein-sekt@strohmeier.at
Internet: www.strohmeier.at

Den Strohmeiers genügte es nicht, ihre Weine und Sekte einfach nur biologisch auszubauen. Darum gingen sie noch einen Schritt weiter und bieten jetzt einen Weißburgunder, einen Zweigelt, einen Wildbacher Rosé sowie Schilcher und Schilchersekt sogar ohne Schwefel an – Natur pur! Qualität wird in dieser Manufaktur groß geschrieben und besonders die Schaumweine sollte man auf jeden Fall gekostet haben.

Weingut und Buschenschank Vollmaier vlg. Wieser

8511 St. Stefan ob Stainz, Gundersdorf 45
E-Mail: schilcher1@utanet.at
Internet: www.steirischerschilcher.at

Der Schilcher gedeiht hier auf den typischen Schiefer-Urgesteinsböden und wird einerseits klassisch, andererseits auch als

Im Keller von Eduard Oswald in Lestein bei St. Stefan ob Stainz geht es noch ganz traditionell zu.

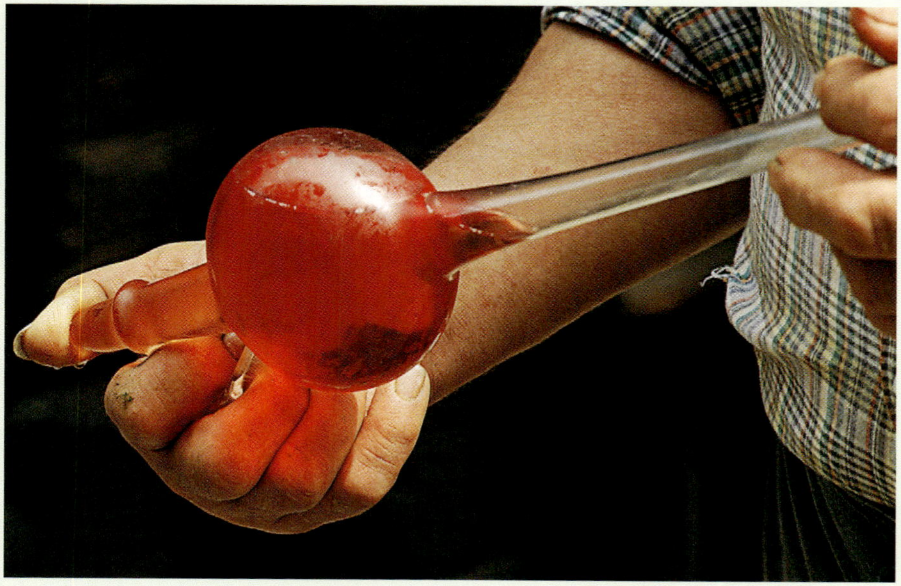

Steirerblut ist kein Himbeersaft – und der Schilcher auch nicht, auch wenn er fast so aussieht.

Rot- und sogar als Süßwein ausgebaut. Verkostet werden die Weine am besten zu hausgemachten Spezialitäten im angeschlossenen Buschenschank mit Blick auf die Weingärten des Hauses.

WIES

Jöbstl

8551 Wernersdorf bei Wies
Am Schilcherberg

Brennerei
Tel.: 03466/423 79-1, Fax -3
E-Mail: info@brennerei-joebstl.at
Internet: www.brennerei-joebstl.at

Weinkellerei Hannes und Luise Jöbstl

Tel. 03466/432 10, Fax -53
Mobil: 0664/534 07 77
E-Mail: info@joebstl.eu
Internet: www.joebstl.eu

Viele verbinden den Namen Jöbstl mit Edelbränden vom Feinsten – dafür sorgten die Brennerein Waltraud und der Obstbauer Johann Jöbstl: Er liefert das Grundprodukt, sie erzeugt jene Destillate, die nationale und internationale Auszeichnungen einbringen. Das zweite Standbein, betrieben von der jungen Generation, Hannes und Luise Jöbstl, ist der Weinbau. Hier reicht die Palette vom Schilcher über Weiß- und Rotwein bis zum Sekt – alles in gewohnter Jöbstl-Qualität.

Christian Reiterer

8551 Wies, Lamberg 2
Tel. 03465/39 50, Fax-6
E-Mail: info@weingut-reiterer.com
Internet: www.weingut-reiterer.com

Aus kleinen Anfängen entwickelte Christian Reiterer einen Leibetrieb für die Region. Anfangs drehte sich dabei alles um den Schilcher in stillen und sprudelnden Varianten, später kamen auch Weißweine – allen voran ein ausgezeichneter Sauvignon vom Kranachberg bei Gamlitz – dazu. Geschätzt werden Reiterers Weine im In- und Ausland.

Essen

GROSS ST. FLORIAN

Landhaus Oswald

8522 Groß St. Florian, Unterbergla 15
Tel. 03464/22 70, Fax -14
E-Mail: office@landhaus-oswald.at
Internet: www.landhaus-oswald.at

Im hübsch gelegenen Landhaus wird klassisch-gutbürgerlich oder – im Gourmetstüberl – modern und kreativ aufgekocht.

ST. STEFAN OB STAINZ

Landgasthof Gerngroß

8511 St. Stefan ob Stainz 9
Tel. 03463/811 88, Fax -15
E-Mail: office@landgasthof-gerngross.at
Internet: www.landgasthof-gerngross.at

Eine der verlässlichsten Adressen im weststeirischen Weinland für ausgezeichnete, bodenständig-kreative Küche.

Gasthof Florlwirt

8511 St. Stefan/Stainz, Gundersdorf 7
Tel.+Fax 03463/816 49
E-Mail: machater@aon.at
Internet: www.buschenschank-florlwirt.at

Zur bodenständigen Küche trinkt man hier Wein aus eigenem Anbau.

Jagawirt, Familie Goach

8511 St. Stefan ob Stainz, Sommereben 2
Tel. 03143/81 05, Fax 81 74
E-Mail: goach@jagawirt.at
Internet: www.jagawirt.at

Im gemütlichen Ambiente des bereits zur weststeirischen Institution gewordenen Wirtshauses genießt man eine authentische Regionalküche – wobei die Fleischspezialitäten aus eigener Waldschweinzucht stammen –, exzellente Edelbrände aus der eigenen Brennerei und feine Weine aus einem wohlsortierten Keller. Selbstverständlich gibt es hier auch gemütliche Gästezimmer und wer im stilvollen „Jagahäuschen" heiraten will, dem wird vor Ort auch gleich der Standesbeamte „serviert".

Glückliches Waldschwein, köstlicher Schinken: beim Jagawirt am Reinischkogel.

„Fuchswirt" Gasthaus/Weinbau Jochum

8511 Stefan ob Stainz, Greisdorf 4
Tel. 03463/64 84, Fax 320 84
Internet: www.gasthaus-jochum.at

Ein Gasthof, wie er sein sollte: Mit gemütlichen Stuben – und ebensolchen Gästezimmern – schattigem Gastgarten samt Kinderspielplatz, Wein aus eigener Produktion und einem Backhendl, von dem Eingeweihte behaupten, es sei das Beste der ganzen Steiermark.

STAINZ

Rauch-Hof

8510 Stainz, Wald 21
Tel. 03463/28 82, Fax-4
Internet: www.rauch-hof.at

Der Rauchhof besteht aus einem Restaurant und einer Freizeitanlage, die mit Badeteich, Spielwiesen und Spielplatz ein Eldorado für Kids ebenso wie für Aktivurlauber darstellt. Kürbis und Spargel stammen hier aus eigenem Anbau, Gänse und Fische werden selbst gezüchtet. Den Spargelbrand von Diplom-Sommelier Willi Rauch sollte man ebenfalls gekostet haben.

Absetzwirt

8510 Stainz, Rosenkogel 50
Tel. 03463/33 30, Fax -4
E-Mail: info@absetzwirt.at
Internet: www.absetzwirt.at

Wer hier herauf wandert oder fährt, wird mit einer herrlichen Aussicht und einer grundsoliden steirischen Küche vom Heidensterz über die Schilcherrahmsuppe bis zum Backhendl belohnt.

Schiefermayer

8510 Stainz-Marhof, Theußenbach 65
Tel. 03463/66 00, Fax-14

Die Fische stammen hier aus eigener Zucht, das Wild vom Rosenkogel und eine prima Aussicht gibt's natürlich auch.

DEUTSCHLANDSBERG

Koralpenblick „Ella"

8530 Deutschlandsberg
Trahütten, Rostock 15
Tel. 03461/210, Fax -4
Internet: www.koralpenblick.at

Was hier auf den Tisch kommt, wird entweder selbst produziert oder stammt aus der Region – und Wirtin Ella Smolana macht das Beste draus.

Gasthaus-Fleischerei Kollar-Göbl

8530 Deutschlandsberg, Hauptplatz 10
Tel. 03462/26 42-0, Fax -15
Intenet: www.kollar-goebl

Ausgezeichnete Fleisch- und Wurstwaren spielen in diesem Traditionsgasthof eine wichtige Rolle – und dazu gibt es Weine aus eigener Produktion.

Theresas – eine ART gasthaus

8530 Deutschlandsberg
Kirchengasse 4
Tel. 03462/391 82
Internet: www.theresas.at

Ein ungewöhnliches Refugium der Genüsse: Hier gibt es zwar keine Speise- und keine Weinkarte, aber sehr wohl köstliche Gerichte unterschiedlichster Stile von regional bis mediterran und einen sensationellen Weinkeller, der keine Wünsche offen lässt. Sprechen Sie mit dem Chef!

Burgrestaurant Deutschlandsberg

8530 Deutschlandsberg, Burgstraße 19
Tel. 03462/565 60
Internet: www.burghotel-dl.at

In der Burg Deutschlandsberg gibt es auch eine Folterkammer – gemütlicher ist es aber in den Stuben des Burgrestaurants, wo eine „Neue Steirische Naturküche“ mit besten heimischen Produkten gepflegt wird.

EIBISWALD

Hasewends Kirchenwirt

8552 Eibiswald 39
Tel. 03466/422 16
Internet: www.hasewend.at

Köstliche Kombination aus Fleischhauerei, Wirtshaus und Kino.

Über Nacht

Wassermann-Wirt

8511 St. Stefan ob Stainz, Reinischkogel 8
Tel. 03143/81 13, Fax -4
E-Mail:gasthof@wassermann-wirt.at
Internet: www.wassermann-wirt.at

Wer es gern ruhig und abgeschieden hat, liegt hier richtig.

Landgasthof Gerngroß

s. Essen

Jagawirt, Fam. Goach

s. Essen

Fuchswirt, Gasthof Jochum

s. Essen

Frühstückspension Engelweingarten

8510 Stainz, Max-Gschiel-Straße 41
Tel.+Fax: 03463/23 81
Mail: stainz@engelweingarten.at
Internet: www.engelweingarten.at

Schilcherland-Hof

8510 Stainz, Hauptplatz 13–15
Tel. 03463/23 57, Fax -71
Mail: schilcherland.stainz@aon.at
Internet: www.schilcherlandhof.at

Gasthaus-Fleischerei Kollar-Göbel

s. Essen

Hier nächtigt man in zentraler Lage direkt am Hauptplatz von Deutschlandsberg.

Burghotel Deutschlandsberg

s. Essen

Herrschaftliche Zimmer im gediegenen Ambiente bieten jeden Komfort und himmlische Ruhe.

Hasewends Kirchenwirt

s. Essen

Wohnen in Appartements oder Winzerzimmern.

Bauernhof und Gasthaus Kienzerhof

8530 Trahütten, Rostock 21
Tel. 03461/222
Internet: www.kienzerhof.at

Wohnen am wunderschön gelegenen Bauernhof, das macht den Kindern – optional im Heulager – ebenso viel Freude wie den Großen. Außerdem wird hier mit Produkten die größtenteils selbst hergestellt werden, köstlich bodenständig aufgekocht.

Genusstipps

Vinothek im Schilcherstöckl

8510 Stainz, Rassach 25
Tel.+Fax 03463/43 33
Internet: www.klassischerschilcher.at

Hier verkostet man rund 70 verschiedene Schilcher der Qualitätsvereinigung „Weißes Pferd“, Kernöle und Edelbrände und kauft, was schmeckt.

Schilcherkeller im Lerchhaus

8552 Eibiswald 82
Tel.+Fax: 03466-45388 oder 43256
Internet: www.eibiswald.at

Im ätesten Bürgerhaus von Eibiswald (1612) kauft man Schilcher sowie Edelbrände aber auch Kräuterprodukte, wie Tees und Kräuterkissen, Honig, Kernöl und Knabberkerne.

Schilcherland Spezialitäten

8530 Deutschlandsberg, Schulgasse 28
Tel. 03462/226 44 26-2, Fax -3
E-mail: schilcherland@schilcherland.at
Internet: www.schilcherland.at

Der Verein für Schilcherland Spezialitäten vermarktet ausschließlich Qualitätserzeugnisse weststeirischer Landwirte. Außerdem findet man hier individuelle Geschenke für jeden Anlass und Informationen über Beherbergungsbetriebe im Schilcherland.

Obst & Wein/ Hofbrennerei Maria Steinbauer

8510 Stainz, Rassach 60
Tel. 0676/920 70 70
Internet: www.genuss-erleben.at

Zahlreiche Auszeichnungen in den letzten Jahren sprechen für die Qualität der Edelbrände und Liköre aus dem Hause Steinbauer. Edelsommeliere.

Feindestillierie Hochstrasser

8562 Mooskirchen, Marktplatz 12
Tel. 03137/22 32
Internet: www.schnaps.at

Edle Brände von Apfel & Co. – besonders konzentriert mit 71 % Alkohol auch als „Parfum de Vie 71" im Sprüh-Flakon zum Aromatisieren.

Bauernhof Lukashof

8510 Stainz, Grafendorf 11
Tel. 03463/39 50
Internet: www.lukashof.com

Marmeladen, Chutneys oder Pestos werden aus biologischen Produkten über dem Holzfeuer nach einer Technik der Traditionellen Chinesischen Medizin hergestellt.

Fleischerei Sorger

8523 Frauental, Grazer Straße 249
Tel. 03462/230 20
Internet: www.sorger.co.at

Feinste Würste, darunter rekordverdächtige 13 Sorten Salami!

Hofkäserei Deutschmann

8523 Frauental, Oberberglastraße 10
Tel. 03462/40 57-11
Internet: www.hofkaeserei-deutschmann.at

Eine der ersten Käseadressen von Österreich.

Rassacher Bauernladen

8510 Stainz, Rassach 45
Tel. 03463/247 87

Alle Produkte aus der Region, vom Schilcher über den Speck bis zum Bauernbrot.

„Ausbatzl'n": Kürbiskernöl mundet köstlich, doch die Gewinnung der Kerne ist eine mühevolle Arbeit.

Bauernmarkt Bad Gams Ofenfrisches Brot, Kernöl, Schnaps, Geselchtes etc., immer Do 8–12 Uhr

Auf der Ölspur

Zurecht sind die Steirer stolz auf ihr „Schwarzes Gold", das Kürbiskernöl, das vielen Gerichten der regionalen Küche den unverwechselbar-steirischen Touch gibt. In der Weststeiermark können Kernöl-Fans inzwischen sogar einer „Ölspur" folgen. Entlang der Route befinden sich vier Kernöl-Mühlen, in denen der traditionelle Herstellungsvorgang präsentiert wird und Kernöl sowie andere Kürbiskernprodukte verkostet und gekauft werden können. *Info: Tel. 03136/83200.*
Internet: www.oelspur.net

Ölmühle Herbersdorf

8510 Stainz, Herbersdorf 7
Tel. 0664/410 80 97 od. 03463/700 02
Email: oelmuehleherbersdorf@aon.at
Öffnungszeiten:
Mo–Mi und Sa 8–15 Uhr

Ölmühle Hamlitsch

8530 Deutschlandsberg
Obere Schmiedgasse 18
Tel. 03462/23 86, Fax -23
Email: kuerbiskernoel@hamlitsch.at
Internet: www.hamlitsch.at
Öffnungszeiten: Mo–Fr 8–12.30 Uhr und 14.30–18 Uhr, Sa 8.30–12 Uhr

Olmühle Leopold und Leopolds Ölkuchl

8530 Deutschlandsberg, Frauentalerstr. 120
Tel. 03462/2294, Fax -15
Email: oelmuehleleopold@aon.at
Mo–Do 9–12.30 Uhr, Fr 9–12.30 Uhr und 14–18 Uhr, Sa 9–12.30 Uhr

Ölmühle Lorenz

8543 St. Martin i. S., Sulb 35a
Tel. 03465/703 63-6, Fax -7
Öffnungszeiten:
Mo–Fr 8–12 Uhr und 14–18 Uhr,
Sa 8–12 Uhr

Natur&Erleben

Mineralienschau Oberhaag

Eine beeindruckende Sammlung an Mineralien bietet einen vielschichtigen Einblick in die geologische Vergangenheit der Erde. *Voranmeldung: Gemeindeamt Oberhaag Tel. 03455/80 34*

Keltischer Baumkreis

Warum sich ein keltischer Baumkreis in Gundersdorf befindet, wissen wir nicht. Am besten hinfahren und nachfragen. *Gemeinde Gundersdorf bei St. Stefan ob Stainz, Tel. 03463/802 60*

Therapiegarten

„Garten ist Therapie. Therapie ist Garten". Somit kann sich der 6.000 m^2 große Garten der Vielfalt mit über 400 Pflanzenarten nur positiv auf das Wohlbefinden auswirken. *Von Mai bis Oktober geöffnet. Tel. 03463/43 84. Internet: www.therapiegarten.at,*

Vogelstimmenweg

Auf Knopfdruck 15 Vogelstimmen hören und zwischendurch 40 Minuten wandern. Ein Rundweg um die Ruine Ligist macht es möglich.

Traktormuseum

80 in die Jahre gekommen Traktoren ab dem Baujahr 1918, vierzig davon kann man zwischen April und Oktober für Halbtages- oder Ganztagesausflüge (*Rennt a Traktor*) mieten. Erholung und Spaß in Zeitlupe, *Museumsbesuche nach Vereinbarung. 0699/191 336 58, Ren(n)t a Traktor: 0664/585 41 24*

Stainzer Flascherlzug

Eine Attraktion für sich, Ausgangspunkt ist Stainz, Dauer der Fahrt: ca. 2 Stunden, *Tel. 03463/55 00, www.stainz.at*

Feuerwehrmuseum

Entwicklung der steirischen Feuerwehr, Oldtimerfahrten möglich, *Führungen nach Vereinbarung, Groß Sankt Florian, 40, Tel. 03464/88 20, www.feuerwehrmuseum.at*

Mondscheinwanderung

Info: Tourismusinformation oder Kurbüro, Bad Gams 2, Tel. 03463/37 38

Stainzer Warte

Die Wanderwege 01 und 02 führen zum 26 m hohen Bauwerk, von dem aus man einen sensationellen Blick auf die Süd-, Ost- und Weststeiermark und sogar das obersteirische Bergland genießen kann. *Geöffnet: Ostern bis Allerheiligen von 7 bis 19 Uhr*

Wein, Kunst & Kultur

Schloss Stainz

Wein- und Obstgärten umgeben Schloss Stainz, das seine Wurzeln im Barock und der Renaissance hat. Das Schloss befindet sich in Privatbesitz. Führungen nur für Gruppen. *Internet: www.schloss.stainz.at*

Jagdmuseum in Schloss Stainz

Führungen auch für Kinder.
www.museum-joanneum.at

Burg Deutschlandsberg

Das Wahrzeichen von Deutschlandsberg beherbergt das Burgmuseum „Archeo Norico", mehrere Dauerausstellungen, traumhafte Aussicht von der Burg aus.
www.archeonorico.at

ATELIERS

ALLERART

Kunst am Kopf (Ton&Hut): Melitta Wasserthal-Zuccari; *www.allerart-tonhut.at*
Raku: Linde Prelog
Keramik: Vroni Katona, Hauptplatz 22, Stainz, *www.vronikatona.at*
Lebenschmiede, Kunsthandwerksgalerie: Werke verschiedener Künstler. *Schulgasse 21, Schwanberg. www.lebensschmiede.at*

ARCHITEKTUR

Das Greith-Haus

Der Vorzeigebau in Schilcherrot und Hellgrau (grauglasierte Ziegel) fügt sich bestens in den Ortskern ein; St. Ulrich im Greith, *ArchitektInnen: Karla Kowalski und Michael Szyszkowitz. www.greith-haus.at*

Vorne Reben, hinten Ritterburg: Die Burg Deutschlandsberg thront hoch über dem Ort (oben). Sehenswerter Arkadenhof im verträumten Märchenschloss von Hollenegg (unten).

TERMINE

Stainzer Weinfrühling (März bis Ende Juni)

Stainzer Literatursommer

Deutschlandsberger Jakobifest
Der Schilcherberg in Flammen; mit bengalischem Feuer, Riesenfeuerwerk und Scheiterhaufen (Juli)

Verkaufsausstellung für bäuerliches Handwerk und landwirtschaftliche Spezialitäten im Schloss Hollenegg.(Ende August)

Kürbisfest Preding. Das älteste Kürbisfest Europas (Aug)

Schilcherkellerfest in Bad Gams (Sept)

Erntedankfest in Bad Gams (Okt)

Die Südsteirische Weinstraße

Die perfekte Wein-Welt

Kaum eine andere österreichische Weinregion hat in den vergangenen zwanzig Jahren eine derart stürmische Entwicklung erlebt wie die Südsteiermark. Heute wimmelt es hier nur so von Spitzenweingütern, schönen Bleiben und empfehlenswerten Lokalen.

Das ändert natürlich nichts daran, dass die Südsteiermark nach wie vor eine der schönsten Weinlandschaften, nicht nur Österreichs, sondern – so weit ich das beurteilen kann – der ganzen Welt ist. Dennoch: Wenn ich heute so über die Südsteirische Weinstraße fahre, habe ich manchmal schon das Gefühl, dass es für meinen Geschmack jetzt reichen würde. Man kommt kaum ein paar hundert Meter weit, ohne vor einer einladend geöffneten Tür zu stehen, sei es die eines Weinguts, einer Buschenschank, eines kleinen Weingartenhotels oder eines Restaurants. Das ist ja nun auch nichts Schlechtes, ganz im Gegenteil. Nach wie vor gibt es nämlich in Österreich auch Weinwinkel, deren Infrastruktur so zu wünschen übrig lässt, dass man glatt verhungern könnte, würde sich nicht ein herzensguter Winzer erbarmen und einem eine anständige Speckjause servieren. Ganz anders im Gebiet zwischen Spielfeld, Gamlitz und Leutschach, der Schweiz des steirischen Weinlandes. Hier sind die Tische reich gedeckt, alle Wege asphaltiert, jeder Keller neu gebaut und davor steht ein imposanter Geländewagen. Es ist schon ein beachtlicher Aufschwung, den die Südsteirer geschafft haben. Und das ist gut so. Denn dadurch wird nicht nur die Kulturlandschaft erhalten – Stichwort: Naturpark Steirisches Weinland –, sondern den Bewohnern der Region auch eine wirtschaftliche Perspektive gegeben. Das heißt, sie bleiben hier und machen gute Weine und führen gute Wirtshäuser und feine Hotels anstatt nach Graz abzuwandern, um dort zu arbeiten oder Philosophie zu studieren. Aber wie das halt so ist, wenn eine Gegend schon gar so herausgeputzt ist, fehlt da und dort auch schon ein bisschen das Ursprüngliche und das Einsame und das vielleicht einmal nicht ganz so Perfekte. Selbst schuld, könnte man sagen, denn auch wir Besucher sind ja inzwischen verwöhnte Pinkel, denen man es nur schwer recht machen kann. Es ist ja auch durchaus angenehm, wenn man von seinem Zimmer am Morgen über den Swimmingpool in den Weingarten schaut, ehe man zum Bio-Früh-

Das neue Gesicht des steirischen Weinbaus: modernes Design im Verkostungsraum des Weinguts Gross.

stück schreitet, das alle Stückerln spielt. Doch auch für jene, die es gerne etwas Naturbelassener haben, gibt es Trost. Nach wie vor findet man auf dem weit verzweigten Wegesystem des Südsteirischen Weinlandes abgeschiedene, ja fast versteckte Winkel, wo die Welt noch ganz in Ordnung, das Achterl billig und das Brot trotzdem oder gerade deshalb selbst gebacken ist. Orte, deren Entdeckung immer wieder ein freudiger Moment ist und die hier aufzuzählen Gott sei Dank den Rahmen dieses Buches sprengen würde. Der zweite Lichtblick ist das antizyklische Reisen. Natürlich ist der Herbst in der Südsteiermark wunderschön, aber ebenso selbstverständlich muss man damit rechnen, dass zu dieser Zeit auch alle anderen da sind. Doch die Landschaft hat zu jeder Jahreszeit ihre Reize, die sich gerade dann am meisten offenbaren, wenn hier wieder mehr Ruhe eingekehrt ist.

Und hier muss man schon auch sagen, dass es den Südsteirern gelungen ist, die Landschaft, die ihnen der liebe Gott zur Pflege überlassen hat, bestens in Schuss zu halten und – von einer Hand voll unrühmlichen Ausnahmen abgesehen – nicht durch mutwillig hineingesetzte Bauwerke zu verschandeln. Gebaut wurde hier seit der Jahrtausendwende zwar fleißig, doch ging man auch bei großen Projekten behutsam vor, orientierte sich stilistisch an Bestehendem oder schuf moderne Architektur, die sich in reizvollem Kontrast zur lieblichen Hügellandschaft befindet. Somit entstand durch das glückliche Zusammentreffen des Weinbooms mit dem Unternehmungsgeist der Winzer und den günstigen Förderbedingungen sogar eine eigene Architektur-Szene, die wir einmal salopp „Weinkeller-Architektur" nennen wollen. Auf der Homepage www.suedsteirischeweinstrasse.at werden für interessierte Besucher zu diesem Thema übrigens eigene, geführte Touren angeboten.

Die modernen Bauwerke, gefüllt mit blitzenden Stahltankbatterien, computergesteuerten Kühlsystemen, gepflegten Holzfässern und last but not least einem modern gestylten Verkostungsraum, sind sichtbare Zeichen für die rasante Entwicklung, die der steirische Weinbau genommen hat. Bedenkt man die relative Kleinheit der Region, so ist es den steirischen Winzern in geradezu erstaunlicher Weise gelungen, mit ihren Weinen regional, national und international von sich reden zu machen. Der steirische Sauvignon blanc ist heute eine Macht und man darf ohne großen Patriotismus behaupten, dass er in einem Atemzug mit den besten der Welt genannt werden kann. Möglich wurde dies vor allem durch die Spitzenwinzer, die sowohl die Qualität ihrer Weine als auch das Wachstum ihrer Betriebe rasant vorantrieben und es so schafften, auch das internationale Parkett zu erobern. Dabei wirkten sie zugleich stilbildend und maßgeblich für die heutige „Wein-Hierarchie" der Steiermark.

Diese beginnt mit dem „Steirischen Junker", einem Jungwein, der bereits wenige Wochen nach der Lese viel Trinkspaß bereitet und reicht über die „Steirische Klassik" mit leichten, frischen und fruchtigen Weinen bis zu den kraftvollen, dichten und geschmacksintensiven Lagenweinen. Begründet wurde die Unterscheidung in „Klassik-" und Lagenweine durch die Winzer der Gruppierung „Steirische Klassik", wobei dieser Begriff nach und nach zum Allgemeingut wurde. Zuletzt gingen die Steirische-Klassik-Winzer noch einen Schritt weiter: Sie nennen sich nun STK-Winzer (Steirische Terroir- und Klassik-Winzer) und führten für ihre Weingärten eine Lagenklassifizierung ein, die zwischen Welschriesling STK, Steirische Klassik STK, Erste STK Lage und Große STK Lage unterscheidet. Klingt ein wenig kompliziert, ist aber nicht zuletzt deshalb von Bedeutung, weil diese Winzer einen bedeutenden Teil der besten Lagen der Süd- und Südoststeiermark bewirtschaften.

Was die Sorten angeht, so sind es im obersten Qualitätssegment vor allem Sauvignon blanc, Morillon (so heißt hier der Chardonnay), Grauburgunder und vereinzelt auch wieder Traminer, die Maßstäbe setzten. Große Bedeutung im Bereich der jungen, frischen und säurebetonten Trinkweine kommt außerdem dem Welschriesling, dem Gelben Muskateller und dem Weißburgunder zu, wobei letzterer bei entsprechender Traubenreife sehr wohl auch das Zeug zum großen Wein hat.

Wer sich vor Ort in die Vielfalt der südsteirischen Weine vertiefen will, darf wie schon erwähnt, mit einer inzwischen bestens ausgebauten Infrastruktur rechnen. Als Reisender hat man die angenehme Qual der Wahl zwischen gepflegten Frühstückspensionen, rustikal-komfortablen Winzerzimmern oder gediegenen Landhotels – je nach Brieftasche, persönlichem Gusto oder gewünschter Aussicht nach dem Erwachen …
Nicht viel anders verhält sich die Sachlage in punkto leiblicher Genüsse. Einfache Buschenschenken mit ehrlichen Eigenbauweinen, solide Landgasthöfe oder elaborierte

Gäbe es sie nicht schon – man müsste die Südsteiermark glatt erfinden. Kein Wunder, dass es den Weinreben hier besonders gut gefällt.

Weihestätten gehobener Regionalküche samt ausufernder Weinkarte stehen hier zur Auswahl – freundliche Menschen im Service und eine herrliche Lage sind dabei fast immer inbegriffen.

Ab in den Süden

Wo anders ist es immer besser. Wer das nicht glaubt, soll einmal von Wien in die Südsteiermark fahren. Meistens ändert sich das Wetter schon am Wechsel, aber spätestens „unterhalb" von Graz: Es wird besser! Ich habe es schon erlebt, dass es am Wechsel geschneit hat und eine Stunde später bin ich mit Alois Gross mit einem Glas Muskateller am Nussberg in der Sonne gesessen. Doch selbst dann, wenn sich das Wetter einmal nicht zum Guten wendet – die Stimmung tut es ganz automatisch. Denn der Süden verheißt nicht nur Sonnenschein, sondern auch ein anderes Lebensgefühl. Heiter und leicht ist die Stimmung, warm und saftig die Farben, sanft und einladend die Landschaft. Doch jetzt den Blinker raus, Abfahrt Vogau-Straß und dann Richtung Ehrenhausen. Linker Hand, nicht zu übersehen, die **„Vinofaktur"** der Familie Polz. Der richtige Platz, um sich einen Vorgeschmack auf das zu holen, was kommen wird und, wenn die Pläne umgesetzt werden, bald auch schon ein Besucher- und Erlebniszentrum für die Südsteiermark. Mit dem breiten Angebot an Weinen und Alimentari aus der Region jedenfalls auch der richtige Platz, um sich bei der Rückkehr

Vogelscheuche auf steirisch: patriotischer Klapotetz bei der Christophoruskapelle von Ratsch.

von einer Weinstraßentour noch mit dem einzudecken, das am besten geschmeckt hat. Der eigentliche Ausgangspunkt unserer Tour ist aber das malerische Wein-Städtchen Ehrenhausen, sozusagen das Tor zur Südsteirischen Weinstraße, die von hier bis nach Leutschach verläuft, wo sie in die „Klapotetz-Weinstraße" übergeht, die durch das Gebiet von Eichberg-Trautenburg führt. Nach einem Akklimatisierungs- Espresso in einem der Lokale am hübschen Hauptplatz geht es vorbei am Schloss Ehrenhausen, dem Mausoleum der Eggenberger und dem auch architektonisch interessanten Weingut der Familie **Regele** hinauf auf die Weinstraße. Hat man die Anhöhe erreicht, fällt der Blick auf einige der besten Weinlagen der Steiermark, wie Obegg und Graßnitzberg, den man am besten von der Terrasse der rustikalen **Muster-Stub'n** aus genießt.

Genuss am Graßnitzberg

Will man zuverlässig die richtige (Wein-) Adresse erreichen, sollte man jetzt genau auf die Beschilderung am Straßenrand achten, denn wie am Lande so üblich, tragen viele Winzer denselben Familiennamen. So steht gleich eine Hand von „Polzen" zur Wahl, aber wenn man den Spitzenbetrieb von **Erich und Walter Polz** ansteuert, sollte man jetzt einfach da ins Tal hinabfahren, wo die vielen Gebäude stehen. Obwohl Polz-Weine längst nationalen und internationalen Ruhm eingefahren haben, wird dank der Mithilfe der ganzen Großfamilie die kleine, feine Buschenschank des Hauses nach wie vor und mit demselben Qualitätsanspruch wie das Weingut weitergeführt. Dabei hat man das Angebot inzwischen noch erweitert und bietet kleine Köstlichkeiten wie die feinen Pasteten oder den Welschriesling-Senf auch zum Mitnehmen an. Die anderen Polze in der Gegend leiden zwar ein wenig unter der Namensgleichheit mit den übermächtigen Nachbarn, brauchen ihr Licht aber nicht unter den Scheffel zu stellen. Entdeckungsfreudigen Weinpilgern dürfen die Betriebe von **Armin Polz-Kiefer** und den Brüdern Christian und Thomas Polz (**Weingut Primus**) jedenfalls wärmstens ans Herz gelegt werden. Nicht nur wegen des Weines: Bei Polz-Kiefer gibt's ein hübsches Gästehaus und bei Primus schöne Winzerzimmer und einen idyllischen, von Mutter Martha Polz mit viel Engagement geführten Buschenschank.

Am Weg zurück zur Weinstraße ist das **Weingut Tement** natürlich ein Pflichtbesuch – allein schon, um einmal nachzusehen, woher diese ganzen köstlichen Weine kommen, die man in der guten Gastronomie des ganzen Landes genießen kann. Der Kellerbau hoch oben an der Spitzenlage Zieregg ist wahrlich imposant, ebenso wie der Ausblick bis weit hinein in die Weinberge Sloweniens. Apropos imposant: Da Tement ein besonderes Faible für Großflaschen hat, wird es in Zukunft im Keller der von ihm gepachteten Karmeliterkapelle, nahe dem Weingut eine eigene **„Magnothek"** geben. Hier stehen für Freunde des erweiterten Genusses Großflaschen seiner besten Lagerweine mit bis zu 15 Litern Inhalt parat.

Sucht man zum Wein das passende Essen, so gerät man nur ein paar hundert Meter weiter in der **Buschenschank Steinberghof** an die richtige Adresse. Kreative Heurigenschmankerl mit italophilen Anklängen lassen das Herz – und vor allem den

Der Ratscher Nussberg ist nicht nur eine der besten Weinlagen der Südsteiermark – er bietet auch eine fantastische Aussicht inklusive Klapotetz.

Gaumen – des Genießers lachen. Dazu trinkt man feine Eigenbauweine und danach ein gutes Stamperl – ebenfalls selbst gebrannt.

Mehr Zeit für Ratsch

Jetzt ist Vorsicht geboten. Erstens weil die Straße nun besonders schmal und steil wird, zweitens, um die nächsten beiden Highlights nicht zu verpassen: das **Weingut Rebenhof** der Familie Aubell mit der wunderschönen „Einkehr". Alte Gewölbe und eine herrliche Sonnenterrasse laden zur Verkostung der Weine, die nach Jahren in der Polz-Obhut nun von Hartmut Aubell selbst gekeltert werden. Ebenfalls nur schwer zu passieren ist das **Gasthaus Tscheppe** an der Weinstraße, insbesondere dann, wenn man im Garten sitzen und den phänomenalen Blick über die Weinberge genießen kann.

Irgendwann kommt rechts die Abzweigung nach Ratsch hinunter, das man aber am besten gar nicht sucht. Der Ort ist wie die meisten hier eine Streusiedlung ohne eigentliches Zentrum – was aber nicht viel ausmacht, denn die wirklichen Attraktionen befinden sich ohnehin in den Weinbergen. Dazu zählt das Weingut **„Rebenburg"** der Familie **Maitz**, dessen Buschenschank über eine ähnlich traumhafte Lage verfügt wie jener von **Hannes Zweytick**. Ein besonders schönes Ambiente bietet der **Buschenschank Kögl**, wo die ehemalige „Steirische Weinhoheit", Tamara Kögl, ihre Gäste im 300 Jahre alte „Moarhaus" bestens versorgt. Insoferne wäre es vielleicht doch gescheiter, zuerst dem Weingut des jungen **Stefan Potzinger** einen Besuch abzustatten, der bereits mit zahlreichen Auszeichnungen aufhorchen ließ, oder bei **Ewald Zweytick** einzukehren, der in Sachen Wein seine ganz eigene Philosophie verfolgt.

Ja, man sollte für Ratsch einfach mehr Zeit haben ... Denn jetzt waren wir ja noch nicht einmal beim Ratscher Paradebetrieb, dem **Weingut Gross**. Mitten in der Spitzenlage „Nussberg" befindet sich dieses auf den ersten Blick fast unscheinbare, aber gerade deshalb mit einem Architekturpreis für naturnahes Bauen ausgezeichnete Bauwerk, hinter dem sich freilich ein High-Tech-Keller verbirgt. Hier keltert die Familie Gross ihre famosen Weine, allen voran jene von der Lage Nussberg selbst.

Auf der Weinstraße geht es derweil weiter in Richtung Sulztal, wobei die **Buschenschank Jakopé** in der historischen **Kästenburg** nicht unerwähnt bleiben darf; ein idyllischeres Plätzchen und eine schönere Aussicht sind nur schwer zu finden, was sich nicht nur in der Buschenschank selbst, sondern auch in einigen komfortablen Seminarräumen überprüfen lässt. Schließlich treffen wir bei Sulz auf die Straße, die von Gamlitz heraufkommt und mit Betrieben wie dem **Weingut Nekrep** vulgo Stani-Gustl, dem sehenswerten Parade-Weingut

Durch die Flasche geschaut: weinseliges Stillleben am Grassnitzberg bei Spielfeld.

von **Walter Skoff** und dem schmucken **Weingut Elsnegg** eine bewährte Wein- und Buschenschank-Meile darstellt. Wo die zwei Straßen sich treffen, lauert bereits die nächste Gefahr für das Einhalten irgendeines Zeitplanes. Im stilvoll restaurierten Buschenschank des historischen Anwesens von **Eva Lambauer** lässt es sich trefflich zechen, sodass man letzten Endes ganz froh darüber ist, dass sich im Haus moderne, komfortabel eingerichtete Gästezimmer befinden.

Vom Wein zum Hopfen

Wer Lust auf eine kleine Entdeckungsreise hat, biegt nun erst einmal links ab. Von der Hauptstraße geht es durch die Weingärten hinab ins Sulztal, nach einem kurzen Rundkurs wieder zurück auf die Weinstraße und dann gleich wieder links weg nach Glanz mit den Großlagen Ober- und Unterglanzberg. Neben renommierten Betrieben wie **Dreisiebner** oder **Tschermonegg**, in denen die klassische steirische Trilogie von Weinbau, Buschenschank und Gästezimmern gepflegt wird, begegnen uns hier immer wieder kleine, weniger herausgeputzte Buschenschänken, wo man in einfachem Ambiente und in aller Ruhe ehrliche Eigenbauweine und eine herzhafte Heurigenjause genießen kann. Hektische Betriebsamkeit ist hier zum Glück noch ein Fremdwort.

Von der Weinstraße aus nach rechts führt der Weg ins malerische Steinbachtal und zum traditionsreichen Weingut **Lackner-Tinnacher**. Es zählte zu den ersten, die

Steirische Weinidylle am Hof des Bioweinguts Menhard am Pössnitzberg.

steirischen Wein österreichweit bekannt gemacht haben und hier sind nicht nur die Weine, sondern auch der perfekt in die Landschaft integrierte Keller einen zweiten Blick wert. Noch etwas weiter die Weinstraße entlang zweigt ebenfalls rechts die Fötschacher Höhenstraße ab, die so wie das Steinbachtal nach Gamlitz führt. Sie ist eine der schönsten Routen im steirischen Weinland. Herrliche Aussichtspunkte wie jener am Schererkogel wechseln sich mit Weinhighlights wie dem **Jaglhof**, einer Genuss-Oase aus Restaurant, Vinothek und Hotel, dem kleinen, feinen Buschenschank **Söll** und Weinbaubetrieben wie dem historischen **Olwitschhof** der Familie **Riegelnegg** ab.

Schlägt man diese Optionen vorerst aus und fährt weiter in Richtung Leutschach, so passiert man zunächst einige größere Betriebe wie den imposanten **Arkadenhof** der Familie **Brolli** oder den **„Mahorko"**, einst beliebte Anlaufstation der Backhendl-Touristen, inzwischen jedoch ein hübsch umgebauter Gasthof mit Hotel und eigenem Weinbaubetrieb. Weiter geht es durch einen dichten Wald hinunter, ehe sich ein sanftes Tal eröffnet, in dem ausnahmsweise keine Weinreben, sondern hohe Hopfenstangen aufragen. Der Hopfenanbau hat in der Südsteiermark durchaus Tradition, an die man in den vergangenen Jahren wieder verstärkt anknüpft. Über die friedliche Koexistenz von Wein und Bier sinniert man am besten gleich auf der Terrasse des **Käsehofs Abel**. Hinter diesem bescheidenen Namen verbirgt sich ein besonders kinderfreundliches Genießerparadies vor den Toren von Leutschach mit mediterran inspirierter (Fisch-)Küche, Reitstall und freilaufendem Kleintierzoo. Noch bevor es nach Leutschach hineingeht, nehmen wir eine unscheinbare Abzweigung nach links in Richtung Langegg. Von hier bis zur slowenischen Grenze erstreckt sich eines der besten Weinbaugebiete der Region mit großen Lagen am Pössnitzberg. Nicht zu übersehen ist das moderne Weingut von **Erwin Sabathi** – ein architektonischer Leckerbissen. Wer sich noch weiter vorwagt, gelangt, kurz bevor man glaubt, hier käme nun wirklich nichts mehr, ins Genussparadies der Familie Polz am Pössnitzberg, das rund um das ebenfalls von Erich und Walter Polz geführte **Weingut Tscheppe** entstanden ist. Dazu zählt neben dem Weingut auch der **Kreuzwirt**, in dem Gerhard Fuchs eine der besten Küchen des Landes zelebriert und das moderne Wein-Genuss-Hotel Pössnitzberg, zweifellos eine der nobelsten und stilvollsten Wohnadressen der Steiermark. Als Kontrastprogramm dazu findet man in der Ecke aber auch noch einige kleine, idyllische Weinschenken, in denen man das steirische Weinland noch ganz ursprünglich erleben kann.

Klapotetz und Krokodil

Zurück in Leutschach heißt es gleich wieder einkehren und sich von Kreativbündel Thomas Riederer im **„T.O.M. am Kochen"** mit seiner „Regionalen Avantgarde Cuisine" verzaubern zu lassen, zu der Katarina Riederer mit viel Gefühl die richtigen Tropfen aus einem unglaublichen Weinfundus zieht. Von hier geht es nun weiter auf der so genannten „Klapotetz-Weinstraße". Spä-

Frohe Aussicht im Bauch des „Krokodils“: Weingut Willi Schilhan am Jägerberg.

testens jetzt ist es an der Zeit, diesem Symbol des steirischen Weinlandes einen kleinen Exkurs zu widmen. Den Klapotetz – das Wort stammt übrigens aus dem Slowenischen – einfach als „Windrad“ zu bezeichnen, wie es tatsächlich bis vor wenigen Jahrzehnten üblich war, erscheint höchst ungenügend. Denn tatsächlich funktioniert dieses kunstvoll aus ganz bestimmten Hölzern gezimmerte Windrad mit dem Birkenbuschen wie ein einfaches, aber lautes und wirkungsvolles Musikinstrument. Durch das Schlagen von vier auf einer Welle beweglichen Hämmerchen auf ein Holzbrett wird ein monotones Klopfgeräusch erzeugt; und das dient(e) in erster Linie der Abwehr von gefräßigen Vögeln und nicht, wie man heute glauben könnte, als Motiv für Ansichtskarten und Hobbyfotografen.

Wir fahren also vorerst einmal weiter über Arnfels bis St. Johann im Saggautal und erklimmen dann die Anhöhen von Eichberg-Trautenburg. Hier oben sind Weingärten eher ein Minderheitenprogramm, dafür handelt es sich auf Höhenlagen von bis zu 600 Meter über dem Meer schon um echte Bergweine. Qualitätsorientierte Produzenten wie **Franz Strablegg, Johann Skringer** oder **Daniel Jaunegg** beweisen aber mit ihren fruchtig-eleganten Tropfen, dass die Sache dennoch Sinn macht. Nachzukosten ist dies unter anderem in den Buschenschenken Skringers und Strableggs (Weingut Strablegg-Leitner), von denen man einen ebenso atemberaubenden Ausblick genießt, wie von der Kreuzbergwarte auf der höchsten Erhebung der Region. Da es von hier aus logischerweise nur noch abwärts gehen kann, nehmen wir nun einen der talwärts führenden Pfade und orientieren uns, unten angekommen wieder in Richtung Gamlitz. Spätestens auf der Höhe des Kranachberges heißt aber noch einmal links um und hinauf in die Höhe. Dort finden wir das Weingut von **Hannes Sabathi**, das kleine Imperium der Familie von **Peter Skoff** mit Weingut, Buschenschank und Gästezimmern und in luftiger Höhe, quasi auf einer Sonnenterrasse, das **Weingut Pongratz**: Ebenfalls ein toller Platz zum Kosten, Essen und Wohnen. Nicht lange suchen muss man das Weingut von **Willi Schilhan**, genannt „Crocodile Rock“, das es binnen kürzester Zeit zu einem der „Wahrzeichen “ des modernen Weinbaus in der Südsteiermark gebracht hat. In atemberaubender Architektur keltert der „Elvis vom Jägerberg“ exzellente Weine, die ebenfalls Aufsehen erregen.

Kurz vor Gamlitz muss der Blinker noch einmal raus – diesmal nach rechts. Es geht hinauf zum **Sattlerhof**, einem der renommiertesten Betriebe der Steiermark mit Weinen vom Feinsten, einem schmucken Hotel und einem Restaurant, das seit vielen Jahren kreative Regionalküche auf höchstem Niveau bietet.

Nunmehr schließt sich der Kreis und es geht von Gamlitz, wo es sich unter anderem noch lohnt, dem Weingut oder Weinmuseum im **Melcher-Schloss** einen Besuch abzustatten, zurück nach Ehrenhausen. Wenn jetzt noch Platz im Kofferraum ist, lässt sich dieser Missstand in der Vinofaktur beheben – aber das wissen Sie ja längst.

Winzer&Weine

Heute werden in der Südsteiermark vor allem Weißweine gekeltert, die zu den besten des Landes zählen. Und nicht nur das. Eine ernsthafte Verkostung internationaler Sauvignon blancs ohne steirische Beteiligung ist gar nicht mehr denkbar, wobei die Weine aus der Grünen Mark nicht selten den Sieg davontragen. Kein Wunder, dass sich der Sauvignon blanc zum Imageträger und zu einer Leitsorte für die Region entwickelt hat. Daneben wird aber nach wie vor die ganze Bandbreite der klassischen steirischen Weißweine vom Welschriesling über den Muskateller bis zum Morillon (Chardonnay) und ein kleiner, aber wachsender Anteil an Rotweinen wie dem Zweigelt und dem Pinot noir produziert.

BERGHAUSEN

Regele

8461 Berghausen 34
Tel. 03453/24 26, Fax -10
E-Mail: office@regele.at
Internet: www.regele.at

Im vom Architektenteam„g2plus_architekten" geplanten, modernen Ambiente warten Georg und Ingrid Regele mit fruchtig-frischen, aber auch kräftigen Lagenweinen wie dem Sauvignon blanc „Sulztaler Sulz" auf. Stark sind auch die Burgundersorten und der feingliedrige „Blanc de Blancs"-Sekt vom Chardonnay.

Tement

8461 Berghausen, Zieregg 13
Tel. 03453/41 01, Fax -30
E-Mail: weingut@tement.at
Internet: www.tement.at

Ein Tement-Wein ist immer etwas Besonderes. Manche, wie der Sauvignon blanc oder der Morillon vom Zieregg sogar etwas ganz Besonderes. Das Etikett mit dem einprägsamen „T" wurde zum Markenzeichen und kündet von Weingenuss auf höchstem Niveau. Dazu passt der Keller, in den Berg hinein gehauen, architektonisch vorbildlich und vom Meister selbst in technischer Hinsicht optimiert. Hingehen, sehen, kosten. Aber seien Sie gewarnt: Es wird Ihnen schwer fallen, hier ohne Wein wieder hinauszugehen ...

SPIELFELD

Erich & Walter Polz

8471 Spielfeld, Graßnitzberg 54 A
Tel. 03453/23 01-0, Fax -6
E-Mail: weingut@polz.co.at
Internet: www.polz.co.at

Aus einem kleinen Weingut mit Buschenschank hat die Familie Polz ein Wein- und Genussimperium geschaffen, das seinesgleichen sucht. Dazu gehören neben dem

Weingut auch die Vinofakturen in Ehrenhausen und Graz und das Weingut Tscheppe am Pössnitzberg samt Kreuzwirt und Weingenuss-Hotel. Nach wie vor gilt das Bemühen von Erich und Walter Polz aber auch der weiteren Verbesserung von Qualität und Authentizität ihrer Weine. Highlights sind alljährlich der Sauvignon blanc „Hochgraßnitzberg“, der Morillon „Obegg“ sowie die besonders mineralischen Weine von den Polz'schen Lagen im Sausal, Sauvignon blanc „Therese“ und Morillon „Moth“.

Weingut Primus

8471 Spielfeld, Graßnitzberg 53
Tel. 03453/39 11, Fax 42 41
E-Mail: weingut@primus.cc
Internet: www.primus.cc

Die Brüder Christian und Thomas Polz keltern in ihrem aufstrebenden Betrieb vor allem feingliedrige, fruchtig-elegante Weine von hervorragenden Lagen wie Graßnitzberg und Zieregg. Am besten verkostet man diese im schönen Buschenschank des Hauses, der von der Mutter, Martha Polz, mit viel Engagement geführt wird.

Armin Polz-Kiefer,

8471 Spielfeld, Graßnitzberg 59
Tel.+Fax 03453/46 50
E-Mail: polz.kiefer@aon.at
Internet: www.polz-kiefer.at

Armin Polz-Kiefers Weine sind von edelster Abstammung: Graßnitzberg und Hochgraßnitzberg steht in ihrem Herkunftsnachweis, Sauvignon blanc, Weißburgunder, Chardonnay und Muskateller sind die Abkömmlinge. Ein Tipp: der duftige Muskateller-Sekt!

Ein Meilenstein auf der Südsteirischen Weinstraße: das Weingut Tement (oben).
Wein und Kunst im Verkostungsraum des Weinguts von Erich und Walter Polz (unten).

EHRENHAUSEN

Gross

8461 Ehrenhausen
Ratsch an der Weinstraße 26
Tel. 03453/25 27, Fax: 27 28
E-Mail: weingut@gross.at
Internet: www.gross.at

Ein weiteres Mekka südsteirischer Weinbau-Kunst. In architektonischer ebenso wie in önophiler Hinsicht. Weine wie der Sauvignon blanc und Morillon vom Ratscher Nussberg zählen zu den besten der Steiermark und bereiten über viele Jahre Trinkfreude. Überhaupt sollte man sich mit den besten Gross-Weinen Zeit lassen. Weil man das im Hause Gross auch weiß, wird etwa der Weißburgunder vom Ratscher Nussberg frühestens 30 Monate nach der Ernte und ausschließlich in Magnum-Flaschen gefüllt auf den Markt gebracht. Doch das Warten lohnt sich.

Maitz

8461 Ratsch an der Weinstraße 45
Tel. 03453/21 53, Fax -7
E-Mail: weingut@maitz.co.at
Internet: www.maitz.co.at

Essen, Trinken und Wohnen – das kann man in der „Rebenburg“. Weingut, Buschenschank und Pension werden in herrlicher Lage hoch über den Ratscher Weinbergen sehr persönlich und mit viel Engagement geführt. Wer hier kein Backhendl isst, dem kann nicht geholfen werden.

Der Rebenhof – Hartmut Aubell

8461 Ehrenhausen, Ottenberg 38
Tel. 03453/257 50, Fax -99
E-Mail: der@rebenhof.at
Internet: www.rebenhof.at

Der historische, mit großem Aufwand revitalisierte Rebenhof mit seinen alten Gewölben und der luftigen Sonnenterrasse hat ein besonderes Flair. Zu kosten gibt es hier edle Tropfen vom Witscheiner Herrenberg und Ratscher Nussberg. Dazu werden in der gemütlichen „Einkehr“ feine Happen „by the glass“ vom Leutschacher Küchenmeister Tom Riederer serviert.

Potzinger

8424 Gabersdorf 12 (Weingut); Winzerhaus: 8461 Ratsch 6
Tel. 0664/52 16 444, Fax 03452/822 77
E-Mail: potzinger@potzinger.at
Internet: www.potzinger.at

In flottem Tempo entwickelt der junge Stefan Potzinger seinen Betrieb und zahlreiche Auszeichnungen bestätigen, dass seine Weine wie der feinfruchtige Weißburgunder „Ratsch“ oder der konzentrierte Sauvignon blanc „Joseph“ bereits den Aufstieg in die vinophile Oberliga geschafft haben.

Ewald Zweytick

8461 Ratsch an der Weinstraße 102
Tel. 03454/72 22
Internet: www.ewaldzweytick.at

Ewald Zweytick macht um seine Weine kein großes Aufheben und sie sind auch gar nicht billig. Dennoch verkaufen sie sich bestens - das muss einen Grund haben ...

WEITERE EMPFEHLENSWERTE BETRIEBE

Hannes Zweytick

8461 Ratsch 58, Tel. 03453/23 64
E-Mail: hannes.2tik@a1.net
Weingut & Buschenschank)

GAMLITZ

Elsnegg

8462 Gamlitz, Eckberg 26
Tel. 03453/48 12, Fax -4
E-Mail: weingut.elsnegg@aon.at
Internet: www.elsnegg.at

Im diesem entzückenden Ensemble am Eckberg, bestehend aus Weingut, Buschenschank und Gästezimmern ziehen drei Generationen an einem Strang. Bekannt geworden ist das Weingut nicht zuletzt durch die Tochter des Hauses, Regina, die nach ihrer „Regentschaft“ als steirische Weinkönigin und dem Abschluss der Weinbauschule in Silberberg das Geschehen im Betrieb mitgestaltet. Beachtung verdienen freilich auch die Weine, ob fruchtig-duftig wie in der Linie „Steilhang“ oder kraftvoll und dicht wie der Sauvignon blanc vom Urlkogl oder der Chardonnay „Eckberg“.

Lackner-Tinnacher

8462 Gamlitz, Steinbach 12
Tel. 03453/21 42, Fax 48 41
E-Mail: weingut@tinnacher.at
Internet: www.tinnacher.at

Die Tinnachers, deren Weine zu den ersten Steirern zählten, die aufgrund ihrer Qualität überregionale Beachtung fanden, setzen ihre Schritte behutsam und überlegt – doch sie setzen sie. So ist es ihnen gelungen, mit ihren Weinen quasi einen eigenen Hausstil zu kreieren: feinfruchtig, elegant und vielschichtig, mineralisch und konzentriert, doch nie parfümiert, vordergründig oder üppig. Weine zum Trinken eben, die man immer wieder gern hat. Sehenswert ist auch das Anwesen aus dem Jahr 1770 samt modernem, perfekt in die Landschaft integriertem Keller.

Zweimal alt und neu: Verkostungsraum im Weingut Hannes Zweytick (oben) und die moderne Vinothek im historischen Anwesen der Familie Lackner-Tinnacher im Steinbachtal (unten).

Riegelnegg – Olwitschhof

8462 Gamlitz, Steinbach 62
Tel. 03454/62 63, Fax -6
E-Mail: weingut@riegelnegg.at
Internet: www.riegelnegg.at

Es gibt in der Südsteiermark wenige so schöne, behutsam revitalisierte Winzerhäuser wie jenes der Familie Riegelnegg, das immerhin aus dem Jahr 1808 stammt. Im alten, sehenswerten Gewölbekeller ruhen Weine, die es mit ihrer frischen, saftigen Frucht, ihrer klaren Stilistik und ihrer animierenden Art sogar schon zu Landessieger-Ehren gebracht haben. Tipps: die Rotweine und der Muskateller-Sekt.

Hannes Sabathi

8462 Gamlitz, Kranachberg 51
Tel.+Fax: 03453/29 00
E-Mail: office@sabathi-weine.at
Internet: www.sabathi-weine.at

Das ist schon ein gesegnetes Land, wo man Weine wie die von Hannes Sabathi einfach beim Buschenschank trinken kann. Dabei deckt das Genussspektrum die gesamte steirische Palette vom exotisch-duftigen Gelben Muskateller bis zum Sauvignon blanc Kranachberg und der Sauvignon Reserve ab. Weine, die mit ihrer komplexen Aromatik zu recht als Zeugen des außergewöhnlichen Terroirs am Kranachberg auftreten können.

Sattlerhof

8462 Gamlitz, Sernau 2
Tel. 03453/25 56, Fax 57 32
E-Mail: weingut@sattlerhof.at
Internet: www.sattlerhof.at

Der Sattlerhof war und ist ein Bollwerk im steirischen Weinland. Willi Sattler verwaltet das Erbe seines Vaters, des steirischen Weinbaupioniers Wilhelm Sattler senior, und hat dieses – stets konsequent und manchmal durchaus auch eigen-sinnig – kontinuierlich weiterentwickelt. Heute zählen seine Weine wie die Burgunder vom Pfarrweingarten oder die Sauvignon blancs vom Kranachberg und Sernauberg nicht nur zu den besten des Landes, sondern stehen auch immer wieder bei internationalen Degustationen auf dem Podest. Günstigere, aber leider meist sehr schnell ausverkaufte „Einstiegsdroge“: der blütenduftige Gelbe Muskateller.

Peter Skoff – Domäne Kranachberg

8462 Gamlitz, Kranachberg 50
Tel. 03454/61 04, Fax -4
E-Mail: weingut@peter-skoff.at
Internet: www.peter-skoff.at

Eine familiär geführte Buschenschank, eine komfortable Pension und ein Weingut, in dem exzellente und vielfach ausgezeichnete Weine von Gamlitzer Spitzenlagen wie „Kranachberg“ gekeltert werden. Und das alles in herrlich-ruhiger Lage inmitten von Weingärten. Der Betrieb der Familie Skoff ist wahrlich ein Paradiesgärtlein zum Wohlfühlen.

Walter Skoff

8462 Gamlitz, Eckberg 16
Tel. 03453/42 43, Fax -17
E-Mail: weingut@skoff.com
Internet: www.skoff.com

Mit Ehrgeiz und großer Zielstrebigkeit machte Walter Skoff aus der verträumten kleinen Buschenschank mit Gästezimmern und eigenem Weinbau mit herrlichem Blick über das Steinbachtal einen der wichtigsten Weinbaubetriebe der Stei-

Zweimal Schräglage und moderne Architektur bei Erwin Sabathi in Leutschach (oben) und am Sattlerhof in Gamlitz, wo der alte Keller ein ganz neues Gesicht bekommen hat (unten).

ermark. Sehenswert ist der mächtige, aus alten Ziegeln gemauerte Schaukeller, in dem Walter Skoff gemeinsam mit seinem Sohn Joachim die ganze Sorten- und Typenvielfalt des steirischen Weinlandes von leicht und duftig bis kraftvoll und holzbetont keltert. Das Ergebnis sind Weine, die immer wieder nationale und internationale Auszeichnungen einfahren. Der beste Platz, um diese zu verkosten, ist übrigens nach wie vor der gemütliche Buschenschank des Hauses.

Maria und Johannes Söll

8462 Gamlitz, Sernau, Steinbach 63 a
Tel. 03454/66 67
Internet: www.weingut-soell.at

Die Weine von Johannes Söll werden biologisch hergestellt, liebevoll kultiviert und mit Genuss getrunken. Am besten auf der Terrasse des hübschen Winzerhauses – begleitet von einer guten Jause mit regionalen Produkten. Ein echter Tipp ist auch das wunderschöne Gästehaus mit Blick über das Rebenland.

Schnabl

8462 Gamlitz, Sernau 6
Tel. 03453/30 10
E-Mail: office@weingut-schnabl.at
Internet: www.weingut-schnabl.at

Steine sind ein Leitmotiv in diesem hübschen, im Steinbachtal gelegenen Weingut samt Buschenschank und Gästezimmern. So sind letztere nach Edelsteinen benannt und auch so mancher der fruchtig-eleganten Tropfen des Hauses trägt programmatische Bezeichnungen wie „Sauvignon blanc Quarz“ oder „Weißburgunder Fossil“, die auf ihre Herkunft und ihren Charakter hinweisen.

GLANZ

Tschermonegg

8463 Glanz an der Weinstraße 50
Tel. 03454/326, Fax -50
E-Mail: weingut@tschermonegg.at
Internet: www.tschermonegg.at

Ein Highlight. Abgesehen von den ausgezeichneten Weinen, darunter Raritäten wie die Traminer-Cuvée „Trio“ aus drei verschiedenen Traminer-Spielarten, wartet man hier mit einem ausgezeichneten und besonders kinderfreundlichen Buschenschank und einer schmucken Pension samt „Weingarten-Swimmingpool“ auf

.

SULZTAL

Dreisiebner Stammhaus

8461 Sulztal 35
Tel. 03453/25 90, Fax -22
E-Mail: stammhaus@dreisiebner.com
Internet: www.dreisiebner.com

Ausgezeichneter Buschenschank und eine breite Palette ebensolcher Weine. Übernachtet wird im gepflegten Winzerzimmer.

LABUTTENDORF

Weingut Scheucher

8423 St. Veit am Vogau, Labuttendorf 20
Tel. 03184/40 80, Fax -12
E-Mail: otter@weingut-scheucher.at
Intenet: www.weingut-scheucher.at

Nein, Labuttendorf liegt nicht an der Weinstraße, die Weingärten der Familie Scheuer aber sehr wohl und zwar am Pössnitzberg. Von dort werden die Trauben nach St. Veit am Vogau gebracht und von Gottfried Scheucher in köstliche Weine „verwandelt“, die in ihrer unkomplizierten Art jede Menge Trinkvergnügen bereiten. Gerne servieren die Scheuchers zur Verkostung derselben auch hausgemachte Köstlichkeiten vom Mangalizaschwein & Co.

LEUTSCHACH

Weinbau Familie Menhard

A-8463 Leutschach, Pößnitz 70
Tel. 03454/599 84
E-mail: weingut@menhard.at
Internet: www.menhard.at

Klein, aber fein heißt die Devise in diesem Weingut, das bereits seit dem Jahr 1994 als Bio-Betrieb zertifiziert ist. Somit kann man die Menhards durchaus als Pioniere des Bio-Weinbaus in der Südsteiermark bezeichnen und die Qualität der leicht, animierend und bekömmlich ausgebauten Weine zeigt, dass Erfahrung auch hier den Meister macht. Für Gäste, die es genauer wissen wollen, stehen zwei liebevoll renovierte Weingartenstöckel zur Verfügung.

Karl Renner

8463 Leutschach, Pößnitz 79
Tel. 03454/64 83, Fax -4
E-Mail: office@karl-renner.at
Internet: www.karl-renner.at

Karl Renner hat sich als einer der ersten Winzer in der Südsteiermark ganz dem biodynamischen Weinbau verschrieben. Renner keltert keine Weine für den Einheitsgeschmack, sondern individuelle Typen, die Böden, Lagen und Sorten möglichst authentisch widerspiegeln sollen.

Erwin Sabathi

8463 Leutschach, Pößnitz 48
Tel. 03454/265, Fax -6
E-Mail: weingut@sabathi.com
Internet: www.sabathi.com

Jeder nach seiner Fasson: tradtioneller, alter Weinkeller im Bioweingut Menhard am Pössnitzberg (oben) und chromblitzende Stahltankbatterie bei Daniel Jaunegg in Eichberg-Trautenburg.

Wie kaum ein anderes Weingut zeigt jenes der Sabathi-Brüder das neue Gesicht des steirischen Weinkellers. Im sehenswerten, hochmodernen Weinkeller wird eine breite Palette von Weinen angeboten, die qualitativ in der obersten Liga spielen. Besondere Highlights sind der Sauvignon blanc Pössnitzberg „Limited" und die im Barrique ausgebauten Weine der Serie „Merveilleux", die auch in Großflaschen mit bis zu 18 Litern angeboten werden.

Andreas Tscheppe – Weingut in Glanz

8463 Leutschach, Glanz 75
Tel.+Fax 03454/391
E-Mail: office@at-weine.at
Internet: www.at-weine.at

Andreas Tscheppe geht im Weinbau ganz eigene Wege. Seine Weingärten bewirtschaftet er biodynamisch und die Fässer mit seinen besten Weinen vergräbt er für mehrere Jahre in der Erde, ehe die Weine auf Flaschen gefüllt werden. Das Ergebnis sind komplexe, eigenwillige Tropfen, mit hoher Unverwechselbarkeit und einprägsamem Charakter. Leicht zu erkennen sind die Weine am Etikett: Hirschkäfer, Libelle und Co. weisen auf die besondere Naturverbundenheit von Wein und Winzer hin.

Weingut Tscheppe am Pössnitzberg

8463 Leutschach, Pößnitz 168
Tel. 03454/205, Fax -77
E-Mail: weingut@tscheppe.com
Internet: www.tscheppe.com

Das traditionsreiche Weingut Tscheppe am Pössnitzberg verfügt über einen wahren Weingarten-Schatz: 32 Hektar Rebfläche in den Spitzenlagen Pössnitzberg und Czamillonberg – jener Lage aus den ehemaligen

Hier ist gemütlich sitzen, kosten, reden... Weingut Skringer in Eichberg-Trautenburg.

Besitzungen des Grafen Woracziczki, die dem Weingut einen legendären Ruf eingetragen haben. Unter der Obhut von Erich und Walter Polz entstehen daraus klassisch steirische, ausgewogene und animierende Weine. Zu kosten im Weingut am Pössnitzberg, zu genießen unter anderem im Restaurant Kreuzwirt vis a vis.

EICHBERG-TRAUTENBURG

Jaunegg

8463 Leutschach, Eichberg-Trautenburg 160
Tel. 03455/67 54, Fax–4
E-Mail: weingut@jaunegg.at
Internet: www.jaunegg.at

Daniel Jaunegg, einer der „Jungen Wilden" in der Südsteiermark, hat sich rasch in der Oberliga der Weinszene etabliert. Im futuristischen Weingut werden elegante, feingliedrige Weine produziert, deren beste Vertreter wie der Sauvignon blanc „Knily" auch durch Komplexität und Tiefgang überzeugen. Den Buschenschank des Hauses gibt's leider nicht mehr, doch für Hausgäste wird hier nach wie vor köstlich aufgetischt.

J. & A. Skringer

8453 Eichberg-Trautenburg 28
Tel. 03456/26 66, Fax 309 56
E-Mail: weingut@skringer.at
Internet: www.skringer.at

Ein begnadetes Plätzchen mit prächtiger Aussicht und einem gemütlichen Buschenschank, wo man die Weine von Hans Skringer zu einer feinen Heurigenjause genießen kann. Weißburgunder, Sauvignon blanc & Co. leben vom Spannungsfeld zwischen delikater Frucht, fein ziselierter Säure und einem Schuss Mineralik und spiegeln das besondere Terroir und Klima dieser ausgeprägten Höhenlage aufs Beste wider.

Strablegg-Leitner Panoramaweinhof

8454 Eichberg-Trautenburg
Tel. 03455/429

Franz Strablegg ist kein Freund des Marketings und er braucht eigentlich auch keines. Denn seine eleganten, knackigen und animierenden Weine von steilsten Lagen in Eichberg-Trautenburg finden auch so ihren Weg zum Konsumenten. Allerdings lohnt es sich auch, diesen entgegenzukommen: Denn der einladende Buschenschank des Hauses ist ein wunderbarer Platz, um sie in Begleitung einer köstlichen Jause zu genießen.

Essen

GAMLITZ

Jaglhof

8462 Gamlitz, Sernau 25
Tel. 03454/66 75, Fax -12
E-Mail: office@jaglhof.at
Internet: www.jaglhof.at

Auf der Weinstraße gibt es viele schönste Plätze, doch der Jaglhof ist einer der allerschönsten. Es lässt sich also gut aushalten im gediegenen Restaurant oder auf der Sonnenterrasse bei bodenständig steirischer Küche und einem ausufernden Weinfundus.

Wirtshaus am Sattlerhof

8462 Gamlitz, Sernau 2 a
Tel. 03453/44 54-0, Fax-4
E-Mail: restaurant@sattlerhof.at
Internet: www.sattlerhof.at

Hannes Sattler kann es kreativ, aber auch bodenständig. Das Repertoire reicht von Innereien oder Festtagsbraten bis zur leichten, mediterran inspirierten Fischküche. Dazu trinkt man die köstlichen Weine von Bruder Willi Sattler, die hier nur über den Hof getragen werden müssen.

Tscheppe an der Weinstraße

8461 Gamlitz, Sulztal 18
Tel. 03453/75 75, Fax -77
E-Mail: gasthaus@tscheppe.net
Internet: www.tscheppe.net

Zu bodenständig-rustikaler Küche von der Rindfleischsulz mit Kernöl bis zum gebackenen Kalbsbries trinkt man hier in prächtiger Aussichtslage direkt an der Weinstraße nicht nur Steirisches, sondern auch die exzellenten Weine von Kathi Tscheppes Brüdern Eduard und Stefan aus dem Burgenland und Kalifornien.

Weinlandhof

8462 Gamlitz, Untere Hauptstraße 15
Tel. 03453/25 84, Fax 27 15 10
E-Mail: weinlandhof-wratschko@aon.at
Internet: www.weinlandhof.at

Mitten in Gamlitz gelegen, bietet sich der Weinlandhof mit seiner bodenständig-gutbürgerlichen Küche und den modernen, gepflegten Zimmern als zuverlässiger Stützpunkt für Winzer-Expeditionen an

LEUTSCHACH

Abel's Wirtshaus am Käsehof

8463 Glanz, Fötschach 9
Tel.+Fax 03454/63 84
E-Mail: info@kaesehof-abel.com
Internet: www.kaesehof-abel.com

Früher wurde hier lediglich Käse hergestellt. Heute genießt man in den gemütlichen Stuben und auf der Sonnenterrasse eine wunderbar leichte Küche mit regionalem und italophilem Einschlag. Für die kleinen Gäste gibt es einen Streichelzoo, für die Wissbegierigen Kochkurse und Weinseminare und einen ausgezeichneten Schafkäse aus eigener Produktion, den gibt es natürlich auch noch.

Sabathihof

8463 Leutschach, Rebenweg 142
Tel. 03454/495, Fax -4
E-Mail: familie@sabathihof.com
Internet: www.sabathihof.com

In diesem prächtigen Anwesen mitten in den Weinbergen ist gut trinken, essen und schlafen. Dafür sorgen Weine aus eigenem Anbau, eine herzhaft-bodenständige Küche und komfortable Winzerzimmer.

T.O.M.® am Kochen

8463 Leutschach, Arnfelser Straße 2
Tel. 03454/700 99
E-Mail: trac@trac.at
Internet: www.trac.at

Im ehemaligen „Kirchenwirt" lässt Küchenmeister Thomas Riederer seiner Phantasie freien Lauf – und überrascht seine Fan-Gemeinde immer wieder mit neuen Kreationen, die auf der Karte zwar unorthodox klingen, auf dem Teller aber wunderbare Geschmacksharmonien hervorbringen. Begleitet werden diese Gaumenabenteuer von Weinen aus einem Keller mit mehr als 500 Positionen, darunter auch hierzulande Rares aus Friaul, Slowenien, Istrien & Co.

Kreuzwirt am Pössnitzberg

8463 Leutschach, Pößnitz 168
Tel. 03454/20 56 00
E-Mail: office@gasthaus-kreuzwirt.at
Internet: www.gasthaus-kreuzwirt.at

Die beste Adresse zum Essen im steirischen Weinland. Meisterkoch Gerhard Fuchs verwöhnt seine Gäste mit einer Regionalküche auf höchstem Niveau. Dafür greift er größtenteils auf regionale Produkte wie das Remschnigg-Kitz oder das Sulmtaler Geflügel zurück, lässt aber durchaus auch einmal einen Steinbutt oder Angler vorbeischwimmen. Dabei bleibt seine Küche stets so luftig-leicht, wie es das Ambiente im gläsernen Zubau zum alten Kreuzwirt suggeriert. Dass Erich und Walter Polz die Besitzer dieses Etablissements sind, lässt sich an den Dimensionen des Weinkellers leicht erkennen.

ST. VEIT IM VOGAU

Zur Traube/Thaller

8423 St. Veit im Vogau 44
Tel.+Fax 03453/25 08
E-Mail: office@zurtraube.at
Internet: www.zurtraube.at

Norbert Thaller bietet hier eine wunderbar bodenständige Küche und sichert damit die „kulinarische Nahversorgung". Doch er kann auch ganz anders: Auf Anfrage erlebt man hier Gourmetküche vom Feinsten – kreativ, gekonnt und mit exzellenten Grundprodukten; dazu erklingt selbstverständlich auch eine angemessene vinophile „Begleitmusik".

Über Nacht

Bacchuskeller/Eva Lambauer

s. Buschenschänken

Moderne, komfortable Zimmer mit Weingartenblick

Jaglhof

s. Wirtshaustipps

Stilvoll-moderne Zimmer mit dem besten Blick über das Weinland

Sattlerhof

8462 Gamlitz, Sernau 2a
s. Wirtshaustipps

Gediegene Zimmer und Appartements mit Swimmingpool im Weingarten; Genießerhotel

Weinlandhof

s. Wirtshaustipps

Tscheppes Gasthof zur Post

s. Wirtshaustipps

Joseph – eine Art Hotel, eine Art Galerie

8461 Sulztal an der Weinstraße 13
Tel. 03453/45 75

Ungewöhnlich wohnen direkt an der Weinstraße

Moarhäuser/Rebenhof-Chalets

8461 Ratsch an der Weinstraße
Tel. 03453/21 35, Fax -80

Stilvoll restaurierte, behagliche Winzerstöckel samt Tennisplatz

Weingut Tauss

8463 Leutschach, Schlossberg 80
Tel. 03454/67 15, Fax 700 50
E-mail: weingut-tauss@gmx.at
Internet: www.weingut-tauss.at

Wohnen beim Bio-Winzer in idyllischer Ruhelage. Komfortable, mit natürlichen Materialien ausgestattete Zimmer samt Outdoor-Swimmingpool. Gerne werden auch Verkostungen der hauseigenen Weine organisiert.

Pures Leben Ferienhäuser

Tel. 0664/215 50 44
Internet: www.puresleben.at

Dietmar Silly hat an einigen der schönsten Plätze der Südsteiermark alte Häuser revitalisiert oder neue im Stil der Region gebaut. Komfortable Feriendomizile für jene, die gerne mitten in der Natur wohnen.

Buschenschänken

Muster Stub'n

8471 Spielfeld, Graßnitzberg 18
Tel. 0664/481 69 28
Internet: www.musterstubn.at

Rustikales Ambiente, gute Jause, herrlicher Blick über den Graßnitzberg

Steinberghof

Uli und Dieter Firmenich
8461 Berghausen 62, Tel. 03453/24 35
Internet: www.firmenich.at

Ausgezeichnete „Genießer-Buschenschank“, kreative Küche, eigene Weine, Edelbrände)

Wohnen im Kellerstöckl – für alle, die es ganz idyllisch mögen.

Bacchuskeller/Eva Lambauer

8462 Gamlitz-Eckberg 37
Tel. 03453/25 70, Fax -70
E-Mail: eva.lambauer@bacchuskeller.at
Internet: www.evalambauer.at

Geschmackvoll renoviertes, altes Herrenhaus mit heimeligen Stuben und schönem Naturgarten; kleine, feine Köstlichkeiten und dazu die tadellosen Weine des Hauses.

Weingut und Buschenschank Kögl

8461 Ratsch an der Weinstraße 59
Tel. 03453/43 14
Internet: www.weingut-koegl.com

Wunderschönes Ambiente im 300 Jahre alten Moarhaus, Weine aus eigener Produktion und komfortable Zimmer im eigenen Gästehaus.

Weingut Jakopé

8461 Ratsch, Kästenburg 66
Tel. 03453/25 65
Internet: www.kaestenburg.at

Idyllisch an der Weinstraße gelegene Buschenschank, Seminarräume.

Weinhof & Buschenschank Nekrep vulgo Stani-Gustl

8462 Gamlitz, Eckberg 72
Tel. 03453/22 48
Internet: www.weinhof-nekrep.at

Buschenschank-Klassiker mit Weingut und Gästezimmern direkt an der Weinstraße.

Buschenschank Tinnauer

8462 Gamlitz, Labitschberg 42
Tel. 034 3/23 91, Fax -23
E-Mail: weingut-tinnauer@aon.at
Internet: www.tinnauer.com

Buschenschank der feinen Art mit köstlichen Produkten aus der Umgebung, sauberen Eigenbauweinen und edlen Bränden; im Falle ausführlicherer Verkostung gibt es komfortable Gästezimmer im Haus.

Erikas Buschenschank

8462 Gamlitz, Kranach 3
Tel. 03453/55 65
Internet: www.erikas-buschenschank.at

Wer in der Buschenschank nicht nur gut Essen und Trinken, sondern auch sehen und gesehen werden will, ist hier an der richtigen Adresse.

Repolusk

8463 Leutschach
Glanz an der Weinstraße 41
Tel. 03454/313
Internet: www.repolusk.at

Rund um den Brotbackofen in der Stube genießt man hier Buschenschank-Klassiker vom Hauswürstl bis zum Kübelfleisch und dazu die ausgezeichneten Weine aus eigener Produktion.

Genusstipps

„vinofaktur"

8461 Ehrenhausen-Vogau, An der Mur 13
Tel. 03453/406 77
E-Mail: shop@vinofaktur.at
Internet: www.vinofaktur.at

In zeitgeistigem Ambiente findet man nicht nur die Weine der Brüder Polz und anderer steirischer Topproduzenten, sondern auch regionale Produkte vom Kernöl über Essige und Öle bis zu Bränden und Säften.

Melcherschloss

8462 Gamlitz
Tel. 03453/39 22 oder 48 48
Internet: www.melcher.at

Weinbaumuseum und permanente Edelbrandausstellung; eigenes, empfehlenswertes Weingut.

Vinothek im Jaglhof

8462 Gamlitz, Sernau 25
Tel. 03454/66 75, Fax -12

Die Weine der Mitgliedsbetriebe der steirischen Klassik; hier bekommt man Weine, die beim Winzer schon ausverkauft sind.

Felix Weinstock

8461 Berghausen, Zieregg 2
Tel. 03453/40 09
Internet: www.felix-weinstock.at

Der Essig- und Ölspezialist in der Südsteiermark produziert unter anderem feine Balsamico-Spezialitäten von Muskateller, Zweigelt, Apfel, Pfirsich & Co.

Fruchtbrennerei Franz Tinnauer

8462 Gamlitz, Steinbach 42
Tel. 03453/36 07
Internet: www.tinnauer.at

In Sachen Edelbrände ist Franz Tinnauer eine Macht – und holt darum bei nationalen und internationalen Schnapsverkostungen einen Titel nach dem anderen.

Weingut Bauernladen Edelbrennerei Moser

8463 Leutschach, Großwalz 81
Tel. 03454/64 02
Internet: www.weingut-moser.at

Da, wo sich Füchse und Hasen gute Nacht sagen, befindet sich nicht nur Österreichs höchst gelegenes Weingut, sondern auch ein Hofladen mit den eigenen Edelbränden und rund 100 weiteren regionalen Produkten.

Natur & Entdecken

Die Steinerne Hand

Die größte Steinhand der Welt (3,23 m und 4127 kg) liegt an der südsteirischen Panoramastraße. Sie besteht aus Kalkstein; *Weingut Moser/Kapun, Großwalz 81, Leutschach*

Wassermühle

Die alte Wassermühle in Eichberg-Trautenburg ist eine Tourimusattraktion ersten Ranges. Sie steht direkt am Wanderweg 4a von Eichberg-Trautenburg nach St. Johann im Saggautal; *Innenbesichtigung möglich; Tel. 03454/70 70 oder per E-Mail an gemeindeamt@eichberg-trautenburg.steiermark.at*

Erlebnisführungen 😀

Suchen Sie den Naturpark Südsteirisches Weinland nicht, Sie sind mittendrin. Kindertouren wie beispielsweise „Demmerkogelforscher" *www.naturparkweinland.at*

Glanzer Hoftour

Die Glanzer Weintraube (siehe unten) ist Ausgangspunkt für die Glanzer Hoftour mit einer Gesamtlänge von 22,1 km, die neun Hoftourbetriebe verbindet. Die Betriebe entlang der Strecke bieten Genüsse für alle Sinne, ob Genießen und Erholen am Weinhof, Blumen und Kräuter am Blumenhof, Spezialitäten vom Wirtshaus Käsehof, Kulinarisches vom Jägerwirt und vom Apfel-Kürbis-Hof, Reiten und Kutschenfahren am Reiterhof, hausgemachte Schmankerln vom Brot- und Himbeerhof sowie Rasten und Gustieren am Lindenhof.
Info Glanzer Hoftourwanderweg: Folder und Kartenmaterial sind im Tourismusbüro oder vom Gemeindeamt in Glanz zu beziehen.

AUSSICHTSPUNKTE

Schlossbergwarte am Montikogel, herrlicher Blick ins Hügelland und ins benachbarte Slowenien
Kreuzbergwarte in Eichberg-Trautenburg

Wein, Kunst & Kultur

Schloss Gamlitz

Im Schloss Gamlitz steht seit 900 Jahren der Weinbau im Mittelpunkt.
Das Weinmuseum bietet einen Querschnitt durch die Geschichte des Weinbaus in der Steiermark und der ganzen Welt. *Führungen möglich, Voranmeldung notwendig unter weingut@melcher.at oder Tel. 03453/23 63*

Weinkulturgarten

Hier erfährt man Interessantes und Wissenswertes über den Wein, im Rebenland beantwortet. Spezielle Führungen durch den Weinkulturgarten bietet Familie Lieleg-Kollerhof an. *Buchung: Tel. 03454/439, jeden Freitag um 17 Uhr Führung durch den Weinkulturgarten mit anschließender Weinverkostung*, Ort des Geschehens: Eichberg-Trautenburg

Glanzer Weintraube

Die größte Weintraube der Welt befindet sich auf dem 483 Meter hohen Eory-Kogel und ist das Wahrzeichen von Pößnitz bzw. der Weinbaugemeinde Glanz. Das Kunstwerk besteht aus Edelstahl und kunstvollen, farbigen Füllungen aus verschmolzenem Glas, die die Traubenperlen darstellen. Kreiert wurde die Weintraube von Willi Trojan. Die 52 Teile des Objektes (50 Blätter, Stamm und Traube) deuten die Wochen des Jahres an. Die 31 kleinen Blätter symbolisieren die Tage des Monats, die 12 mittelgroßen Blätter die Monate des Jahres und die 7 großen Blätter stellen die Wochentage dar, die 366 Perlen die Tage des Jahres – Schaltjahr inklusive.

ATELIERS

Licht-Design-Glaskunst: Atelier Willi Trojan, 8463 Leutschach, Pößnitz 27 (Nähe Grenzübergang Langegg), Tel. 03454/276 (bietet auch geführte Kunstwanderungen an)

Gebrauchs- und Gartenkeramik, Malerei: Elfi und Manfred Sonnenberg, Wielitsch 34, 8461 Berghausen,Tel. 3453/5219 (Kreativwerkstatt und Gästehaus)

Malerei: Heinrich Meisl, 8462 Gamlitz, Haus der Urbani-Apotheke, nach telefonischer Vereinbarung (Tel: 03453/7322), Internet: www.meislheinrich.com

Keramik: Lena Kremser, Kopreinigg 62, Pölfing-Brunn, Tel. 0664/4307 789.

ARCHITEKTUR

Weingut Erwin Sabathi

In den Hang gebautes klar strukturiertes Ensemble aus Glas- und getoastetes Holz; Leutschach, *Architekt: Igor Skacel*

Vinofaktur Polz

Ein kühl funktionell betonter Bau in Anthrazit; Ehrenhausen-Vogau *Architekt: Hermann Eisenköck*

Weingut Lackner-Tinnacher

Schlichte Kubatur mit begrüntem Dach und Holzlattenschalung in Gamlitz, *Architekt: Rolf Rauner*

Weingut Polz

Ein stimmiges Gefüge mit klaren räumlichen Strukturen und freigestelltem Winzerstöckl, Sandsteinfassade und gläsernem Wintergarten, Spielfeld, g2plus architekten.

In den vergangenen zehn, fünfzehn Jahren entstand durch die vielen Kellerbauten eine neue Form von „Wein-Architektur". Weingut Erwin Sabathi vom Architekten Igor Skacel (oben) und Weingut Tement in der Lage Zieregg von Klaus Jaretzky und Christian Leitner (unten).

Weingut Regele

Viel Glas und edles Holz, ein funktioneller, moderner Bau , Ehrenhausen, ArchitektInnen: g2plus grabensteiner architekten.

Weingut Tement

Wie eine Kommandozentrale thront der turmartige Glasaufbau des Weinguts über der Edellage Zieregg, Berghausen, *Architekten: Klaus Jaretzky, Christian Leiter.*

TERMINE

Der Veranstaltungsangebot an der Südsteirischen Weinstraße ist mittlerweile so umfangreich, dass man am besten vor Antritt der Weinreise einen Blick ins Internet wirft.

Präsentation Südsteirischer Wein in Leibnitz (Apr)
Frühlingsweinkost in Gamlitz (Palmwochenende)
Weinlese- und Erntedankfest in fast allen Orten an den Weinstraßen (Sept/Okt)
Südsteirisches Herbstfest in Leibnitz (Okt)
Gamlitzer Weinlesefest (Okt)
Junkerpräsentation in Leibnitz (Nov)

Idylle am Steilhang

Die Sausaler Weinstraße stand immer ein wenig im Schatten der Südsteirischen. Doch in Zeiten der anwachsenden Touristenströme ist das kein Nachteil, denn hier findet man noch zahlreiche ruhige Winkel und idyllische Plätzchen.

Die Sausaler Weinstraße ist so etwas wie die „kleine Schwester" der berühmteren Südsteirischen Weinstraße – mit der sie aber ohnehin meist in einen Topf geworfen wird. Dabei ist der (oder das) Sausal, das Hügelland zwischen den Flüssen Sulm und Laßnitz, erdgeschichtlich gesehen um immerhin rund 400 Millionen Jahre älter ... Aber da wollen wir einmal nicht kleinlich sein, denn abgesehen davon hat die Gegend zwischen Leibnitz, Kitzeck, Höch und St. Nikolai doch einen ganz eigenständigen Charakter. Hier dominiert nicht ausschließlich das Weinland; die extrem steilen Weingärten werden immer wieder von Wäldern und Wiesen durchbrochen und dementsprechend findet man hier auch noch mehr gemischte landwirtschaftliche Betriebe. Die Buschenschenken sind dünner gesät als auf der Südsteirischen Weinstraße und die Weine der Spitzenwinzer genießen in der Regel nicht ganz das Prestige ihrer etwas weiter südlich gekelterten Pendants.
Andererseits ist die Sausaler Weinstraße mit allem gesegnet, was man sich als Besucher nur wünschen kann. Feine Weine, gemütliche Heurige mit herrlichem Ausblick, gepflegte Restaurants und idyllische – oft bedrohlich schmale – Straßen und Wege, die sich über die einzelnen Höhenzüge winden. So gesehen hat die Sausaler Weinstraße sowohl für Weinfreaks als auch für Menschen, die einfach gerne die Landschaft, den Wein und das Essen genießen, als eigenständiger Mikrokosmos ihren ganz eigenen Reiz.
Die offiziell ausgeschilderte Sausaler Weinstraße verläuft von Fresing über Kitzeck und Höch nach St. Andrä im Sausal, doch gibt es selbstverständlich auch abseits dieser Route vieles zu entdecken und darum werden wir auch einige Nebenstraßen mit durchaus lohnenden Zielen abfahren, wobei wie immer kein Anspruch auf Vollständigkeit erhoben wird; schließlich sollen Ihnen, liebe Weinlandpilger und -pilgerinnen, auch noch ein paar eigene Entdeckungen vorbehalten bleiben.

Basislager bei den Römern

Leibnitz, der Ausgangspunkt unserer Tour, hat allerhand zu bieten: für Kulturhistoriker, weil im heutigen Ortsteil Wagna die einzige Römersiedlung auf steirischem Boden namens „Flavia Solva" bestand. Eine Vielzahl von Kultstätten, Grabhügeln und Steindenkmälern, die in der gesamten Region verstreut sind, zeugt von dieser und noch weiter zurückliegenden Zeiten. Aber auch für Weinfreunde, die ihr Basislager für Streifzüge ins steirische Weinland lieber in einem urbanen Umfeld aufschlagen wollen. Leibnitz ist eine schöne Stadt mit einem historischen Hauptplatz, dessen fast schon mediterranes Ambiente zum Flanieren, Kaffeetrinken oder Eisessen einlädt.
Ehe wir uns von Leibnitz aus in Richtung Kitzeck aufmachen, wollen wir uns noch einigen wichtigen Vorposten des Sausaler Gebietes zuwenden. An der Bundesstraße 74, die nördlich von Leibnitz entlang der Sulm verläuft, befindet sich das in einem sehenswerten Gebäude aus dem 16. Jahrhundert untergebrachte Zentrum des Naturparks „Steirisches Weinland". Hier findet man alles Wissenswerte über das steirische Weinland, kann Zimmer buchen, das Naturpark-Museum besuchen oder sich erst einmal im dazugehörigen Lokal, dem **Wirtshaus „Das Grottenhof"**, bei bodenständigen Schmankerln und Wein aus der gut sortierten Vinothek stärken.
Verlässt man die Stadt in westlicher Richtung, so gilt es gleich einmal den „Seggauberg" zu überwinden, eine gut ausgebaute Trainingsstrecke für kommende – und weitaus selektivere – Berg- und Talfahrten.

Oben angekommen, geht es linker Hand zum Frauenberg mit seiner sehenswerten Wallfahrtskirche und dem Tempelmuseum auf den Überresten einer römischen Tempelruine, rechts aber erreicht man das mächtige Gemäuer von **Schloss Seggau**, das nicht nur Sommersitz der steirischen Bischöfe ist, sondern auch den größten Weinkeller des Landes beherbergt. Sehenswert sind in diesem rund 300 Jahre alten, imposanten Gewölbe vor allem die zahlreichen Holzfässer mit den kunstvoll geschnitzten Fassdeckeln. Die Weine der Seggauer werden heute, nach einer wechselvollen Vergangenheit, von den Brüdern Erich und Walter Polz vinifiziert, was ihrer Qualität schmeckbar Auftrieb gegeben hat. Nicht ganz so alt ist die unweit vom Schloss gelegene **Weinbauschule Silberberg** mit dem Gründungsjahr 1896, wo sowohl die eben genannten als auch die meisten anderen Winzer der Steiermark einst die Schulbank gedrückt haben. Allerdings wird hier nicht nur den Schülern, sondern auch Besuchern das Wissen über den Wein vermittelt. Dies geschieht einerseits durch einen schönen Weinlehrpfad, der hinter der Schule beginnt und in die steilen Weinberge hinaufführt, andererseits durch die Möglichkeit, die Weine des angeschlossenen Landesweinguts zu verkosten, die von verschiedensten Lagen in der ganzen Südsteiermark stammen und so einen guten Überblick vermitteln.

Oben: Wiesen, Wald und Wein: Blick von Kitzeck nach Norden zur Gleinalpe.
Seite 46: Beherbergt den größten Weinkeller des Landes: Schloss Seggau.

Am Dach des Sausals

Ein Stück weiter des Weges biegt man entweder in Heimschuh oder in Fresing rechts ab und gelangt nach einigen Minuten Fahrt auf gewundenen Höhenstraßen hinauf ins wahrhaft malerisch gelegene Kitzeck, das von sich behauptet, mit 564 Höhenmetern der höchstgelegene Weinbauort Europas zu sein. Ob das nun stimmen mag oder nicht: Wer hier einmal mit dem Fahrrad hinaufgefahren ist, wird jedenfalls keine Sekunde mehr an der Richtigkeit dieser Aussage zweifeln und sicher auch nichts dagegen haben, gleich einmal eine kleine Rast einzulegen. Zum Beispiel in der gemütlichen **Weinstube Küahmüller**, von deren Terrasse aus man einen perfekten Blick auf den Kitzecker Kirchturm genießt, ehe man das letzte Stückchen dieser Bergetappe bewältigt. Der Platz hier oben ist besonders reizvoll, was unter anderem Künstler und Hochzeitspaare zu schätzen wissen. Es ist aber auch zu schön: der herrliche Rundblick, die weithin sichtbare Kirche – und daneben der Kirchenwirt, auf dessen Terrasse man auf die seelische gleich die leibliche Einkehr folgen lassen kann. Eine weitere Möglichkeit dafür bietet der Buschenschank des **Weinguts Temmel, vulgo Kitzeckmüller**. Gleich vom Ortszentrum geht es hinunter zu diesem begnadeten Plätzchen, wo ein 400 Jahre altes, einst von Mönchen erbautes Winzerhäuschen einen reizvollen Kontrast zu dem neuen, hochmodernen Zubau ergibt, in dem unter anderem die Vinothek und der Kostraum untergebracht sind. Eine vertiefte Spurensuche in die weinbauliche Vergangenheit – immerhin blickt Kitzeck auf eine fast tausendjährige Wein-Historie zurück – bietet sich im Weinbaumuseum des Ortes an, ehe die Reise in Richtung Demmerkogel weitergeht. Gleich an der Straße oder unweit davon entfernt begegnen uns nun der **Weinhof Kappel**, eine der besten Adressen zum Essen und Wohnen im Sausal mit Weingarten-Swimmingpool, das **Weingut Rupp**, dessen gepflegtes Gästehaus ebenfalls zum Bleiben einlädt, und das mitten in den Reben gelegene **Weingut Schwarz**. Die Möglichkeiten zum Entdecken, Verweilen und Genießen sind hier vielfältig, das Weinlokal des **Weinguts Albert** mit den besonders schönen, alten Stuben und das **Weingut Lambauer**, auf dessen hübscher Buschenschank-Terrasse sich die ausgezeichneten Weine des Hauses herrlich genießen lassen, seien hier stellvertretend erwähnt.

Etwas weiter des Weges gilt es innezuhalten, um erstens den größten Klapotetz der Welt zu besichtigen – er misst mächtige 17 Meter Höhe und klappert jedes Jahr vom 25. Juli bis Martini am 11. November –, und zweitens, vom etwa zehnminütigen Anstieg ermattet, im etwas versteckt, aber umso idyllischer gelegenen **Buschenschank Felberjörgl** einzukehren. Durch die Lage in einer Sackgasse und den schönen Spielplatz besonders kindgerecht, mit einem herrlichen Garten, exzellenten Weinen und einer guten Jause ausgestattet, ist dieses schöne Haus eine echte Empfehlung. Ähnliches gilt für den nicht weit davon entfernten Buschenschank von Reinhold Gerngroß, der allerdings mit noch besserer Aussichtslage aufwarten kann. Von Gerngroß' Garten aus erspäht man übrigens die hübsche Kapelle auf der Theresienhöhe, die weithin sichtbar ist und ein beliebtes Fotomotiv darstellt. Wer noch mehr Überblick haben will, spaziert am besten hinauf auf den Demmerkogel, mit 671 Metern Seehöhe der höchste Berg des Sausals, und besteigt dort die **Demmerkogelwarte**. Von hier aus überblickt man das gesamte Südsteirische Weinland – ein Fall für die Panorama-Kamera.

Wein, Bier & Whisky

Das nächste Ziel unserer Expedition ist St. Nikolai im Sausal und das erfordert entweder pfadfinderischen Spürsinn oder ein gutes Navigationsgerät. Der schnellste Weg – den man aber im Sinne des genussvollen Trödelns nicht unbedingt einschlagen muss – führt über Greith und Pezzles, immer schön um jeden Hügel und Weinberg herum ... Der Ausflug lohnt sich aber auf jeden Fall, denn in den Hügeln von Flamberg wartet ein höchst ungewöhnliches Dreigestirn der Genüsse: das **Weingut Harkamp**, die **Destillerie Weutz**, bekannt unter anderem für ihren Whisky, und die kleine **Spezialitäten-Brauerei Löscher**. Wer sich tiefer in die Materie des Brauens und Destillierens einarbeiten will, sollte sich zu einer Führung in den Betrieben anmelden. Die andere Möglichkeit wäre, sich auf die Terrasse von Heinz Harkamps Weingartenhotel zu setzen und Bier, Wein und Whisky in Begleitung von kulinarischen Köstlichkeiten einfach zu genießen ...

Zurück an den Start

Falls Sie sich jetzt nicht bereits entschieden haben, in einem der ungewöhnlichen Zimmer des Hauses einzuchecken, schlage ich vor, dass wir unsere Schritte jetzt wieder in Richtung Leibnitz lenken, denn auf diesem Weg warten noch einige echte Leckerbissen auf uns. Dazu fahren wir von St. Nikolai im Tal Richtung Muggenau, um dann irgendwo bei Steingrub eine der kleinen Stichstraßen bergwärts zu nehmen. Wohl einer der schönsten Weinberge der Region ist der Kittenberg, von dem unter anderen Alois Gross und Manfred Tement – im Auftrag von Thomas Muster, der hier auch sein Domizil aufgeschlagen hat – Weine keltern. Am nächsten Berg, dem Kogelberg, haben sich Küchen-Altmeister Peter Mosser und sein kongenialer Partner Klaus Zechner im idyllischen **Winzerhaus am Kogelberg** ihr kulinarisches Refugium eingerichtet. Und über allem thront der **Buschenschank Kieslinger**, ein Musterbetrieb mit feinen Weinen, darunter Raritäten wie dem Rosenmuskateller, mit gemütlichen Stuben im imposanten Herrenhaus und einer Terrasse mit sensationellem Ausblick. Übertroffen wird dieser nur noch durch jenen auf der nahe gelegenen Kreuzkogelwarte. Sie wurde 1847 erbaut und zählt damit zu den ältesten in der Steiermark. Da sie rundum geschlossen ist, ermöglicht sie es auch mäßig schwindelfreien Menschen wie dem Autor, den Blick über den Sausal, Leibnitz, und den Seggauberg bis weit nach Slowenien hinein zu genießen.

Nach dieser Kletterpartie geht's nun endgültig wieder bergab, doch ehe man sich wieder den Toren von Leibnitz nähert, wäre da noch rechter Hand der **Gasthof Staribacher**, der über einen besonders verführerischen Gastgarten verfügt. Und obwohl man hier über einen bestens sortierten Weinkeller gebietet, wäre jetzt als Erstes eigentlich ein kühles Bierchen nicht schlecht ...

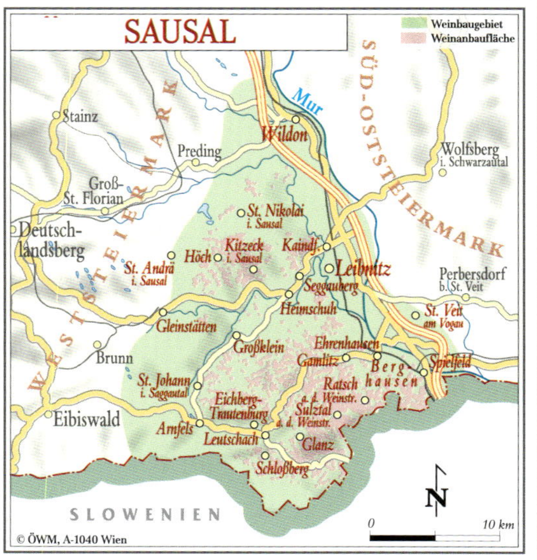

Winzer&Weine

Die Weinberge im Sausal tragen diese Bezeichnung zu Recht. Hangneigungen bis zu 70 Prozent sind hier keine Seltenheit und manchmal wird es sogar noch steiler. Es ist daher kein Zufall, dass gerade hier ein spezieller, mit einer Seilwinde gesicherter Weingartentraktor entwickelt wurde, der mittlerweile in vielen schwierig zu bewirtschaftenden Weinrieden rund um den Erdball eingesetzt wird. Vom Klima und den Böden her unterscheiden sich die Weine etwas von jenen der Südsteiermark. Die hohen Lagen und die kühlen Winde von der Koralpe sorgen für besonders fruchtige und aromatische Weine mit kräftiger Säure, die stets trinkanimierend sind und selten breit oder üppig ausfallen. Da sich die heutigen Weinberge über die Wogen des hier einst brandenden Urmeeres erhoben, findet man im Vergleich zur Südsteiermark weniger kalkreiche Böden, sondern viel mehr Urgesteins- und Schiefer-Verwitterungsböden. Sie sorgen für eine besonders intensive Mineralik der Weine. Die wichtigsten Sorten sind Welschriesling, Weißburgunder, Muskateller, Sauvignon blanc und Morillon – Rotweinsorten werden nur in geringen Mengen angebaut.

KITZECK

Weingut Albert – Christian Cramer

8442 Kitzeck, Gautitsch 19
Tel. 03456/22 39, Fax 34 56
E-Mail: weingutalbert@aon.at
Internet: www.weingut-albert.at

Fruchtig-elegante Weine – darunter ein bemerkenswerter Riesling – von steilsten Hanglagen rund um Kitzeck, die gemütliche Buschenschank und einige Gästezimmer laden hier zum Verweilen ein.

Weinbau und Buschenschank Felberjörgl – Hans Peter Temmel

8442 Kitzeck im Sausal, Höch 47
Tel.+Fax 03456/31 89
E-Mail: info@felberjoergl.at
Internet: www.felberjoergl.at

In der ebenso versteckt wie idyllisch am Demmerkogel gelegenen Buschenschank genießt man im historischen Winzerhaus zu feinen Schmankerln die Weine von Hans Peter Temmel, der zu den besten Winzern der Region zählt. Musts sind der „Sauvignon blanc Kreuzegg" und der „Morillon Höchleit'n".

Lambauer (Buschenschank)

8442 Kitzeck, Greith 19
Tel. 03456/22 35, Fax 274 97
E-Mail: info@weingut-lambauer.at
Internet: www.weingut-lambauer.at

Im schmucken gelben Winzerhaus der Familie Lambauer findet man die klassische steirische Dreierkombination von Weingut, Buschenschank und Gästezimmern samt Swimmingpool.

Weingut-Landhaus Schwarz

8442 Kitzeck, Greith 35
Tel. 03456/30 64, Fax 274 52
E-Mail: weingut-schwarz@aon.at
Internet: www.schwarz-kitzeck.at

In diesem klassischen, mitten in den Weingärten gelegenen Familienbetrieb warten auf den Gast neben ausgezeichneten Eigenbau-Weinen komfortable Gästezimmer im liebevoll restaurierten Winzerhaus.

LEIBNITZ

Weingut Kieslinger

8430 Leibnitz, Kogelberg 36
Tel. 03452/827 80
E-Mail: weingut@kieslinger.org
Internet: www.kieslinger.org

Zu den feingliedrigen, fruchtig-eleganten Tropfen, die von den Kieslingers im 300 Jahre alten, modern ausgestatteten Keller kultiviert werden, genießt man feine Schmankerln aus besten regionalen Grundprodukten vom Käse bis zum Kürbis.

Landesweingut Silberberg

8430 Leibnitz, Kogelberg 16, Tel. 0 34 52/823 39 45, Fax 823 39 17
E-Mail: weinkeller.lfssilberberg@stmk.gv.at
Internet: www.silberberg.at

Das Sortiment an hervorragenden Weinen und Edelbränden spiegelt praktisch die gesamte steirische Herkunfts- und Sortenpalette wider.

FRESING

Weingut und Buschenschank Gerngroß

8441 Fresing, Hochbrudersegg 11
Tel. 03456/29 22, Fax 39 22
E-Mail: info@weingut-gerngross.at
Internet: www.weingut-gerngross.at

In luftiger Höhe, an einem der schönsten Plätze im Sausal befindet sich die Buschenschank Gerngroß, wo man zur herzhaften Heurigenjause die im wahrsten Sinne des Wortes ausgezeichneten Weine des Hauses genießt.

Gerhard Wohlmuth

8441 Kitzeck, Fresing 24
Tel.03456/23 03, Fax 21 21
E-Mail: wein@wohlmuth.at
Internet: www.wohlmuth.at

Das seit über 200 Jahren bestehende Weingut Wohlmuth ist einer der Leitbetriebe der Region. Doch Gerhard Wohlmuth, unterstützt von Gerhard Junior und der ganzen Familie, ist keiner, der sich auf dem erreichten Status ausruht. Darum begnügt man sich nicht nur damit, die gesamte Weinpalette des Sausals abzudecken, sondern hat mit der „Meinhardt Hube" auch ein Weingut im Gamlitzer Steinbachtal unter den Fittichen, dessen Weine eine eigenständige Linie bilden. Und weil dem Rotwein-Anbau im Sausal gewisse natürliche Grenzen gesetzt sind, bewirtschaften die Wohlmuths auch Pachtflächen in Neckenmarkt, von denen Rotweine wie die Cuvées „Aristos" und „Rabenkropf" stammen.

ST. NIKOLAI IM SAUSAL

Weingut Harkamp

8505 Flamberg 46
Tel. 03185/22 80-0, Fax -4
E-Mail: weingutharkamp@aon.at
Internet: www.harkamp.at

Von seinen Weingärten am Oberburgstall bei Flamberg und am Kogelberg nahe Seggau keltert Hannes Harkamp Weine von großer Komplexität, eigenständiger Stilistik und tiefer Mineralik. Diese sind selten vordergründig, laden aber zu eingehender Beschäftigung ein. Gekostet haben sollte man die Sauvignon blancs von beiden Lagen; der Unterschied zwischen kalkreichen Sandböden (Oberburgstall) und Schiefer (Kogelberg) tritt hier gut erkennbar zu Tage.

Essen

Weinhof Kappel

8442 Kitzeck, Steinriegel 25
Tel. 03456/23 47, Fax-30
E-Mail: office@weinhofkappel.at
Internet: www.weinhof-kappel.at

Im gediegenen Ambiente des traumhaft gelegenen Weinhofs Kappel genießt man bodenständig-kreative Küche auf hohem Niveau und trinkt dazu Weine vom eigenen Weingut, das Beste aus dem Steirischen Weinland oder gut gereifte Gewächse aus Italien und Frankreich.

Kirchenwirt

8442 Kitzeck, Steinriegel 52
Tel. 03456/22 25, Fax -4
E-Mail: kirchenwirt.kitzeck@aon.at
Internet: www.kirchenwirt-heber.at

Zuverlässige Adresse für gehobene Regionalküche und eine Terrasse mit herrlichem Ausblick auf die Weinberge.

Koschak, Wirt und Weinbauer

8451 Heimschuh, Nestelberg 43
Tel. 03456/24 01, Fax 500 20
Mobil 0650/99 03 099
E-Mail: koschak@aon.at
Internet: www.koschak.at

In der Küche, deren Bandbreite von rustikal steirischer bis modern interpretierter, aber gleichwohl regional orientierter Stilistik reicht, spielt der „Sulmtaler Kaiserhahn" stets eine wichtige Rolle. Kein Wunder, stammt er doch ebenso wie Lamm, Eier, Gemüse, Obst und Wein aus eigener Zucht beziehungsweise Produktion. Nach längerer Verkostung warten komfortable, mit Vollholz und Naturtextilien ausgestattete Gästezimmer.

Winzerhaus am Kogelberg

8430 Kaindorf an der Sulm
Kogelberg 10–11
Tel. 03452/834 51
E-Mail: winzerhaus@kogelberg.at
Internet: www.kogelberg.at

In diesem etwas versteckt, aber umso idyllischer gelegenen Refugium bester Gastlichkeit lässt der „Grand Old Man" der modernen steirischen Küche, Peter Mosser, nach wie vor das Kochen nicht. Unterstützt wird er dabei von Junior Michael und Wein-Meister Klaus Zechner. Geboten wird Regionalküche auf höchstem Niveau und die Weinauswahl sucht ihresgleichen.

Hotel & Gasthof Hasenwirt

Leibnitz, s. Übernachtungstipps

Sundowner: Wenn die Sonne hinter dem Klapotetz versinkt, ist es Zeit – für das erste Glas Wein.

Restaurant und Hotel Staribacher

8430 Leibnitz/Kaindor
Grottenhof 5
Tel. 03452/825 50, Fax -9
E-Mail: hotel@staribacher.at
Internet: www.staribacher.at

Engagiert geführtes, gutbürgerliches Restaurant mit steirischer Küche und gut sortiertem Weinkeller. Angeschlossen ist ein komfortables Hotel mit Wellnessbereich und umfassendem Freizeitangebot.

Über Nacht

Gästezimmer auf Schloss Seggau

8424 Leibnitz, Seggauberg 4
Tel. 03452/711 23
Internet: www.seggau.com

Modernes Seminarhotel mit komfortablen Zimmern nebst historischen Gemäuern.

Römerhof

8430 Leibnitz, Marburger Straße 1
Tel. 03452/824 19, Fax -40
E-Mail: office@hotel-roemerhof.at
Internet: www.hotel-roemerhof.info

Komfortables Hotel in Zentrumsnähe mit empfehlenswertem Restaurant.

Weinhof Kappel, Kitzeck

s. Wirtshaustipps

Die schönste Wohnadresse mitten im Sausal mit Wellness-Angebot, Bio-Zimmern und Schwimmbad, mit sensationellem Ausblick über die Weinberge.

Panoramahotel Restaurant Steirerland

8442 Kitzeck, Höch 10
Tel. 03456/23 28, Fax -28
E-Mail: office@steirerland.co.at
Internet: www.steirerland.co.at

Gepflegtes Vier-Sterne-Hotel in herrlicher Lage (die Adresse „Höch" ist hier wörtlich zu verstehen), in dem auch eine gute, leichte Regionalküche gepflegt wird.

Hotel Staribacher

s. Wirtshaustipps

Hotel & Gasthof Hasenwirt

8430 Leibnitz, Seggauberg 27
Tel. 03452/825 70, Fax 745 70 33
E-Mail: hasenwirt@surfen.at
Internet: www.hasenwirt.at

Die ehemalige Backhendlstation am Seggauberg verwandelte sich in ein modernes und komfortables Vier-Sterne-Hotel samt Wellnessabteilung mit Indoor-Pool sowie einem Gasthof, in dem man bodenständige Küche auf hohem Niveau pflegt.

Weingartenhotel Harkamp

8505 St. Nikolai im Sausal, Flamberg 46
Tel. 03185/22 80, Fax -4
E-Mail: office@weingartenhotel.at
Internet: www.harkamp.at

Hier wohnt man in modernen und teilweise ein wenig „schrägen" Zimmern hoch über den Weingärten der Lage Burgstall und wird im Restaurant von Heinz Harkamp bekocht, der sich seine Sporen bei Jörg Wörther und anderen verdient hat.

WOHNEN BEIM WINZER

Weingut Rupp, Familie Pronegg

8442 Kitzeck, Steinriegl 26
Tel. 03456/22 84
E-Mail: weingut-rupp@aon.at
Internet: www.urlaubambauernhof.at/weingut-rupp

Weingut Schwarz

8442 Kitzeck, s. Winzer & Weine

Buschenschänken

Weinstube Küahmüller

8442 Kitzeck, Steinriegel 83
Tel. 03456/500 24, Mobil 0664/583 80 26
E-Mail: daniela.legat@elgesmedical.com

Buschenschank und Weingut Temmel

vulgo Kitzeckmüller
8442 Kitzeck 9–10
Tel. 03456/23 02, Mobil 0664/543 71 41
E-Mail: kitzeckmueller@aon.at
Internet: www.kitzeckmueller.at

Buschenschank Reiterer

8442 Kitzeck, Einöd 10
Tel. 03456/25 37
E-Mail: weingut.reiterer@aon.at

Ungwöhnlicher Buschenschank mit feinen Regionalprodukten und Zigarren-Lounge im ersten Stock.

Weingut Buschenschank Schneeberger

8451 Heimschuh, Pernitsch 19
Tel. 03452/839 34
E-Mail: schneeberger.weine@aon.at
Internet: www.weingut-schneeberger.at

„Gourmet-Buschenschank“ mit vielen Spezialitäten aus eigener Erzeugung und aus der Region.

Genusstipps

Das Grottenhof-Wirtshaus & Vinothek

8430 Kaindorf an der Sulm, Grottenhof 1
Tel. 03452/732 21
E-Mail: dasgrottenhof@gmx.at
Intenet: www.dasgrottenhof.at

Weinmuseum und Vinothek Kitzeck

8442 Kitzeck i. Sausal, Tel. 03456/36 06

Sausaler Wein- und Kulturkeller

im Schloss Harrachegg, St. Andrä/Höch

Im renovierten, sehenswerten Schlosskeller aus dem Jahr 1648 werden Veranstaltungen wie Lesungen, Schauspiele, Ausstellungen der Kunst und der Wirtschaft sowie bäuerliche Kleinkunst und Weinverkostungen angeboten.

Kernöl-Mühle Hartlieb

8451 Heimschuh 107
Tel. 03452/825 51-0
Internet: www.hartlieb.at

Im Museum und in der Produktion kann man sehen, wie Öl hergestellt wird; zahlreiche Ölspezialitäten stehen zum Kosten und Kaufen bereit.

Brauerei Löscher

8505 St. Nikolai im Sausal, Flamberg
Tel: 03185/32 66
E-Mail: flamberger@utanet.at

Bierspezialitäten aus der Klein-Brauerei.

Destillerie Weutz

8505 St. Nikolai im Sausal Nr. 6
Tel. 03185/344 40
Internet: www.weutz.at

In der ersten steirischen Whisky-Destillerie entstehen neben vielen Obst- und Fruchtbränden auch Single Malts.

Natur & Entdecken

Traktorgaudi Weinland Südsteiermark

Individuelle Traktortouren, beispielsweise entlang der Sausaler Weinstraße (mit Besuch des Weinmuseums, Weinverkostung, Buschenschankbesuch) oder per Traktor von Schloss zu Schloss; *www.traktorgaudi.at*

Nostalgie auf Rädern

Die motorisierte Welt der 1950er- und 1960er-Jahre-Fahrzeuge, Motoren verschiedener Bauart, Radios und über 5000 großformatige Fotos aus der motorisierten Welt der 1950-er und 1960er-Jahre; *Nestelberg 94, Großklein, www.nostalgieaufraedern.at*

Höchster Klapotetz der Welt am Demmerkogel

Das Wahrzeichen des Weinlandes ist der achtflügelige Klapotetz am Demmerkogel, der vom 25. Juli (Jakobi) bis 11. November (Martini) in Betrieb ist. Toller Aussichtspunkt; St. Andrä/Höch, ganzjährig zu besichtigen.

Naturparkzentrum Grottenhof

Ein 8 ha großer Landschaftspark mit Naturparkmuseum, Gastronomie, Veranstaltungen und einem riesigen Kindererlebnispark.

Unterwegs auf der Sulm

www.movingwater.at, Dauer: 2,5 h, Start in Heimschuh; *0664/442 12 13, Termine im Sommer und nach Vereinbarung.*

Schmetterlingswiese

Seit 1981 betreut die Österreichische Naturschutzjugend die Schmetterlingswiese am Demmerkogel, wer Glück hat, entdeckt sehr seltene Schmetterlinge. Die Wiese befindet sich oberhalb des Gästehauses Schrotter, direkt unter der Aussichtswarte.

Wald- und Wildlehrpfad in Kitzeck

Ein Wanderweg führt durch die unberührte Schmetterlingswiese zur Aussichtswarte. Im Umfeld finden Sie auch einen Strächerlehrpfad, eine Kinderspielwiese, einen Hochsitz, ein Baumhaus und die sehenswerte Hubertusgrotte.

Sternenabende

Einen Streifzug zu den Himmelsjuwelen unternimmt Klaus Tscherntschitz mit Besuchern, *Tel: 0650/831 05 26*
www.Sternenabend.at,

Wein, Kunst & Kultur

Tempelmuseum Frauenberg

Das Museum zeigt römische Lebensweise und die religiös-kultische Bedeutung des Sulmtals in der Römerzeit; *Frauenberg 17, Seggauberg*

Schloss Seggau

Ein Kunst- und Kulturjuwel der Südsteiermark, eine Schlossführung ist empfehlenswert, Weinverkostungen möglich; *Seggauberg 1. Internet: www.seggau.com*

Hallstattmuseum Großklein

Einblick in das Leben und die Bedeutung der hallstattzeitlichen Siedlung auf dem Burgstallkogel bei Großklein, dem wichtigsten Zentrum der Südsteiermark in der frühen Eisenzeit; *www.archaeo-grossklein.com*

Römermuseum Flavia Solva

Auf dem historischen Grabungsfeld der Römerstadt in Wagna wurde ein neues Landesmuseum errichtet, in dem die Geschichte des römischen Reiches und der Stadt Flavia Solva gezeigt wird; *Wagna, Internet: www.museum-joanneum.at*

Erlebnis-Weinlehrpfad Weinbauschule Silberberg

Der Pfad führt auf 1,5 km durch die steilsten Weingärten der Südsteiermark und erzählt die Geschichte des Weinbaus in der Steiermark; frei zu besichtigen. *Kogelberg 16, Kaindorf/S., Internet: www.silberberg.at*

Weinmuseum Kitzeck

Das erste steirische Weinmuseum in Kitzeck zeigt in einem alten Bauernhaus bäuerliches Hausgerät und die Entwicklung der Kellerwirtschaft mit den dazugehörenden Geräten; *Steinriegel 11, Kitzeck*

Skulpturen aus Holz

Hortus Niger ist eine internationale Künstlergruppe, welche Skulpturen vor Ort aus Holz und Stein fertigt; eine Dependance befindet sich im Naturparkzentrum Grottenhof.

Hier tranken schon die alten Römer: eingemauerter Römerstein auf Schloss Seggau bei Leibnitz

Urbanistatue & Riesenreblaus

Die 5 Meter hohe und drei Tonnen schwere Urbanistatue vom Sulmtaler Schmiedekünstler Ewald Stani ziert den Eingang des Weinlehrpfades. Auch eine 250 kg schwere Reblaus befindet sich auf dem Weg; *Kogelberg 16, Leibnitz. www.silberberg.at*

LandArt Park

In diesem Erlebnispark verschmelzen Kunst und Natur. Objekte, florale Skulpturen, ein Labyrinth, Schattenfiguren rund um das Schloss Gleinstätten; *Marktgemeinde Gleinstätten. www.gleinstaetten.steiermark.at*

Gebrauchskunst aus Edelstahl

Karin und Gerd Martinak, St. Johann im Sausal, Seggau 30, *Besuch nach telefonischer Vereinbarung (Tel. 03455/6087). www.stahlart.cc*

ARCHITEKTUR

Winzerhaus St. Nikolai im Sausal

Eine architektonische Gegenüberstellung von bäuerlicher Weintradition und moderner Produktion, *Architekt: Gerhard Mitterberger*

Infrastrukturpavillon Flavia Solva

Ein Brückenschlag von der Antike bis zur Gegenwart, *Nussmülier Architekten*

Zu- und Umbau Schloss Seggau

Historische Substanz in Kooperation mit Architektur des 21. Jahrhunderts, *Architekt: Ernst Giselbrecht*

Café Elefant

Ein traditionelles Café am Hauptplatz, das 1991 modernisiert wurde und im Sommer zur Straße hin erweitert wird, Leibnitz, *Architekt: Klaus Kada*

TERMINE

Leibnitzer Hobbykünstlermarkt (Aug), Leibnitz
Junkerpräsentation, Schloss Harrachberg (Nov)
Südsteirisches Weinfest (Okt), Leibnitz
Steirische Weinwoche, Leibnitz (Sep)
Römer. Jeden Mittwoch vom Mai bis Oktober, Wagna

INFORMATION

Tourismusverband Leibnitz, *Sparkassenplatz 4 a, 8430 Leibnitz, Tel.: 03452/768 11. www.leibnitz.info.at*

Ein Streifzug durchs Schlaraffenland

Die Südoststeiermark ist ein wahres Schlaraffenland, in dem es an nichts mangelt. Eingebettet in eine zauberhafte Hügellandschaft findet man hier nicht nur herrliche Weine, sondern auch eine Fülle von kulinarischen Köstlichkeiten und eine Vielzahl von Wellness-, Freizeit- und Kulturangeboten.

Wie in keiner anderen österreichischen Weingegend haben sich in der Südoststeiermark Wein und Kulinarik, Genuss und Wellness ineinander verzahnt. Der Mensch lebt schließlich nicht vom Wein allein – und das muss er in der Südoststeiermark auch nicht –, was eine Genussreise durch dieses Schlaraffenland eindrucksvoll bestätigen wird. Im Übrigen wird dieser Ausflug ein ziemliches Auf und Ab. Wer jemals die Südoststeiermark per Drahtesel „erfahren" hat, wird wissen, dass die idyllische Hügellandschaft dieser Gegend auch ganz schön schweißtreibend sein kann. Bedeckt sind diese Hügel – ganz im Gegensatz etwa zur Südsteiermark – nicht etwa ausschließlich mit Weinreben. Da wechseln sich Wald, Wiesen, Äcker, Getreidefelder, Obstkulturen und eben der Wein munter ab. Das ergibt nicht nur ein buntes Landschaftsbild, sondern lässt auch schon erahnen, was die Grundlagen für die vielfältigen Genüsse sind, die diese Region zu bieten hat.

Genussvoll entschleunigen

War früher beim Eintritt in die Kernzone der Genüsse aus Richtung Wien kommend die weithin sichtbare Riegersburg ein erstes Bollwerk, so ist dies heute das **Gasthaus Haberl** in Ilz. Nicht ganz so mächtig, zugegeben, aber beinahe ebenso unüberwindlich „lauert" dieses hübsche Wirtshaus mit magischer Anziehungskraft direkt an der Durchzugsstraße. Im Zwei-Familien-Unternehmen schwingt kein Geringerer als Hans Peter Fink den Kochlöffel – und wie gut er das kann, ist dem Wiener Publikum noch von seiner Zeit als Küchenchef im Hotel Sacher in Erinnerung. Seine Frau Bettina Haberl-Fink wirkt nicht nur – ebenso wie ihr Bruder Mario – im Wirtshaus mit, sie betreibt außerdem die daran angeschlossene, schmucke **Manufaktur „Finks Echte Delikatessen"**, wo sie hausgemachte Köstlichkeiten wie Essigfrüchte, Chutneys, Pestos & Co. aus größtenteils re-

Aussichts-Reich: „Winzerei am Starzenberg" der Familie Eibel bei Riegersburg.

Da wo der Traminer wächst: herrlicher Blick von den Klöcher Weinbergen zur Dreiländerecke Österreich-Slowenien-Ungarn.

gionalen Produkten anbietet. Essen, Trinken, Einkaufen ... ein Glück, dass es wenigstens keine Zimmer gibt, sonst käme man gar nicht mehr weiter.

Die gibt es dafür nur wenige Kilometer entfernt am Starzenberg, wo Essig- und Schnapszampano Alois Gölles sein **„Genusshotel Riegersburg"** mit spektakulärem Blick auf die Burg eröffnet hat. Der Genuss wird hier quasi ins Haus integriert, jedes Zimmer ist einem hervorragenden steirischen Produkt gewidmet und zahlreiche Packages bringen dem Gast diese Köstlichkeiten und deren Produzenten näher. Zu diesem Konzept gehören auch die hoteleigenen Reiferäume für Schinken und Käse und – wer Alois Gölles kennt, weiß, dass das nicht fehlen darf: eine gemütliche Raucherlounge im Kaminzimmer, in der edle Brände und feine Zigarren das Thema vorgeben.

In unmittelbarer Nachbarschaft des Hotels befindet sich die **„Winzerei am Starzenberg"** der Familie Eibel. Alois Eibel hat ein altes Weingartenstöckl zum modernen Edel-Buschenschank ausgebaut und die hier einst bestehenden Weingärten wieder ausgepflanzt.

Von diesen und dem Weingut der Familie am Schießlkogel in Hatzendorf stammen die trinkfröhlichen Weine, die man auf der

Schwarzmalerei: Blick auf Straden, dessen Kirchtürme im letzten Abendrot eine wahre Scherenschnitt-Silhouette zeichnen.

Terrasse zu spektakulärem Riegersburg-Blick, selbst gebackenem Brot, Vulcano-Schinken und Co. genießt. Der geneigte Leser und Reisebegleiter hat es wohl schon gemerkt: Das Schlaraffenland ist keines, das man im Schnellzugstempo durcheilen kann, und die gastlichen Einkehr- stätten links und rechts des Weges sind Teil des spezifischen „Entschleunigungsprogramms“ der Südoststeiermark.

Wein und Schokolade

Wer länger nicht in Riegersburg war, wird dort feststellen, dass nichts beim Alten geblieben ist. Das traditionsreiche Gasthaus Fink ist Geschichte, die angeschlossene Vinothek ebenfalls. Trost findet man bei den freundlichen Menschen der **Buschenschank Bernhart** mit hausgeselchten Köstlichkeiten, feinen Weiß- und Rotweinen und bestem Blick auf die Riegersburg – diesmal von der andern Seite. Unweit davon kocht in den **Hofbergstubn** des **Weinhofs Wippel** Stefan Wippel auf, der früher beim Fink gearbeitet hat und jetzt am heimischen Herd werkt: Das Repertoire reicht dabei von der Heurigenjause bis zum mehrgängigen Degustationsmenü. Die dazupassenden Weine keltert sein Bruder Martin von Reben, die zu Füßen des Lokals wachsen.

Für die Weiterfahrt bieten sie jetzt zwei Stoßrichtungen an: Schleckermäuler werden unverzüglich die **Schokoladenmanufaktur** von **Sepp Zotter** in Bergl ansteuern. In dessen neu errichteter Schoko-Erlebniswelt samt Kakao-Kino und Schokolade-Tankstelle erfährt man anschaulich alles Wissenswerte über dieses bitter-süße Thema, um anschließend mit Blick auf die Produktion unter dem Motto „Running Chocolate" die schier unüberblickbare Vielfalt an Schokolade-Kreationen des Meisters zu verkosten. Dass anschließend schon einmal jemand das Haus verlassen haben soll, ohne die eine oder andere Tafel „Grammelnuss'n", „Schokobanane" oder „Ananas-Paprika" mitgenommen zu haben, ist übrigens nur ein Gerücht.

Einige Hügel weiter, in Auersbach bei Feldbach, ändert sich die Geschmacksrichtung schlagartig. Hier wird von einer Produzentengemeinschaft der köstliche **Vulcano-Schinken** hergestellt. In verschiedenen Varianten, luftgetrocknet als Rohschinken oder geräuchert, zeigen die edlen Produkte, wie zart, wohlschmeckend und köstlich Schweinereien nur sein können.

Wer zwei andere Aspekte dieses Mikrokosmos der Genüsse kennen lernen will, wendet sich von Riegersburg in Richtung Fehring und erklimmt bei Stang den „Feldherrenhügel", von dem aus **Alois Gölles** sein Schnaps- und Essigimperium überblickt. Als einer der Pioniere auf beiden Gebieten zählt Gölles heute zu den absoluten Spitzenproduzenten und ist gleichzeitig einer der Katalysatoren und Motoren für die Entwicklung des steirischen Vulkanlandes. Am Standort seiner Manufaktur kann man sowohl die Entstehung der verschiede-

Dem Wein auf's Dach steigen: Von der Dachterrasse der Gesamtsteirischen Vinothek in St. Anna am Aigen genießt man eine tolle Aussicht, einen Stock tiefer die Weine der Steiermark.

Postkarten-Motiv: das „Weinreich" der Familie Winkler-Hermaden. Am Schlossberg finden die Reben beste Bedingungen vor, während im Schlossrestaurant die passende kulinarische Begleitung zum fertigen Wein wartet. Und für Genuss ohne Reue sorgen die wunderschönen Zimmer im Schlosshotel.

nen Produkte im Rahmen von Führungen verfolgen als auch verkosten und einkaufen. Setzt man seine Fahrt nun in Richtung Fehring fort, gerät man unversehens auf die Ölspur. Bei Fehring, direkt an der Raab, befindet sich die **„Berghofer-Mühle"**. Gepresst wird hier feinstes Kernöl und wer dieses nicht nur auf den Salat gießen will, hat im Rahmen von Führungen die Gelegenheit, die Entstehung des „Schwarzen Goldes der Steiermark" von der Röstung der Kerne bis zur traditionellen Pressung mitzuverfolgen. Unvergesslich: die Verkostung des frisch gepressten, noch warmen Kernöls ...

Vom Vulkan zum Edelwirt

Die nächste Hochburg der Genüsse – und zwar im wahrsten Sinne des Wortes – wartet schon wenige Kilometer weiter südlich in Kapfenstein, wo sich eine ganz spezielle Besonderheit der Region offenbart. Der Kapfensteiner Kogel ist – ebenso wie jener, auf dem die Riegersburg thront, oder der Gleichenberger Kogel – vulkanischen Ursprungs. Damit ist die Südoststeiermark das einzige Weinbaugebiet Österreichs, in dem viele Weinreben auf vulkanischen Böden wachsen. Gleichzeitig bildet diese erdgeschichtliche Besonderheit die Grundlage für die fünf Thermen der Gegend, deren warmes Thermalwasser gewissermaßen am Vulkan gekocht wird. Hoch oben auf dem **Kapfensteiner Kogel** thront das **Schloss** mit seinen märchenhaft schönen Zimmern und einem ausgezeichneten **Restaurant**, dessen herrliche Aussichtsterrasse allein schon einen Besuch wert wäre.

Dazu gibt es aber noch die köstlichen regionalen Schmankerln von Martin Winkler-Hermadens Küche sowie **Georg Winkler-Hermadens Weine**, die rund um den Schlossberg wachsen und in den tief in den Berg gehauenen Kellern reifen. Etwas bescheidener, aber nicht minder qualitätsbesessen gibt sich Familie **Farnleitner**, die unweit des Schlosses einen **Buschenschank** mit saisonal wechselndem kulinarischem Programm und feinen Eigenbau-Weinen betreibt.

Jetzt heißt es über Bairisch-Kölldorf nach Bad Gleichenberg und Trautmannsdorf überzusetzen, wo mit dem **„Steira Wirt"** ein ganz besonderes Wirtshausjuwel wartet. Eine gute Basis für alles Steirische auf der Karte liefert die benachbarte elterliche „Johann-Fleischhauerei", spielen doch die Geschwister Sonja und Richard Rauch in diesem Vorzeigegasthaus die gesamte Tonleiter vom knusprigen Schweinsbraten bis zum rosa gebratenen Täubchen. Und das in einer Qualität, dass man sich gar nicht entscheiden möchte, zwischen einfach-köstlicher, bodenständiger Abteilung oder Gourmandise auf höchstem Niveau.

Im Reich des Traminers

Auf unserem weiteren Weg in Richtung Süden verfehlen wir zwar jetzt die Gesamtsteirische Vinothek in St. Anna am Aigen – doch die ist auch auf dem Rückweg eine praktische Anlaufstation, um sich vor dem Nach-Hause-Fahren noch mit Wein und anderen Köstlichkeiten einzudecken. Wir lenken unsere Schritte jedoch vorerst nach Straden, wo **Toni Krispel** mit dem köstlichen Neusetzer Speck vom Wollschwein,

Alles in einer Flucht: Ortsschild, Kirche und Burg von Klöch (oben)... Blick von der Schlossterrasse auf die Kirche von Kapfenstein (Seite 63).

Walter Frauwallner mit einem höchst bemerkenswerten Rotwein von der Blauen Wildbacher-Traube und die **Familie Neumeister** mit einem Wein-Genuss-Eldorado warten, das weitum seinesgleichen sucht. Zu letzterem gehört der sehenswerte Weinkeller, den man sich – vor der Verkostung – auf jeden Fall anschauen sollte, sowie das **Restaurant Sazianistub'n** und, zur Abrundung das ausgesprochen stilvoll und gemütlich gestaltete **Schlafgut Saziani**. „Perfektion" scheint der zweite Name der Neumeisters zu sein und dennoch ist das hier ein Platz zum Wohlfühlen.

Weiter geht es nun nach Klöch in das traditionelle Weinbauzentrum der Südoststeiermark. Zwar ist viel vom einstigen Ruhm des Klöcher Traminers inzwischen verblasst, aber die Weine von **Giessauf-Nell, Frühwirth** oder **Walter Müller**, in der trockenen Ausbauweise am besten in Kombination mit einem knusprigen Backhendl getrunken, zeigen, worauf dieser einst basierte. Tatsächlich scheinen die vulkanischen Böden dieser Sorte beste Voraussetzungen zu bieten und vor allem die Spät- und Auslesen sowie die höheren Prädikate haben das Zeug zu großen und langlebigen Weinen.

Nach so viel Kosten und Genießen darf es jetzt aber auch einmal ein bisschen Sightseeing sein – und wo könnte man das besser machen als in der pittoresken Altstadt von Bad Radkersburg? Freilich, die geneigte Leserin, der genussorientierte Leser, die uns nun bisher gefolgt sind, werden es schon ahnen: Auch hier finden wir eine Labestation, die eine Einkehr schier unumgänglich macht: Der **Metzgerwirt** der Familie Christandl schöpft, wie der Name schon sagt, seine fleischlichen Grundprodukte aus der angeschlossenen Fleischhauerei, die in deftig-bodenständige Köstlichkeiten verwandelt werden, wie man sich die in einem Wirtshaus eben wünscht. Eine Warnung sei freilich ausgesprochen: Wer hier herkommt, sollte etwas mehr Zeit mitbringen, denn die enzyklopädische Weinkarte, die ausufernde Schnapsauswahl und die Liebe des Patrons zu diesen feinen Dingen machen einen längeren Aufenthalt fast zwingend erforderlich.

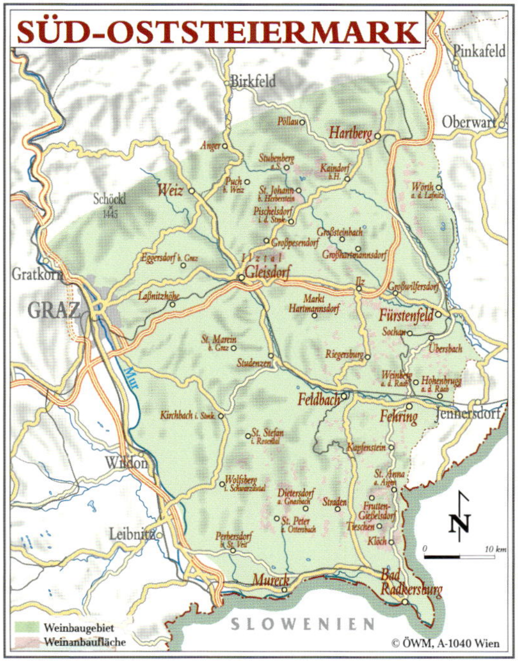

Winzer&Weine

Das südoststeirische Weinland weist als einziges Weingebiet in Österreich teilweise Böden vulkanischen Ursprungs auf, die den Weinen einen eigenständigen Charakter verleihen. So sind etwa die Erhebungen des Klöcherberges, des Stradener Kogels, des Kapfensteiner Schlossberges oder der Burgberg in Riegersburg auf vulkanische Tätigkeit zurückzuführen. Klimatisch befindet man sich hier an der Schnittlinie zwischen dem trockenen pannonischen, dem feuchten mediterranen und letzten Ausläufern des alpinen Klimas. Die Vermischung dieser unterschiedlichen Einflüsse erfolgt nicht immer ganz friktionsfrei, was dazu führt, dass die Weingärten der Südoststeiermark besonders vom Hagel gefährdet sind. Die Weine – vor allem aus dem südlichen Teil des Gebietes – sind meist kraftvoll, würzig und konzentriert, sie weisen zwar meist nicht die vordergründige Frucht der Südsteirer auf, glänzen aber mit Tiefgang, Vielschichtigkeit und langer Lagerfähigkeit. Gute Voraussetzungen also auch für Rotweinsorten, die hier Weine mit beachtlicher Qualität und hoher Finesse erbringen. Eine besondere Rolle spielt in der Südoststeiermark der – mengenmäßig nur wenig bedeutende – Traminer in seinen Spielarten vom Gewürztraminer bis zum Roten Traminer. Daneben findet man hier aber alle steirischen Rebsorten vom Welschriesling und Muskateller über Weiß- und Grauburgunder bis zu Sauvignon blanc und Morillon.

KAPFENSTEIN

Weingut Winkler-Hermaden

8353 Kapfenstein 105, Tel. 03157/23 22
Internet: www.winkler-hermaden.at

In alten Kellern hinter dicken Mauern keltert Georg Winkler-Hermaden Weine mit Authentizität und Charakter. Gekostet haben sollte man die Traminer „Kirchleiten“ und „Kellerbraut“ sowie natürlich den Zweigelt „Olivin“, mit dem die Winkler-Hermaden ein Stück österreichischer Rotweingeschichte geschrieben haben.

Weingut und Buschenschank Farnleitner

8353 Kapfenstein, Neustift 60
Tel. 03157/300 01
Internet: www.weingut-farnleitner.at

Im „Langen Keller“ des Weinguts Winkler-Hermaden lagern die Barriques (oben).
Gepflegte Gastlichkeit in den „Saziani Stub’n“ der Familie Neumeister in Straden (unten).

Gunther Farnleitner, ehemals Sommelier in Wiener Top-Restaurants, hat sich gemeinsam mit seiner Frau Birgit den Traum vom eigenen Wein erfüllt. Die Rotweine wie der Pinot noir oder der Merlot sind animierende, fruchtbetonte Speisenbegleiter.

STRADEN

Frauwallner

8345 Straden, Karbach 7
Tel. 03473/71 37
Internet: www.frauwallner.com

Walter Frauwallner bietet ein volles Sortiment ausgezeichneter Weine vom rassigen Welschriesling über einen stets exzellenten Weißburgunder „Vom Buch“ bis zu einem als Rotwein im Barrique ausgebauten Blauen Wildbacher, der Maßstäbe für diese (sonst hauptsächlich für den Schilcher verwendete) Sorte setzt.

kostGUT Krispel

8345 Hof bei Straden, Neusetz 29
Tel. 03473/78 62
Internet: www.krispel.at

Hinter hochmoderner Fassade frönt man bei den Krispels durchaus bodenständigen Genüssen. Und weil man schlecht steht auf einem Bein, gibt es zum inzwischen schon fast berühmten „Neusetzer Speck“ auch den passenden Wein, zu genießen im eigenen Buschenschank. Darüber hinaus bietet die „kostBar“ im Weingut Krispel rund 400 Produkte von 60 Produzenten aus dem Vulkanland zum Kauf an. Und wer sich tief in Toni Krispels Kellergeheimnisse einarbeiten will, kann hernach sanft im Himmelbett des Gästehauses entschlummern.

Neumeister

8345 Straden 42
Tel. 03473/83 08
Internet: www.neumeister.cc

Die Weine dieses Parade-Weinguts wie der Rote Traminer „Steintal", der Sauvignon blanc und Morillon „Moarfeitl" oder der Grauburgunder „Saziani" zählen zu den besten des Landes. Nicht zu vergessen die Roten, darunter der Liebling des Senior-Chefs, ein beerenduftiger, feingliedriger Pinot noir.

RIEGERSBURG

Alois Eibel

8361 Hatzendorf, Schießl 12
Tel. 03155/39 30, Mobil 0664/176 38 44 oder 586 39 21
Internet: www.eibel.at

Alois Eibel keltert ein kleines, feines Sortiment wunderbar trinkfreudiger Weine. Ob Sauvignon blanc, Morillon oder Weißburgunder – jedes Glas davon ruft erfahrungsgemäß schon nach dem nächsten.
Am besten nachzuvollziehen in der „Winzerei am Starzenberg" bei Riegersburg, wo die Familie Eibel einen wunderbaren Buschenschank mit Burg-Blick betreibt.

Weingut & Buschenschank Bernhart

8333 Riegersburg, Hofberg 61
Tel. 03153/83 79
Internet: www.buschenschank-bernhart.at

Mit dem beliebten Buschenschank als Rückendeckung setzen die Bernharts verstärkt und durchaus erfolgreich auf die Bouteillenwein-Schiene. Blitzsaubere Weißweine und die erstaunlich eleganten Roten wie die „Selektion Hammer Eck" schmecken nicht nur beim Buschenschank.

Burgweinbau Riegersburg: Die Weine vom Burgweinbau auf der Riegersburg (Topwein ist der Sauvignon blanc „Südbastei") gibt es im Weingut Bernhart und im

Weingut Hutter

8330 Feldbach, Reiting 2
Tel. 03152/42 22-0
Internet: www.hutter-wein.at

Darüber hinaus gilt Franz Hutter zu recht als Rotweinspezialist. Sein Talent in diesem Bereich stellt er unter anderem mit einer bemerkenswerten, dunkelbeerig-saftigen Reserve vom Merlot unter Beweis.

ST. ANNA AM AIGEN

Weingut Triebl

8354 St. Anna am Aigen, Gieselsdorf 42
Tel. 03157/25 80
Internet: www.triebl.com

In luftiger Höhe am Stradenberg betreiben die Triebls ihr Weingut samt zwei schmucken Ferienhäusern; einmal im klassischen Weingärtenstöckl, einmal im futuristischen „Turmhaus". Beachtlich: die reifen, dichten und doch animierenden Rotweine.

KLÖCH

Frühwirth

8493 Klöch, Deutsch Haseldorf 46
Tel. 03475/23 38
Internet: www.fruehwirth.at/startseite.php

Im klassisch gemütlichen Buschenschank mit Sonnenterrasse mitten in den Weinbergen kommt im Glas auch Unerwartetes auf den Tisch: so etwa Merlot und Shiraz, eine 30 Monate im Barrique ausgebaute „Koasasteffl Reserve" oder der hochreife Gewürztraminer „Extrem" mit feiner Restsüße.

Aus alt mach neu: „Wegweiser" am Weingut Triebl in St. Anna am Aigen.

Weingut Giessauf-Nell

8493 Klöch 63
Tel. 03475/72 65
Internet: www.giessauf-nell.at

Josef Nell ist einer der besten Traminer-Produzenten des Landes und wartet mit einem Sortiment von trocken bis zum Hochprädikat auf.

Walter Müller

8493 Klöch 51, Ölberg
Tel. 03475/71 60
Internet: www.weingut-mueller.at

Das Weingut und Gästehaus der Familie Müller ist der beste Platz für ein Traminer-Seminar. Es gibt nichts, das es hier nicht gibt, und sogar ein Traminer-Sekt darf da nicht fehlen.

Essen

ILZ

Gashaus Haberl und Fink's Echte Delikatessen

8262 Ilz, Walkersdorf 23
Tel. 03385/260
Internet: www.fink-haberl.at

Regionale Küche von der Meisterhand Hans Peter Finks und feinste „Einlegearbeiten" in süß, sauer und würzig.

KAPFENSTEIN

Schlosswirt Kapfenstein

8353 Kapfenstein 1, Tel. 03157/300 30-0
Internet: www.schloss-kapfenstein.at

Traumhafter Ausblick – herrliche Regionalküche, Weine aus dem eigenen Gut.

KLÖCH

Backhendlstation/ Weingut Palz

8493 Klöch, Klöchberg 45
Tel. 03475/23 11
Internet: www.members.aon.at/palz

Ein Klassiker an der Klöcher Weinstraße. Die guten Eigenbauweine geben zur Spezialität des Hauses – natürlich ein Backhendl – perfekte Begleiter ab.

STRADEN

Restaurant Saziani Stub'n

8345 Straden 42
Tel. 03473/86 51
Internet: www.neumeister.cc

Das Wirtshaus zum Wein – toller Platz, ebensolches Essen und die Weine sowieso.

TIESCHEN

Königsberghof

8355 Tieschen 72, Tel. 03475/22 15
Internet: www.koenigsberghof.at

Hans Peter Heck hat es bei den Großen gelernt – und er hat dort verdammt gut aufgepasst.

RIEGERSBURG

Hofbergstubn im Weinhof Wippel

8333 Riegersburg, Hofberg 67
Tel. 03153/200 60
Internet: www.hofbergstubn.at

Köstliche Küche oder gute Heurigenjause – hier gibt es beides und dazu noch eigenen Wein.

TRAUTMANNSDORF

Steira Wirt

8343 Trautmannsdorf 6
Tel. 03159/41 06
Internet: www.steirawirt.at

Wirtshausküche und Gourmetküche – unter einem Dach und auf höchstem Niveau.

Über Nacht

Schloss Kapfenstein

s. Essen

Individuell gestaltete Zimmer im Schloss.

Genusshotel Riegersburg

8333 Riegersburg, Starzenberg 144
Tel. 03153/20 02 00
Internet: www.hotel-riegersburg.at

Schön wohnen und genießen ...

Landhaus Sudy

8345 Straden, Kronersdorf 40
Tel. 03473/82 87
Internet: www.sudy.info

Komfortable Frühstückspension mit Schwimm-Biotop.

Genusstipps

Gesamtsteirische Vinothek St. Anna am Aigen

8354 St. Anna am Aigen
Tel. 03158/28 01
Internet: www.gesamtsteirische-vinothek.at

Regionalvinothek Klöch

Geöffnet von Ostern bis Allerheiligen tägl. 15–19 h, So 10–12 h

Der beste Platz, um sich durch die Vielfalt der Klöcher Traminer zu kosten.

Vulcano-Schinkenmanufaktur

8330 Feldbach, Auersbach 26
Tel. 03114/21 51
Internet: www.vulcano.at

Schinken, Würste und Co. – wie im Schlaraffenland.

Obstbau Christandl

8330 Feldbach, Unterweißenbach 23
Tel. 03152/21 07, Mobil 0676/650 08 91
Internet: www.obstchristandl.at

Äpfel, Holunder, Johannisbeeren, Quitten, Himbeeren u. v. m.

Obsthof Kaufmann

8330 Feldbach, Raabau 10
Tel. 03152/26 03
Internet: www.obsthof.at

Säfte von 12 Apfelsorten und Vulcanoland-most „Caldera“.

Alois Gölles –Schnapsbrennerei & Essigmanufaktur

8333 Riegersburg, Stang 52
Tel. 03153/75 55, Fax -30
Internet: www.goelles.at

Nur das Reine ist das Feine – hochwertige Essige und Edelbrände.

Zotter Schokoladen-Manufaktur

A-8333 Riegersburg, Bergl 56
Tel. 03152/55 54
Internet: www.zotter.at

Die Welt der Schokolade unter einem Dach – sehens- und kostenswert.

Familie Reicher/Spargel & Co

8350 Mahrensdorf 5 (bei Kapfenstein)
Tel. 03157/24 46
Internet: www.reicher-spargel.at

Frischer Spargel, Erdbeeren, Kernöl & Co.

Berghofer Getreide- und Ölmühle

8350 Fehring, Bahnhofstraße 25
Tel. 03155/22 22 22
Internet: www.berghofer-muehle.at

Kernölproduktion zum Anschauen – und Kosten.

Kürbishof Koller

8350 Fehring, Weinberg 78
Tel. 03155/34 14
Internet: www.kuerbishof-koller.at

Genussvoller Ausblick von der Schlossterrasse in Kapfenstein (oben).
Vinothek in Klöch: der perfekte Ort für eine Traminer-Vertikalverkostung (unten).

Knabberkerne, Kernöl, Suppe, Gemüse – der Kürbis ist ein Alleskönner mit vielen Einsatzgebieten.

Kürbiskernpesto und Kürbiskonfitüre, Kürbisnudeln und Kürbischutney.

Greißlerei DeMerin

8345 Straden 5
Tel. 03473/759 57
Internet: www.demerin.at
Mo–So 10–19 Uhr

Ausgewählte Köstlichkeiten aus der Region.

Weinhandl Mühle

8345 Straden, Dirnbach 12
Tel. 03473/82 86
Internet: www.berghofer-muehle.at

Über 200 Produkte aus dem Bereich Natur- und Bio-Kost sowie Mahlprodukte.

Johann Unger – Urlmüller's

8345 Straden, Schwabau 9 a
Tel. 03473/80 00 (abends)
Mobil 0664/495 45 38 (tagsüber)
Internet: www.urlmuellers.at

160 Tomatensorten, köstlich verarbeitet.

kostBar – Das Glashaus

8490 Bad Radkersburg
Halbenrainerstraße 6–8
Tel. 0664/927 00 18
Internet: www.dasglashaus.co.at

So wie jene im Weingut Krispel wartet auch die kostBar im „Glashaus" in Bad Radkersburg mit rund 400 ausgewählten Genuss-Produkten aus der Region auf.

Natur & Entdecken

Styrassic Park

Mehr als 75 Saurier sind auf einem Areal von 5 Hektar zu bestaunen. Es gibt speziell für Kinder entwickelte Führungen, Projekte und Aktionen. Ganzjährig geöffnet. *Bad Gleichenberg, Tel. 03159/28 75-0, office@styrassicpark.at. www.strassicpark.at*

Tierpark Herberstein

130 heimische und exotische Tiere wie Geparden, Wölfe, Bären und Kängurus befinden sich hier. Die Zooschule bietet kindgerechte Führungen an. Ganzjährig geöffnet. *St. Johann bei Herberstein, Info: 03176/88250. www.herberstein.co.at*

Schloss Herberstein

Einblicke in die über 700-jährige spannende Geschichte des Schlosses, St. Johann bei Herberstein, *Info: 03176/882 50. www.herberstein.co.at*

Jede Menge Badefreuden

bieten Thermen und Seen in der Umgebung wie Therme Loipersdorf, die Therme Radkersburg und die H2O-Therme in Bad Waltersdorf oder im Sommer der Stubenbergsee, das Seebad Riegersburg und das Freibad Fürstenfeld.

Indianerdorf

Zu Besuch beim steirischen Winnetou mit allem, was für junge Indianerfans dazu gehört: *Großwilfersdorf. www.steirischer-winnetou.at*

Aussichtspunkt Heißberg

Der Aussichtspunkt in Fehring mit gemütlicher Riesenholzliege lädt zu einem beschaulichen Rundumblick. Bei guter Fernsicht sind von hier die Karawanken und das slowenische Pacherngebirge zu sehen.

Vulkanarena Fehring-Burgfeld

Für geologisch interessierte Weinreisende bietet die Vulkanarena Fehring-Burgfeld Informationen über die Entstehung und den Abbau des Vulkangesteins. Für Geomantiker ein außergewöhnlicher Kraftort, den sie nicht versäumen sollten!

Kutschenfahrt mit dem Schlosskutscher

Eine unvergessliche Fahrt mit dem einzigen „Schlosskutscher" Österreichs. Berühmt ist mittlerweile die so genannte Schlosstour: vom Schloss Stubenberg zum Park von Schloss Schielleiten und zum „Marienhof" des Schlosses Herberstein. *Kontakt: Rudi Allmer, Tel. 0664/382 32 02. www.schlosskutscher.at*

Wein, Kunst & Kultur

Weinweg der Sinne

Der Weinwanderweg in St. Anna am Aigen beansprucht alle Sinne des Wanderers im Einklang mit Natur, Kulinarium, Musik und den Menschen der Region. Empfehlenswert ist die Mitnahme des Begleitprospektes (Download auf der Website) Entfernung: ca. 15 km von Fehring. *Tel. 03158/23 40. www.st-anna.at*

Steirische Schlösserstraße

Das kulturelle Highlight der Oststeiermark ist die Schlösserstraße, die unter anderem Schloss Stubenberg, Schielleiten und Herberstein mit Pöllau, Aichberg und der Festenburg verbindet. *Tel. 03176/200 50. www.schloesserstrasse.com*

Stadtspaziergänge

sind in Fürstenfeld, Feldbach, Fehring und Hartberg empfehlenswert.

Styrian Summer Art

Der Naturpark Pöllauer Tal in der Oststeiermark steht im Juli ganz im Zeichen der Kunst. Im Rahmen von styrian summer_art finden mehr als 25 Workshops und Atelierklassen für AnfängerInnen und Fortgeschrittene sowie ein Symposium statt. *Weitere Informationen: www.styriansummerart.at*

ARCHITEKTUR

Orangerie Pöllau

Ein architektonisch besonders aufregendes Gewächshaus in Pöllau bei Hartberg, das 2006 mit dem „Geramb Dankzeichen für Gutes Bauen" ausgezeichnet wurde. Die bereits um 1800 erwähnte Gartenanlage nördlich der Pfarrkirche wurde fachgerecht saniert und revitalisiert.

Affenhaus Tierpark Herberstein

Vermutlich das architektonisch interessanteste Affenhaus der Welt, wo der Affe selbst wählen kann, in welchem Haus oder auf welcher Insel er gerade sein will. Bester Blick auf die Besucher sowie in den Garten ist inklusive. *Architekt: Roman Karner.*

Zubau Stadtmuseum Hartberg

Der moderne Zubau ist Gegenpart zum historischen Teil des Stadtmuseums im Steinpeißhaus nahe der Stadtmauer und zum Schloss Hartberg, einer ehemaligen mittelalterlichen Burg, die im Renaissancestil zum Schloss umgewandelt wurde. *ArchitekInnen: k2architektur.*

Schwarzer Laubfrosch

Ein Wohnbaugesamtkunstwerk mit unkonventionellem Innenleben im Zentrum von Bad Waltersdorf. Allmählich wird der von dünnen Holzlatten umhüllte „Schwarze Laubfrosch", ehemals das Rüsthaus von Bad Waltersdorf, von wildem Wein (Veitschi) überrankt. *ArchitektInnen: Splitterwerk.*

Weingut Neumeister

Ein Weingut mit Hangkonzept, das dem Ablauf der Weinproduktion folgt. Innen fasziniert ein schneckenförmig begehbares Weinregal, Straden, *Architekten: Werner Schüttmayr, Andreas Burghardt.*

TERMINE

Mittelalterlicher Markt in Hartberg (April)
Apfelblütenfest in Puch bei Weiz (April)
Straßenkunst-Festival in Hartberg (Juli)
Traditioneller Krapfenkirtag in Mönichwald (Juli)
Römisches Pressfest in der Villa rustica in Löffelbach bei Hartberg (Sept)
Winzerfest in Bad Waltersbach (Sept)
Flohmarkt und Sturmtage in Herberstein (Okt)

Der Wein vom eisernen Berg

Nicht von ungefähr wurde das südliche Burgenland zuerst als „Weinidylle" und dann als „Paradies" apostrophiert. Es gibt kaum eine andere Weinregion in Österreich, die heute noch so authentisch und naturbelassen ist wie das Südburgenland – ein Eldorado für Entdecker und Wein-Pfadfinder!

Es kann sehr wohl auch Vorteile haben, wenn man einmal einen Zug versäumt und dafür den nächsten oder den übernächsten nimmt. So erging es der Weinbauregion Südburgenland. Als das „Österreichische Weinwunder" anderswo bereits unter Volldampf losbrauste, blieb man hier irgendwie in den Startlöchern stecken. Da gab es wohl eine Handvoll Einzelkämpfer wie Hermann Krutzler oder, noch davor, die Wieslers und Felix Körper, doch für eine Aufbruchsstimmung auf breiter Front reichte das nicht. Strukturschwäche, Abwanderung und fehlende Mittel, um in Weinbau- und Tourismusbetriebe investieren zu können, hießen die Bremsfaktoren. Dabei waren die Heurigen-Meilen von Rechnitz, am Eisenberg oder Csaterberg in den 1960er- und 1970er-Jahren beliebte Ausflugsziele für die Grazer und Wiener, die sich hier nach einem Buschenschank-Besuch gerne Weine für den Hausgebrauch mitnahmen. Eine Tradition, an die heute allmählich wieder angeknüpft wird. Denn Ruhe und Idylle sind hier nach wie vor zu finden und die Qualität der Weine, die vor allem durch ihren eigenständigen Charakter geradezu einzigartig sind, rechtfertigt auch eine längere Anfahrt. Dabei erspäht man im Vorfeld des eigentlichen Weinbaugebietes, wenn man von Norden her kommt, einige jener mächtigen, steinernen Denkmäler, die dem Land seinen Namen gegeben haben: die **Burg Schlaining**, bekannt für ihre Sammlungen, sowie die Burgen **Lockenhaus und Bernstein**. In Lockenhaus tafelt man zu den Lautenklängen eines Bänkelsängers wie die alten Ritter, während Bernstein eine stilvolle und authentische Bleibe für all jene bietet, die gerne einmal auf Fernseher und andere Krawallmacher verzichten wollen.

Pralinen und Welschriesling

Haben Sie Lust auf etwas Süßes? Dann sollten Sie ihren Trip ins Südburgenland auf jeden Fall in Bad Tatzmannsdorf beginnen.

Weinbau einst: idyllisches, altes Winzerhaus am Eisenberg.

Dort befindet sich, noch bevor man in den Ort hinunterfährt, gleich nach dem Bahnübergang auf der linken Seite die **Pralinen-Manufaktur Spiegel**. Hier werden rund 60 Sorten Pralinen erzeugt. Händisch, frisch und ohne Konservierungsmittel: ein süßer Traum für alle Naschkatzen. Dazu passt, so unglaublich das auch klingen mag: Welschriesling. Ich verdanke diesen Tipp dem Schokoladenzampano Sepp Zotter und habe ihn vielfach selbst auf seinen Wahrheitsgehalt hin überprüft. Da trifft es sich gut, dass mit Rechnitz eine der besten Welschriesling-Destinationen des Landes die nächste Station unserer Reise ist. Der resche Weiße mit der knackigen Säure fühlt sich hier besonders wohl. Denn Rechnitz liegt direkt am Fuße des Geschriebensteins, mit beachtlichen 884 Metern immerhin die höchste Erhebung des Burgenlandes. Von deren Bergflanken strömt am Abend und in der Nacht kühle Luft ins Tal, die für eine besonders intensive Aromenausbildung in den Trauben sorgt. In Verbindung mit den leichteren Böden ist Rechnitz damit im Gegensatz zu den südlicher gelegenen Weinbauzentren am Eisenberg und Csaterberg für Weißweine prädestiniert.

Der beste Weg in die Weinberge und Kellergassen von Rechnitz führt durch den Ort: So kommt man bei der Ortsvinothek „Reichermühle“ vorbei und hat die Gelegenheit, die Weine der Region schon einmal zu verkosten. Namen, auf die man dabei achten sollte, sind unter anderem die Winzer **Thomas Straka, Klaus Herist und Reinhard Koch**. Hat man es nicht besonders eilig, dann empfiehlt es sich, von hier aus zu Fuß weiterzugehen, denn ein locker zu gehender Rundkurs durch die Kellergassen führt – Einkehr-Aufenthalte natürlich nicht mitgerechnet – nach rund einer Stunde wieder zu diesem Platz zurück. So spaziert man von einem Keller zum anderen – irgendwer hat immer ausg'steckt –, kostet da und dort ein Glas Wein und genießt die Ruhe und die herrliche Aussicht in Richtung Ungarn. Auf manchen der alten Kellerstöckln findet man auch heute noch Aufschriften in Ungarisch: Sie erinnern an jene Zeit vor dem Ersten Weltkrieg, als das Gebiet ein Teil von Ungarn war.

Und wieder heißt es Eisenberg

Weiter geht es jetzt in Richtung Süden, zum Eisenberg. Die imposanteste und wohl auch beste Großlage der Region gab schon einmal dem gesamten Weinbaugebiet den Namen. Nun heißt es Südburgenland, doch wurde eine „DAC Eisenberg“ geschaffen, die das gesamte Gebiet umfasst. Unter dieser Bezeichnung dürften ausschließlich Weine der Sorte Blaufränkisch vermarktet werden, die für die Region besonders typisch sind und denen sie ihren guten Ruf verdankt. Nun aber gleich hinter dem Ort Burg hinauf auf den Eisenberg, wo man in der Oberen Kellergasse den **Bio-Imker Stubits** und die **Vinothek „Vinum Ferreum“** antrifft. Beim Stubits bekommt man besten Bio-Honig, in der Vinothek warten die Weine aller namhaften Produzenten der Region. Von hier aus führt eine kleine Straße, die sogenannte „Obere Kellergasse“, ringförmig um den „Grat“ des Eisenberges; bis ganz hinauf reichen die Weingärten, und es bietet sich geradezu an, in einer der zahlreichen Buschenschänken einzukehren, die den Weg säumen, und hier neben der herrlichen Aussicht auch gleich eine zünftige Jause zu genießen. Etwas unterhalb des Weges befindet sich mitten in den Weinbergen eine Aussichtsplattform in Form eines Riesen-Sprungbretts. Das Gefälle nützend, ragt diese scheinbar mitten in den Himmel hinein und ist daher ohne eine einzige Stufe mühelos zu begehen. Eine Kurve weiter befindet sich das **Weingut Vinum Ferreum** – mit seiner verglasten, als Rondell angelegten Fassade nicht zu übersehen – und gleich dahinter das schmucke **„Koasaschlössl“**, in dem Gäste komfortabel mit Blick auf die Rebstöcke wohnen können.

Zwischen den Weinbergen, die zu den besten der Region zählen, schlängelt sich nun eine schmale Straße durch den „Hummergraben“ hinunter auf die Hauptstraße nach Deutsch-Schützen. Noch bevor man den Ort erreicht, führt ein Weg hinauf in den Weinberg von Deutsch-Schützen, wo viele Winzer des Ortes ihre Top-Lagen bewirtschaften. Als Erstes sticht der schmucke Doppelkeller der **Krutzlers** ins Auge, dann folgen der Arkadenhof der Familie **Wachter-Wiesler**, der modern ausgebaute **Schützenhof** der Familie Körper-Faulhammer und eine ganze Reihe anderer Winzerhäuser und Kellerstöckeln, die der überall ausgeschilderten „Weinidylle“ wirklich auch Ehre machen. Einen Besuch wert ist **„Wachter-Wieslers Ratschen“** hoch oben in den Weingärten. In alten Mauern, die mit jungem Design stilsicher ergänzt wurden, führt die engagierte Familie ein ausgezeichnetes Restaurant samt Vinothek und Kaufladen. Doch das ist nicht der einzige Lichtblick in einer Ecke, die noch vor wenigen Jahren kulinarisches Brachland war. Im

Der Eisenberg galt schon seit jeher als besondere Rotweinlage. Nach einem langen Dornröschenschlaf wurde er jetzt wieder wachgeküsst.

Gasthaus Csencsits in Harmisch bei Kohfidisch kocht der ehemalige Taubenkobel-Küchenchef Jürgen Csencsits auf und zieht dabei alle Register von bodenständigen Klassikern bis zu feiner Gourmet-Küche, wobei immer das regionale Produkt im Vordergrund steht. Man kommt dorthin, indem man südlich von Deutsch-Schützen in einem winzigen Weiler namens Höll der schon allein deshalb bemerkenswert ist, weil hier noch in jedem Hof ein offener Brunnen steht nach rechts abbiegt. Von Kohfidisch geht es hinauf auf den Csaterberg – eine kürzere Zufahrt ist auch vom Eisenberg aus möglich –, eine rund 50 Hektar große, von Wäldern gesäumte Weinbau-Enklave mit besonderem landschaftlichem Reiz und ausgezeichneten Rotweinen.

Fährt man von Höll in Richtung Osten, so erreicht man nahe der ungarischen Grenze das „Dorf ohne Grenzen", Bildein. Hier, wo die Historie noch besonders lebendig erscheint, wurde das „burgenländische Geschichte(n)haus" errichtet, in dem man nicht nur die Geschichte des jüngsten österreichischen Bundeslandes nachvollziehen, sondern sich diese von den Bildeiner Frauen, den sogenannten „Geschichte(n)-haus-Damen", erzählen lassen kann.

Nach einem kleinen Aufenthalt in Eberau

So wie früher: strohgedeckte Kellerstöckln im historischen Kellerviertel von Heiligenbrunn.

– das geschichtsträchtige Wasserschloss im verwilderten Park ist zwar ziemlich desolat, aber dennoch oder gerade deshalb einen Blick wert – wählt man jetzt am besten die westliche Route durch die Weinberge in Richtung Gaas und Moschendorf.

Im Reich des Uhudlers

Dieser Weg führt, vorbei an der Wallfahrtskirche Maria Weinberg, entlang der Rebhänge – oder auch mitten hindurch – hinein ins Reich des Uhudlers und endet exakt beim Weinmuseum von Moschendorf, wo neben der sagenhaften Rabiatperle auch die 60 jeweils besten Weine des Südburgenlandes verkostet und gekauft werden können. Mit dem Uhudler ist das eine ganz eigene Geschichte. Lange Zeit war der Trunk aus amerikanischen Direktträgerreben wie Noah oder Isabella, die Ende des letzten Jahrhunderts zur Bekämpfung der Reblaus importiert worden waren, verboten. Der gegenüber veredelten Reben höhere Gehalt an Methylalkohol in den Trauben könnte zur Erblindung führen, so die amtliche Begründung. Indes war es auch in dieser Zeit kaum ein Problem, hier unten, weit weg von jeder Zentralgewalt, eine Probe dieses rustikalen Tropfens zu ergattern, der wie trockener Erdbeerwein riecht und schmeckt. Inzwischen ist der Uhudler „legalisiert“ und vielerorts im typischen „Tonplutzer“ erhältlich, doch dass er früher besser geschmeckt haben soll, dürfte eher ein Gerücht sein. Vermutlich war es der Geschmack des Verbotenen, der sein Aroma angereichert hat.

Hat man nun schon allerhand Bemerkenswertes an Kellergassen und Presshäusern gesehen, so steht das Schönste dennoch erst bevor. In Heiligenbrunn, einem kleinen Ort etwas abseits der Durchzugsstraße, findet man nicht nur seine heilige Ruhe, sondern auch das historische Kellerviertel, das mit seinen rund 80 strohgedeckten Weinkellern in Österreich einzigartig ist. Diese mit Lehm beworfenen Holzblockbauten muten auf den ersten Blick wie ein Freilichtmuseum an, stehen aber zumindest teilweise in voller Verwendung; spaziert man ein bisschen herum, so findet man bald einen Weinkeller, der den Buschen heraußen hat, und kann in dieser pittoresken Umgebung zu einer ordentlichen Hauerjause nicht nur Uhudler verkosten, sondern auch andere bodenständige Weine wie Welschriesling oder Blaufränkisch. Einer der Keller gehört übrigens der Familie Krutzler, die im Ort ein veritables Hotelrestaurant betreibt; hier finden ermattete Weinreisende eine komfortable Bleibe und eine recht ambitionierte Küche mit pannonisch-bodenständigem Einschlag vor. Wer freilich beim Besuch des Kellerviertels Lust bekommen hat, einmal in so einem Kellerstöckl seine Zelte aufzuschlagen, dem kann ebenfalls geholfen werden: Als Projekt des Naturparks Weinidylle wurden sogenannte „Kellerstöckl-Appartements“ geschaffen. Hier wohnt man mitten in den Weingärten und genießt bei zeitgemäßem Komfort doch den rustikalen Charme des einfachen Lebens – und natürlich die guten Weine der Region.

Winzer&Weine

Die Bandbreite der Weine reicht vom Rechnitzer Welschriesling bis zum Uhudler in Heiligenbrunn, wobei die besten Weine der Region aus dem Gebiet Eisenberg/Deutsch-Schützen und vom Csaterberg stammen. Vor allem der Blaufränkisch nimmt von den tiefgründigen, eisenhältigen Böden ein erdig-mineralisches Aroma an, das ihn unverwechselbar macht. Diesem Umstand wurde Rechnung getragen, indem man den Blaufränkisch zum Gegenstand einer „DAC Eisenberg" gemacht hat. Diese Bezeichnung steht für gebietstypische Blaufränkisch-Weine aus dem Weinbaugebiet Südburgenland.

DEUTSCH-SCHÜTZEN

Thomas Kopfensteiner

7474 Deutsch-Schützen 38
Tel. 03365/22 36, Fax -5
E-Mail: weingut@kopfensteiner.at
Internet: www.kopfensteiner.at

Aus besten Lagen im Deutsch-Schützener Weingebirge keltern Manfred und Thomas Kopfensteiner ihre kräftigen, sehr strukturierten Rotweine. Leitsorte ist der Blaufränkisch, Flaggschiff des Betriebes die Cuvée „Border" – eine Hommage an die Grenzlage des Ortes.

Weingut Krutzler

7474 Deutsch-Schützen 84
Tel. 03365/22 42 oder 22 55, Fax 200 13
E-Mail: weingut@krutzler.at
Internet: www.krutzler.at

Hermann Krutzler hat hier Pionier- und Aufbauarbeit geleistet und mit seinen Blaufränkischen erstmals auch überregionale Erfolge erzählt. Heute leitet sein Sohn Reinhold den Betrieb und keltert Spitzenweine von Rieden in Deutsch-Schützen und am Eisenberg. Der „Perwolff" zählt zu den besten und langlebigsten Rotweinen des Landes und der reinsortige Merlot ist ein Juwel für fortgeschrittene Weingenießer. Einige Jahre Flaschenreife sind die Voraussetzung, um Krutzlers beste Weine in ihrer ganzen Vielschichtigkeit genießen zu können.

Schützenhof

7474 Deutsch-Schützen, Weinberg 159
Tel. 03365/22 03, Fax -85
E-Mail: weingut@schuetzenhof.cc
Internet: www.schuetzenhof.cc

Felix Körper, dem der Blaufränkisch „Senior" gewidmet ist, begann bereits im Jahr 1952, seine Weine in Flaschen zu füllen, und zählte damit zu den frühen Pionieren des burgenländischen Weinbaus. Heute ist

Das doppelte Lottchen: Weinkeller der Familie Krutzler im Weingebirge von Deutsch-Schützen (oben). Heimat für den Wein, für Bilder und Kulturveranstaltungen: Weingut Schützenhof (unten).

mit Mike und Karin Faulhammer sowie Junior Markus schon die nächste und übernächste Generation am Werk. Sichtbares Zeichen dafür ist der neu gebaute, zu den Weingärten hin besonders offen gestaltete Weinkeller, der auch immer wieder Schauplatz von Ausstellungen und Veranstaltungen ist. Daneben wird aber natürlich auch Wein gemacht, der vor allem den Charakter der schweren und tiefgründigen Böden der Region widerspiegelt. Die Favoriten: Cuvée „3-Klang", Blaufränkisch „unlimited" und der Blaufränkisch-Klassiker „Senior".

Gerald Unger

7474 Deutsch-Schützen 106
Tel.+Fax 03365/22 48
E-Mail: gerus@weingut-unger.com
Internet: www.weingut-unger.com

Gerald Unger kam über den Umweg der Gastronomie zum Weinbau und startete vorerst mit einer Mini-Rebfläche. Inzwischen bearbeitet er rund fünf Hektar Rebfläche und keltert im neu gebauten Keller ausdrucksstarke Rotweine regionaler (Blaufränkisch „Limitation") und internationaler Prägung (Cuvée Gerus aus Blaufränkisch, Zweigelt, Cabernet Sauvignon und Merlot).

Wachter-Wiesler

7474 Deutsch-Schützen, Hauptstraße 26
Tel.+Fax 03365/22 45
E-Mail: weine@wachter-wiesler.at
Internet: www.wachter-wiesler.at

Der Betrieb entstand aus der „Fusion" der Weingüter beider Familien und entwickelte sich seither zu einem der führenden Produzenten der Region. Die Weine wie die Cuvée Julia oder der reinsortige Blaufränkisch geraten hier besonders dicht und vielschichtig und bedanken sich für ein paar

Jahre Geduld mit reifer, tiefgründiger Aromatik. Über den Weinbau hinaus ist die Familie Wachter-Wiesler, in deren Heurigen regelmäßig Veranstaltungen rund um den Wein stattfinden, auch ein wichtiger Anlaufpunkt sowie Qualitäts- und Entwicklungsmotor der Region.

EISENBERG AN DER PINKA

Weingut Vinum Ferreum Eisenberg

7474 Eisenberg, Obere Kellergasse 35
Tel. 03365/20 09-0; Fax -1
E-Mail: weingut@vinum-ferreum.at
Internet: www.vinum-ferreum.at

In der Show-Winery direkt am Eisenberg entstehen vor allem Blaufränkische von einigen der besten Lagen der Region, die hier in gediegener Atmosphäre verkostet und gekauft werden können.

GROSSPETERSDORF

Uwe Schiefer

7503 Großpetersdorf/Welgersdorf 3
Tel.+Fax 03362/24 64
Mobil: 0664/521 90 47
E-Mail: weinbau.schiefer@aon.at
Internet: www.weinbau-schiefer.at

Ein Wein-Afficionado war Uwe Schiefer bereits, als er noch in der Wiener Gastronomie tätig war. In seiner zweiten Laufbahn als Winzer schaffte er es als Erster, den Eisenberg wieder auf die Wein-Landkarte der Weinspitze zu setzen. Mit fast fanatischer Konsequenz entlockt Schiefer seinen Lagen am Eisenberg und Königsberg Weine von bestechender Terroir-Authentizität. Fein gearbeitet, konzentriert, absolut eigenständig und stets mit gutem Trinkfluss. Tipp: Kaufen – lagern – genießen!

Rund Sache: die Glasfront des Weinguts Vinum Ferreum auf dem Eisenberg (oben).
Offene Türen für neue Ideen: Verkostungsraum von Uwe Schiefer in Welgersdorf (unten).

RECHNITZ

Weingut Herist

7471 Rechnitz, Badergasse 34
Tel. 03363/75 00
E-Mail: klaus.herist@gmx.at
Internet: www.heristwine.com

Schon Johann Herist war für seine vielfach ausgezeichneten Welschrieslinge bekannt. Im Angebot des Weinguts, das nun von Junior Klaus geführt wird, finden sich aber auch schöne Weißweine der Burgunderfamilie wie Pinot blanc und Chardonnay.

Weingut Koch

7471 Rechnitz, Neuegasse 7
Tel. 0664/421 53 08, Fax 03363/794 82
E-Mail: office@koch-weine.at
Internet: www.koch-weine.at

Trotz der Mini-Rebfläche von nur 2 Hektaren hat es die Familie Koch schon zu mehreren Nominierungen für den SALON Österreichischer Wein gebracht und einmal sogar den SALON-Sieger gestellt. Genießen kann man die Weine im hübsch renovierten Kellerstöckl, wo mehrmals im Jahr ausg'steckt ist.

Weinbau Straka

7471 Rechnitz, Klostergasse 16
Tel. 03363/795 80
Mobil 0664/201 63 96
E-Mail: office@weinbau-straka.at
Internet: www.weinbau-straka.at

Thomas Straka, der sich seine önologischen Sporen unter anderem bei Albert Gesellmann in Deutschkreutz verdient hat, keltert einen sensationellen Welschriesling von mehr als 70 Jahre alten Rebstöcken. Daneben verkostet man im mitten in den Weinbergen gelegenen Buschenschank, den Mutter Emilie führt, weitere fruchtig-elegante Weiße und für die Region sehr beachtliche Rotweine.

NEUHAUS

Weinbau Wukits

7503 Neuhaus in der Warth 95
Tel. 03362/26 78, Mobil 0664/388 56 16
E-Mail: office@weinbau-wukits.at
Internet: www.weinbau-wukits.at

Johann Wukits' Rotweine, ob Merlot, Cabernet Sauvignon oder Blaufränkisch, haben dieselbe mächtige Statur wie er selbst. Nachzukosten ist das im rustikalen Buschenschank der Familie. Und wer wissen will, wie er das macht, bucht einfach das Erlebnis „Einmal Winzer sein" und arbeitet gemeinsam mit dem Chef am eigenen Wein.

i Essen

Wachter-Wieslers Ratschen

7474 Deutsch-Schützen 254
Tel. 03365/200 82, Fax 217 77
E-Mail: office@ratschen.at
Internet: www.ratschen.at

Gerda Wiesler und Thomas Wachter bringen Leben in die Gegend. Gute Küche und ebensolche Weine reichen ihnen nicht, darum gibt es das ganze Jahr über kulinarische Themenschwerpunkte und zahlreiche Veranstaltungen rund um den Genuss. Tipp: Newsletter per Mail anfordern.

Gasthaus Csencsits

7512 Kohfidisch, Harmisch 13
Tel.+Fax: 03366/772 20
Mobil 0664/314 88 44
E-Mail: gasthaus@csencsits.at
Internet: www.gasthaus-csencsits.at

Mit meisterlicher Hand brilliert Jürgen Csencsits sowohl im klassischen als auch im anspruchsvollen Küchenfach. Bestens gefüllt ist der Weinkeller des Hauses, der unter der Obhut von Ehefrau und Restaurantchefin Melanie Csencsits steht und einen klaren, regionalen Schwerpunkt aufweist.

Walits-Guttmann

7535 Deutsch-Tschantschendorf 27
Tel. 03327/22 85, Fax 28 70
E-Mail: info@gasthof-walits-guttmann.com
Internet: www.gasthof-walits-guttmann.com

Hoch gelobt werden die Grammelpogatscherln von Herta Walits-Guttmann. Aber man sollte sich davon nicht satt essen, schließlich warten ja da noch andere schlaraffische Genüsse vom Gänseleberstrudel bis zum Reindlrostbraten vom Zickentaler Moorochsen.

Gasthof Gibiser

7561 Heiligenkreuz im Lafnitztal
Tel. 03325/42 16-0, Fax 42 46 44
E-Mail: g.gibiser@aon.at
Internet: www.g-gibiser.at

Der Name ist Programm. Seit vielen Jahren kümmert sich Gerlinde Gibiser um das Wohl ihrer Gäste. Verfeinerte Regionalküche auf hohem Niveau und einiges an „Drumherum" wie der Kräuterpfad oder die liebevoll gepflegten Weingartenstöckln, die zum Kurzurlaub einladen, sind gute Argumente, um immer wieder hierherzukommen.

Gasthaus Zum Türkenwirt

8382 Mogersdorf 23
Tel. 03325/82 45
E-Mail: tuerkenwirt@wellcom.at
Internet: www.tuerkenwirt.com

Regionale Schmankerln mit saisonalem Schwerpunkt – im Frühling zum Beispiel Spargel, Lamm und Kitz – stehen hier auf dem Programm! Ein Tipp ist die bestens sortierte Weinkarte mit teilweise auch älteren Jahrgängen renommierter und weniger bekannter Produzenten.

Hotel-Restaurant Krutzler

7522 Heiligenbrunn 16
Tel. 03324/72 40, Fax 72 55
E-Mail: post@hotel-krutzler.at
Internet: www.hotel-krutzler.at

So wie das Ambiente präsentiert sich hier auch die Küche: gepflegt und gutbürgerlich. Dabei stehen auch immer wieder österreichisch-ungarische Grenzgänge auf dem Programm, womit man die Tradition der Monarchie auf dem Teller wohlschmeckend weiterpflegt.

Burgtaverne Burg Lockenhaus

7442 Lockenhaus
Tel. 02616/23 21, Fax 20 95
E-Mail: info@burgtaverne-lockenhaus.at
Internet: www.burgtaverne-lockenhaus.at

Bekannt: der Ritterschmaus auf Lockenhaus!

Über Nacht

Koasa Schlössl

7474 Eisenberg an der Pinka
Tel. 03365/200 79
E-Mail: residenz@koasa.at
Internet: www.koasa.at

In wunderschöner Lage, hoch oben am Eisenberg, wohnt man hier in modernem Ambiente und mit jedem Komfort.

Gasthof Gibiser

7561 Heiligenkreuz im Lafnitztal
Tel. 03325/421 60, Fax 42 46 44
E-Mail: g.gibiser@aon.at
Internet: www.g-gibiser.at

Übernachten im Weingartenstöckl.

Hotel-Restaurant Krutzler

7522 Heiligenbrunn 16
Tel. 03324/72 40, Fax 72 55
E-Mail: post@hotel-krutzler.at
Internet: www.hotel-krutzler.at

Komfortable Zimmer und gute Küche im eigenen Restaurant.

Hotel Burg Bernstein

7434 Bernstein, Schlossweg 1
Mobil 0664/210 02 37; Fax 03354/65 20
E-Mail: burgbernstein@netway.at
Internet: www.burgbernstein.at

Schlossherrlich wohnen in authentischen Gemächern – aber ohne Telefon und Fernseher!

Wellness- und Brennereihotel Lagler

7543 Kukmirn 137
Tel. 03328/320 03, Fax-40
E-Mail: info@lagler.cc
Internet: www.lagler.cc

Komfortabel wohnen, Wellness genießen und gut essen mitten in der Natur. Tipp: die hervorragenden Edelbrände des Hauses.

Alte Kellerstöckln im Naturpark Weinidylle wurden unter Einbeziehung der bestehenden Substanz behutsam zu Ferien-Appartements adaptiert. Ein guter Tipp für Individualurlauber, die gerne mitten in den Weingärten wohnen möchten.

Info: Tourismusregion Güssing-Stegersbach
7540 Güssing, Hauptplatz 7
Tel. 03326/520 52
E-mail: info@suedburgenland.com
Internet: www.kellerstoeckl.info

Genusstipps

Vinothek Reichermühle

7471 Rechnitz
Tel. 03363/797 50
Internet: www.geschriebenstein.at

Vinothek Vinum Ferreum Anita Dulmovits

7474 Eisenberg, Obere Kellergasse 120
Tel.+Fax: 03365/24 39
Mobil 0664/4338079
E-Mail: vinothek@vinum-ferreum.at
Internet: www.vinum-ferreum.at

Vinothek im Gasthof zum Weinberg

7512 Kohfidisch, Klein Tschater 11
Tel.+Fax 03366/772 45
Internet: www.csaterberg.at

Vinothek der Weine vom Tschaterberg – untergebracht in einem empfehlenswerten Wirtshaus samt komfortablen Gästezimmern.

Lendl's Backstube

7521 Bildein , Hauptstraße 132
Tel. 03323/29 15
Internet: www.lendls.at

Ausgezeichnete Lebkuchen sind die Spezialität des Hauses.

Stremtaler Schmankerl Eck

7540 Güssing, Stremtalstraße 21a
Tel. 03322/425 27

Zahlreiche Produkte aus der Region, unter anderem eingelegte Gemüse, Sugos etc. von den sogenannten „Hianzn-Frauen".

Aloisias Mehlspeiskuchl & Kaffeestub´n

7512 Badersdorf 118
Tel. 03366/773 69
Internet: www.aloisia.at

Torten und Hochzeitsbäckerei vom Feinsten.

Die Rosengalerie

7535 Güttenbach 369
Tel. 03327/24 07
www.bauerngarten-radakovits.at

Rosenprodukte, Kräuter, Bäder, Tees, Kräuter- und Blütensirupe.

Bio-Bauer Hamedl

7535 Deutsch Tschantschendorf, Nr. 26
Tel. 03327/86 79, Mobil 0664/824 44 71

Kochkurse, Brot und Gebäck.

Bio-Imker Schwab

7540 Moschendorf 148
Tel. 03324/63 88, Vorher anrufen!

Seminare, Gelée Royale.

Geschichte und Gegenwart des südburgenländischen Weines im Weinmuseum Moschendorf.

Imkerei „Wald im Eichenwald" Stubits

7474 Eisenberg, Burg 120
Tel. 03365/23 10

Wald- und Blütenhonige, Bienenwachs, Honiglebkuchen.

Natur & Entdecken

Ritterburg Lockenhaus

Die letzte Ritterburg Österreichs befindet sich im Naturpark Geschriebenstein, Erlebnisburgführungen für Gruppen, gelegentlich Templerführungen, Ausstellungen, Ritteressen. *www.ritterburg.at*

Burg Schlaining

Beherbergt das Europäische Museum für Frieden, Sammlungen, in den Prunkräumen jährlich wechselnde Sonderausstellungen. *Baumkircher Gasse 1, Stadtschlaining.*
Internet: www.stadtschlaining.at

Burg Güssing

Die älteste Burg Burgenlands thront auf einem erloschenen Vulkankegel; Burgmuseum und Ausstellungen, April bis Oktober geöffnet, *Tel. 03322/434 00,*
Internet: www.burgguessing.info

Weinmuseum Moschendorf

18 Museumsgebäude, 3 Vinotheken und ein Weinlehrpfad! Was will das Weinherz mehr? Von Mai bis Oktober nachmittags geöffnet, *Tel. 03324/63 18,*
Internet: www.moschendorf.at

Freilichtmuseum Gerersdorf

Mehr als 30 typisch südburgenländische bäuerliche Gebäude können besichtigt werden, geöffnet von Ende März bis Mitte

November, *Gerersdorf bei Güssing 66, Tel. 033 28/322 55, Internet: www.freilichtmuseum-gerersdorf.at*

Museumsbahn

Die historischen Motorbahnwagen kommen auf der Strecke zwischen Oberwart und Oberschützen vom 9. Mai bis 26. Oktober zum Einsatz, Start: am *Bahnhof Oberschützen, Tel. 03353/611 67. www.frowos.com*

Burg Lockenhaus mit Folterinstrument „Eiserne Jungfrau" (oben und unten).

Auswanderermuseum

Mehr als 9000 Personen aus dem Raum Güssing emigrierten nach Amerika. Dieses Museum gibt Einblicke in die Amerikabewegung. *Stremtalstraße 2, Güssing, von Mai bis Oktober geöffnet, (Sa, So, Fei), www.burgenlander.com*

Kinder-Erlebnismühle ☺

Die Wassermühle in Markt Neuhodis im Naturpark Geschriebenstein ist eine vielbesuchte Attraktion, die Kids werden mit Leiterwagen ausgestattet und müssen zunächst von einem Bauernhof Getreide holen, Führung nach Voranmeldung.
Infos: Naturparkverein Markt Neuhodis, Tel. 0664/505 78 79

Felsenmuseum Bernstein

Die Marktgemeinde Bernstein ist wegen ihrer weltweit einzigartigen Edelserpentin-Fundstelle bekannt, Bernstein gibt es dort aber auch. Kunsthandwerkstätten im Ort, *7434 Bernstein, Hauptplatz 5 Tel. 03354/66 20.*

KUNST & ARCHITEKTUR

Kunstgarten Eder

25 Skulpturen und Kunstwerke aus Bronze, Eisen, Kunststoff oder Glas.
Neudauberg, www.kunstgarten.com

Künstlerdorf Neumarkt/Raab

Ausstellungen, Workshops, Kurse, Vernissagen, Vorträge im Südburgenland
Hauptstraße 45, Neumarkt an der Raab, Tel. 03329/465 27. www.neumarkt-raab.at

ATELIERS

Keramik: Kurt Pieber, Grazerstraße 32, Oberwart, Tel. 0664/111 14 22
Ölmalerei: Erwin Reisner, Rax-Bergen 13, Tel. 03329/484 11
Keramikatelier Wahlhütter: Bachzeile 1, Doiber, Tel. 0664/151 39 29, Internet: www.wahlhuetter.at
Skulpturen: Richard Richter, Schoaderstraße 37, Stebersbach, Tel. 03326/543 00
Bildhauerei, Metallgestaltung: Franz Wieser, Bachstraße 21, 8383 Welten, Internet: www.franz-wieser.eu
Malerei, Bildhauerei, Malerei: Atelier Dittrich, Bergstraße 32, St. Michael, Tel. 0699/114 070 66, www.dorisdittrich.com/atelier
Porträts: Lilly Hagg, Wimmerplatz 1/2/8, Oberschützen, Tel. 03353/72 74, www.lillyhagg.at
Malerei: Peter Paul Ruhso, Unterberg 33, St. Martin a.d. Raab, Tel. 0650/924 07 44, www.ruhso.at
Malerei: Claudia Jäger, Mariasdorf 77, Tel. 0664/870 21 21, www.claudia-jaeger.com
Faszination Ei: Tatiana Krassa, Dorfstraße 7, Kotezicken, Tel. 06888/11 47 05,

ARCHITEKTUR

Hebt sich von der Landschaft durch eine eigenständige Material- und Formensprache ab, Deutsch-Schützen, *Architekten: Pichler & Traupmann.*

Weinarchiv Bildein

Erhielt den Anerkennungspreis des Landes Burgenland für Architektur, *Architekt: Dietmar Gasser.*

Das Mittelburgenland

Rotwein im Herzen

Das Mittelburgenland ist nicht nur mit historischen Burgen und Festungswerken gespickt, sondern weist auch die wohl größte Dichte an neu gebauten, modernen Weinkellern im Land auf. Es ist das Herz des burgenländischen Rotwein-Anbaus und durch dieses Herz fließt der Blaufränkisch.

Das Mittelburgenland ist aufgrund seiner überschaubaren Größe und wegen der Dichte an hervorragenden Winzern das ideale Zielgebiet für eine kleine Rotweinreise. Im Mittelpunkt sollte dabei allerdings der Wein und weniger die Kulinarik stehen, denn so mächtig sich die Phalanx der önophilen Spitzenkräfte hier ausnimmt, so schmächtig ist nach wie vor jene der besuchenswerten Einkehrstätten. Man kann es aber auch positiv sehen: Im Mittelburgenland dreht sich alles um den Wein, genauer gesagt: um den Rotwein, und ganz genau gesagt: um den Blaufränkisch. Bereits Ende der 1980er-Jahre, als der Rotwein-Anbau in Österreich noch ziemlich richtungslos war und neue Sorten wie Cabernet Sauvignon und Merlot in Mode kamen, setzte man hier kompromisslos auf diese alte, autochthone Sorte und dokumentierte dies, indem man die Region kurzerhand „Blaufränkischland" nannte. Rund 55 Prozent der Rebfläche sind im Mittelburgenland inzwischen mit Blaufränkisch-Reben bestockt und dementsprechend wurde auch eine „DAC Mittelburgenland" eingeführt, durch die der Blaufränkisch als Leitsorte endgültig zementiert wurde.

Warum diese Sorte hier so hervorragende Ergebnisse hervorbringt, lässt sich teilweise schon bei der Anreise ins Mittelburgenland erahnen. Wir kommen auf der S 31 von Mattersburg und erreichen bei Sieggraben eine Seehöhe von rund 500 Metern. Damit befinden wir uns auf der Höhe des Ödenburger Gebirges, das für das Mittelburgenland einen Schutzwall gegen kühlere Klimaeinflüsse und Regenfälle aus dem Norden darstellt. Im Westen durch die Bucklige Welt und im Süden vom Günser Gebirge abgeschirmt, entsteht so ein Becken, das nur nach Osten hin, also gegen Ungarn, offen ist, und warme pannonische Klimaeinflüsse die Trauben reifen lassen. Die zweite Voraussetzung für Blaufränkisch bester Qualität bilden die schweren, sandig-lehmigen Böden, die den Weinen Fülle und Struktur verleihen.

Als Drittes müssen schließlich die technischen Voraussetzungen genannt werden, die hier in den vergangenen zehn Jahren

Imposante Wein-Kathedrale: Schaflerhof des Weinguts Hans Igler in Deutschkreutz.

geschaffen wurden, um die im Weingarten entstandene Qualität auch in die Flaschen zu bringen. Das Mittelburgenland hat einen enormen Keller-Bauboom erlebt, den kaum ein Winzer ungenutzt verstreichen ließ. Die einen bauten dabei hinter relativ bescheidener Fassade die – gottlob ausgesprochen langen – Hinterhöfe mit modernen High-Tech-Weinschmieden zu, die anderen stellten sich gleich regelrechte Châteaux mitten in die Weingärten. Am Ende hatte man sich nicht nur den nötigen Platz und die modernste Technologie für die Weinbereitung beschafft, sondern den Weinen auch einen stilvollen Rahmen in Form von sehenswerten Verkostungsräumlichkeiten gegeben. Bis wir die Schnellstraße bei St. Martin verlassen, haben wir bereits eine ganze Reihe von Burgen und Schlössern passiert, die hier wie Perlen auf einer Schnur aufgereiht sind. Forchtenstein, mächtig und weithin sichtbar im Norden, Kobersdorf, wo im schönsten Wasserschloss des Burgenlandes zur Sommerzeit die „Kobersdorfer Schloss-Spiele" stattfinden, und Landsee, eine der größten Burgruinen Mitteleuropas. Und noch zwei Sehenswürdigkeiten: In Lackenbach harrt ein Wasserschloss mit romantischem Arkadenhof der Besichtigung und in Raiding erinnert das sehenswerte Liszt-Museum daran, dass hier der große Komponist und Pianist Franz Liszt im Jahr 1811 das Licht der Welt erblickt hat.

Im Reich des Rotweins: Rund 55% der Rebflächen im Mittelburgenland sind mit Blaufränkisch bestockt.

Erst mal auf ein Steak

Wer jetzt bereits hungrig ist, wird gleich in Raiding fündig, wo Michael Putz behauptet, dass Kochen auch eine Kunst sei, und dies in seiner Gastwirtschaft (mit Greißlerei) **„Kochkunst"** auch unter Beweis stellt. Oder man fährt das kurze Stück zum **Horvath** in Ritzing, dessen Lokal zwar ein etwas eigentümliches Ensemble verschiedener Baustufen darstellt, aber nichtsdestotrotz seit vielen Jahren eine der wenigen guten Adressen zum Essen im Mittelburgenland ist. Eine andere ist – nicht zuletzt wegen der herrlichen Steaks – die **Traube** in Neckenmarkt. Und jetzt sind wir wirklich schon mittendrin, im Herzen des Rotweinlandes, das aus den Orten Neckenmarkt, Horitschon und Deutschkreutz besteht. Um sich erst einmal einen Überblick über die Vielfalt des hiesigen Weinbaus zu verschaffen, bietet sich ein Besuch in den Ortsvinotheken von Horitschon und Neckenmarkt an, in denen die wichtigsten Weine der jeweiligen Gebiete versammelt sind. Wer nicht nur kosten, sondern auch die Weingärten durchstreifen und dabei etwas lernen will, dem sei der rund 1,5 Kilometer lange **Rotweinlehrpfad** von Horitschon empfohlen. Ein anderer „Rotweinpfad" führt durch die Keller einiger der bekanntesten Winzer des Landes. Dabei gibt es nicht nur jede Menge zu verkosten, sondern auch allerhand zu besichtigen und zu bestaunen. Schon rein optisch unterstreichen etwa die Keller des Gemeinschaftsprojektes **„Arachon"** in Horitschon, der Weingüter **Heinrich** und **Kirnbauer** in Deutschkreutz oder des Weinguts **Bayer** in Neckenmarkt, dass es sich um eine ganz besondere Substanz handelt, die hier hergestellt wird.

Von Keller zu Keller

Kaum ein anderes Weinbaugebiet weist auf engstem Raum eine derartige Dichte an Top-Produzenten auf, wie das Mittelburgenland – man sollte sich also Zeit nehmen, selbst wenn man nur bei bekannten Namen

Stilvolle Heimstätte: der vom Stararchitekten Wilhelm Holzbauer entworfene Arachon-Reifekeller.

Halt machen will. **Lehrner, Kerschbaum, Weninger, Wellanschitz, Bayer, Heinrich, Gager, Gesellmann, Igler** ... Und jetzt kommen wir auch noch zu einer Sehenswürdigkeit oder besser gesagt, gleich zu zweien. Zu erwähnen ist hier einmal das Deutschkreutzer Schloss, das sich im Privatbesitz des Malers Anton Lehmden befindet. Er hat vor vielen Jahren die inzwischen längst zum Markenzeichen gewordenen Igler-Etiketten gestaltet. Und zweitens findet man hier den sogenannten **„Schaflerhof"**, einen zum Schloss gehörenden Gutshof vom Ende des 18. Jahrhunderts, den die Iglers mit viel Feingefühl revitalisiert und zum Barriquekeller mit Verkaufsraum und Vinothek ausgebaut haben. Ein noch wesentlich breiteres Spektrum deckt die Gebietsvinothek **„Vinatrium"**, ebenfalls in Deutschkreutz, ab. In wunderschönen alten Ziegelgewölben wurde hier ein modernes Weinzentrum samt Veranstaltungssaal eingerichtet, in dem rund 300 Weine der 50 wichtigsten Produzenten des Mittelburgenlandes präsentiert werden.

Spätestens jetzt sollten sich im Kofferraum nicht mehr nur Socken und Zahnbürste befinden. Darum kann der Wein ruhig mal Pause machen und sich das Augenmerk auf die Natur und die Idylle am Wegesrand richten. Durch den Kreutzer Wald, der auch wegen seines Fassholzes beliebt ist, geht es weiter über Nikitsch, das über ein hübsches Schloss und ein Dorfmuseum mit Töpferei verfügt, sowie Kroatisch Minihof. Vor vielen Häusern steht hier noch ein offener Ziehbrunnen und am Ortsrand wird man mit einem freundlichen „Dobro Dosli!" willkommen geheißen. Hier sieht man Raps- und Maisfelder und der Wein macht sich rar, bis man nach Lutzmannsburg kommt. Dieser Ort war bis vor wenigen Jahren ein recht verschlafenes Weinbau-Dorf, ehe knapp an der Grenze zu Ungarn die Sonnentherme Lutzmannsburg-Frankenau errichtet wurde. Sie brachte einiges an Leben und Infrastruktur in diesen südlichsten Winkel des Rotweingebietes, wenngleich nicht alles, was seither gebaut wurde, auch das Auge erfreut.

Im Ort selbst, wo viele der Winzerfamilien bereits seit Jahrhunderten ansässig sind, sieht man aber noch die schönen, langgestreckten Arkadenhöfe, die für die Region charakteristisch sind. Will man hier auch Weinreben sehen, so muss man sich auf das beeindruckende Hochplateau des „Lutzmannsburger Weingebirges" hinaufschrauben. Auf rund 150 Hektaren Rebfläche stehen hier vor allem Blaufränkisch-Rebstöcke, die aufgrund der schweren, lehmigen Böden besonders charaktervolle, erdig-rustikale Weine mit intensiver Aromatik bringen.

Damit hätten wir die Grenze des Weinbaugebietes Mittelburgenland eigentlich erreicht, wären da nicht die **Brüder Pfneisl** gewesen, die Ende der 1990er-Jahre längst verwaiste Weingärten in Kleinmutschen neu ausgepflanzt haben. Ein Abstecher dort hinauf von der Straße bei Unterpullendorf lohnt sich, denn hier ist nicht nur der größte Shiraz-Weingarten Österreichs angelegt, sondern auch ein architektonisch interessanter Barrique-Keller mit der programmatischen Aufschrift „Born to make wine" gebaut worden.

Das ist es, das neue Gesicht des Weinbaus im Mittelburgenland.

Winzer&Weine

Im Kerngebiet des Blaufränkischlandes zwischen Horitschon, Neckenmarkt und Deutschkreutz sind die sanften Hügel fast ausschließlich mit Weinstöcken bewachsen – ein Rebenmeer, so weit das Auge reicht. Es dominieren die Rotweinsorten, allen voran der Blaufränkisch. Gute Weißweine – von Weißburgunder über Chardonnay bis Sauvignon blanc – kommen vor allem aus Deutschkreutz.

DEUTSCHKREUTZ

Weingut Gager

7301 Deutschkreutz, Karnergasse 8
Tel. 02613/803 85, Fax -15
E-Mail: info@weingut-gager.at
Internet:www.weingut-gager.at

Im Paradeweingut des ehemaligen Quereinsteigers Josef Gager kann man auch wohnen und so das Werden des Weines aus nächster Nähe miterleben. Bekannt wurden die Gagers mit der „Cuvée Quattro“, spannend sind auch die Weine mit neuen Rebsorten wie der „Q2“ (Zweigelt und Roesler) oder der Spitzentropfen „Tycoon“ aus Cabernet Sauvignon, Blaufränkisch und Tannat.

Gesellmann

7301 Deutschkreutz, Lange Gasse 65
Tel. 02613/80 36-0, Fax -15
E-Mail: weingut@gesellmann.at
Internet: www.gesellmann.at

Was macht man, wenn man qualitativ ohnehin schon an der Spitze ist? Man verschiebt den Fokus auf den Charakter der Weine. So geschehen bei Albert Gesellmann, Meister des Weiß- und Rotweins. Seine Spitzengewächse wie der Blaufränkisch Hochberc, die Cuvée „G“ aus Blaufränkisch und St. Laurent sowie die Klassiker „Bela Rex“ und „Opus Eximium“ stellen auch hohe Anforderungen an den Gaumen des Kosters – und belohnen ihn mit phantastischen Aromen, toller Struktur und nicht versiegendem Trinkfluss.

J. Heinrich

7301 Deutschkreutz, Karnergasse 59
Tel. 02613/896 15-0, Fax -4
E-Mail: office@weingut-heinrich.at
Internet: www.weingut-heinrich.at

In einem der größten und modernsten Weinbaubetriebe des Mittelburgenlandes entstehen immer wieder neue und spannende Weinkreationen wie der „Cupido“ – ein Wein voller Geschichten und Poesie. Es gibt aber auch ganz Klassisches, das herrlich schmeckt, wie den Blaufränkisch „Goldberg“ von bis zu 60 Jahre alten Rebstöcken. Schöne Winzerzimmer laden zum Verweilen ein.

Weingut Hans Igler

7301 Deutschkreutz, Langegasse 49
Tel. 02613/803 65, Fax -7
E-Mail: info@weingut-igler.at
Schaflerhof: geöffnet Fr & Sa 10–17 Uhr
Internet: www.weingut-igler.at

Das von Weinbaupionier Hans Igler begründete Weingut wird von der nächsten und übernächsten Generation mit großem Erfolg weitergeführt. Die Weine des Hauses sind geradlinig und kernig mit kräftiger Struktur und großem Potenzial. Stilvoll präsentiert werden sie im historischen „Schaflerhof" beim Schloss von Deutschkreutz.

K + K Kirnbauer

7301 Deutschkreutz, Rotweinweg 7
Tel. 02613/897 22 Fax -12
E-Mail: kirnbauer@phantom.at
Internet: www.phantom.at

Mitten in den Weingärten befindet sich das „Château Kirnbauer", eine der ersten Adressen von Deutschkreutz. Bekannt wurden die Kirnbauers mit ihrer Cuvée „Phantom", die seit mehr als zwei Jahrzehnten für einen stoffig-vollmundigen und angenehm zu trinkenden Wein steht.

Josef und Maria Reumann

7301 Deutschkreutz, Neubaugasse 39
Tel. 02613/804 21, Fax-4
E-Mail: info@weingut-reumann.at
Internet: www.weingut-reumann.at

Dass eine Cuvée von Josef und Maria Reumann „Phönix" heißt, ist verständlich – stieg man doch zwar nicht aus der Asche, aber stetig in der Qualitätshierarchie nach oben. Noch über diesem Wein steht der formidable „vinum sine nomine". Auch logisch: Dem Winzer fehlten bei der ersten Verkostung die Worte ...

Bei Albert Gesellmann in Deutschkreutz geht der Wein nicht aus: tröstlicher Blick vom Verkostungsraum auf die Barrique-Fässer (oben); „Born 2 make wine": Der Barriquekeller der Familie Pfneisl in Kleinmutschen atmet Internationalität.

Weingut Strehn

7301 Deutschkreutz, Weinbergweg 1
Tel. 0664/451 91 61
E-Mail: office@strehn.at
Internet: www.strehn.at

Einer der großen Weinbaubetriebe in Deutschkreutz, der sich unter der Ägide der jungen Generation, Pia und Patrick Pfneisl, im qualitativ hochwertigen Bereich neu positioniert hat. Ein Versprechen für die Zukunft.

United Vineyards Pfneisl Family

7301 Frankenau-Unterpullendorf
Gutshof Mutschen
Tel. 02615/812 99, Fax -4
E-Mail: shirazbrothers@wine-pentagon.com
Internet: www.wine-pentagon.com

Die „Shiraz-Brothers“ Sepp, Franz und Gerhard Pfneisl begannen erst im Jahr 1997 damit, eigene Weine zu vermarkten. Doch dann ging es für die wichtigsten Shiraz-Produzenten des Landes mit Weinen wie der Cuvée „Pentagon“ aus fünf Rebsorten, dem „Hexenberg“ und natürlich dem Shiraz „Marias Vineyard“ steil nach oben.

HORITSCHON

Arachon T-FX-T

7312 Horitschon, Günserstraße 54
Tel. 025 0/423 21, Fax -4
E-Mail: Arachon-T.FX.T@arachon.com
Internet: www.arachon.com

Der kulinarisch und önophil absolut affine Stararchitekt Wilhelm Holzbauer plante die würdige Heimstätte des Arachon. Aus dem Gemeinschaftsprojekt von Manfred Tement, F. X. Pichler und Illa Szems entstehen der Top-Wein „Arachon evolution“ und der Zweitwein „a'Kira“, die nicht nur im Inland sehr erfolgreich unterwegs sind.

Rotwein satt: Nein, das ist nicht auf Château Lafite, sondern im Inneren des Arachon-Kellers (oben). In Stein gebettet: Barrique-Fässer ruhen in Paul Kerschbaums Keller in Horitschon.

Weinhof Bauer-Pöltl

7312 Horitschon, Brunnenweg 1
Tel. 02610/432 26, Fax -4
E-Mail: weinhof@bauerpoeltl.at
Internet: www.bauerpoeltl.at

Eines der aufstrebenden Weingüter im Mittelburgenland mit der Besonderheit, dass die Weingärten auf biologisch-dynamische Bewirtschaftung umgestellt werden.

Rotweingut Iby

7312 Horitschon, Kirchengasse 4 a
Tel. 02610/422 92, Fax -90
E-Mail: weingut@iby.at
Internet: www.iby.at

Anton Iby war einer der Ersten, der seine Vision vom reinen Rotweingut entwickelt und umgesetzt hat. Anton Junior feilt fleißig an Qualität und Finesse seiner Weine, die durch naturnahe Weingartenarbeit und Zurückfahren des Holzeinsatzes immer mehr zum reinen Ausdruck von Sorte und Terroir werden sollen.

Paul Kerschbaum

7312 Horitschon, Hauptstraße 37
Tel. 02610/423 92, Fax -40
E-Mail: weingut@kerschbaum.at
Internet: www.kerschbaum.at

Das überschaubare Sortiment des Hauses ist von bester Güte. Paul Kerschbaum schafft mit seinen Roten das, was jeden großen Wein ausmacht: die Kombination aus Power und Trinkvergnügen. Idealtypisch verwirklicht ist das in den Cuvées „Impressario" und „Kerschbaum". Tipp: Ein paar Jahre reifen lassen!

Paul Lehrner

7312 Horitschon, Hauptstraße 56
Tel: 0664/455 69 99, Fax 02610/421 71 24
E-Mail:weingut@paul-lehrner.at
Internet: www.paul-lehrner.at

Geradlinig und schnörkellos – so ist Paul Lehrner und so sind auch seine Weine. Der umtriebige Obmann des Horitschoner Weinbauvereins ist in der österreichischen Rotweinszene mit Weinen wie dem Blaufränkisch „Steineiche" und der Cuvée „Paulus" längst zu einer fixen Größe geworden.

Franz Weninger

7312 Horitschon, Florianigasse 11
Tel. 02610/421 65, Fax -50
E-Mail: weingut@weninger.com
Internet: www.weninger.com

Franz Weninger setzt ganz auf Terroir, das in Weinen wie der Cuvée „Veratina", dem Blaufränkischer „Saybritz" oder dem Edel-Blaufränker „Dürrau" zum Ausdruck kommt. Dieses Terroir findet er in Lagen rund um Horitschon, im ungarischen Balf, bei Sopron, wo Junior Franz Reinhard werkt, bei Attila Gere in Villány und neuerdings auch am südburgenländischen Eisenberg.

Iby-Lehrner

7312 Horitschon, Hauptstraße 34
Tel. 02610/421 13, Fax 436 87
E-Mail: info@weinverkauf.net
Internet: www.weinverkauf.net

Das Weingut Iby-Lehrner ist einer der aufstrebenden Betriebe im Mittelburgenland. Beste Lagen, ein neuer, moderner Weinkeller und mit Michael Lehrner ein junger, engagierter Kellermeister – das sind die Voraussetzungen für eine weiterhin spannende Story.

LACKENBACH

Rotweingut Maria Kerschbaum

7322 Lackenbach, Dreifaltigkeitsgasse 30
Tel. 02619/85 05, Fax -30
E-Mail: maria@weingut-kerschbaum.at
Internet: www.weingut-kerschbaum.at

Der Familienbetrieb, in dem zu 100 Prozent Rotweine aus Horitschoner Rieden gekeltert werden, ist ein zuverlässiger Anbieter bester Qualität. Mutter Maria Kerschbaums Liebling: die gemeinsam mit Gabi Kerschbaum vom Weingut Paul Kerschbaum gekelterte Cuvée „Women". Junior David brilliert mit „Davids Show Reserve".

LUTZMANNSBURG

Weber

7361 Lutzmannsburg, Neustiftgasse 15
Tel. 02615/870 10, Fax -4
E-Mail: weingut-fam-weber@gmx.at
Internet: www.weingut-fam-weber.at

Seit Generationen „webt" diese alteingesessene Winzerfamilie den Stoff, aus dem die Blaufränkisch-Träume sind. Kraftvoll, erdig, konzentriert und langlebig.

NECKENMARKT

Wellanschitz

7311 Neckenmarkt, Lange Zeile 28
Tel. 02610/423 02, Fax -4
E-Mail: info@wellanschitz.at
Internet: www.wellanschitz.at

Bereits seit den 1980er-Jahren konzentriert sich die Familie Wellanschitz ganz auf Rotwein, wobei der Blaufränkisch-Anteil inzwischen rund 80 Prozent ausmacht. Die Weine des Hauses sind dicht gestrickt, kernig und langlebig, schätzen aber auch eine gewisse Reifezeit in der Flasche.

Weingut Juliana Wieder

7311 Neckenmarkt, Lange Zeile 76
Tel.+Fax 02610/424 38, Fax -20
E-Mail: info@weingut-juliana-wieder.at
Internet: www.weingut-juliana-wieder.at

Ein Klassiker im Mittelburgenland, der sich komplett „runderneuert“ hat. Gut für Gäste: Trotz des Modernisierungsschubs in allen Bereichen wird nach wie vor zweimal im Jahr die „Georgischenke“ geöffnet, wo man alle Topweine des Hauses genießen kann.

Draxler

7311 Neckenmarkt, Haschendorf 17
Tel. 02610/423 91, Fax 425 46
E-Mail: office@weingut-draxler.at
Internet: www.weingut-draxler.at

Eine Fundgrube für stoffige, dichte Rotweine, die nach wie vor zu einem vernünftigen Preis-Leistungs-Verhältnis angeboten werden.

Stefan Lang

7311 Neckenmarkt, Rathausgasse 20
Tel. 02610/423 84, Fax -6
E-Mail: rotweingut-lang@winzer.at
Internet: www.rotweingut-lang.at

In diesem Musterbetrieb entstehen moderne Weine, die zwar Power und Konzentration zeigen, von der Stilistik her aber eher die feine Klinge führen. Flaggschiffe sind die Blaufränkischen wie die DAC-Reserve und die Top-Cuvée „Excelsior“.

Tesch

7311 Neckenmarkt, Herrengasse 26
Tel. 02610/436 10, Fax 422 30
E-Mail: titan@tesch-wein.at
Internet: www.tesch-wein.at

Im Zeichen des Löwen: die Weinkellerei „In Signo Leonis“ der Familie Bayer in Neckenmarkt.

Der Vater heißt Josef und hat vor mehr als zwei Jahrzehnten schon einmal mit legendären Blaufränkischen aufgezeigt. Der Junior nennt sich „Joe“ und knüpft gemeinsam mit dem Vater an diese Tradition an. Der Top-Wein trägt den programmatischen Namen „Titan“.

Bayer, Kellerei In signo leonis

7311 Neckenmarkt, Wirtschaftspark 5
Tel. 026 0/426 44, Fax -4
E-Mail: bayer@weinfreund.at
Internet: www.weinfreund.at

Schon in den 1980er-Jahren agierte Heribert Bayer hinter den Kulissen als Berater etlicher Top-Winzer von heute. Und beim eigenen Weingut, in dem inzwischen Junior Patrick für den Keller verantwortlich zeichnet, gab es in Sachen Qualität ebenfalls nie Kompromisse. Bayer-Weine sind etwas Besonderes, keine Massenware, auch nicht billig – aber sie wirken. Ein typisches Bayer-Projekt: „Herzblut“. Ein Wein aus besten Trauben, nur in Spitzenjahrgängen vinifiziert, von dem gerade einmal 1500 Magnums gekeltert und erst nach fünf Jahren Reifezeit auf den Markt gebracht werden.

PINKAFELD/HORITSCHON

Szemes

7423 Pinkafeld, Weinhoferplatz 7
Tel. 03357/423 67, Fax 421 57
E-Mail: office@szemes.at
Internet: www.szemes.at

Inzwischen längst ein Klassiker der heimischen Weinszene: Der klassisch ausgebaute Blaufränkisch1 „Tradition“ und die Barrique-Variante „Imperial“, die in Kooperation mit den Vereinten Winzern Horitschon gekeltert werden.

Essen

Zur Traube

Neckenmarkt, Herrengasse 42
Tel. 02610/422 56, Fax 42 30 64
E-Mail: info@gasthof-zur-traube.at
Internet: www.gasthof-zur-traube.at

Engagiert geführtes Wirtshaus mit guter Regionalküche. Vorzüglich: das Steak von bester Fleischqualität und dazu ein gut gereifter Roter aus dem hauseigenen Schauweinkeller.

Restaurant Horvath

Ritzing, Lange Zeile 92
Tel. 02619/67 2 29, Fax 67 229-20
E-Mail: office@restaurant-horvath.at
Internet: www.restaurant-horvath.at

Ein gutes Steak zur rechten Zeit ... Die Küche präsentiert sich bodenständig mit kreativem Touch und wird von angenehmen Begleiterscheinungen wie guten Weinen, Edelbränden oder Zigarren flankiert.

Kochkunst Greißlerei Putz

7321 Raiding, Lisztstraße 39
Tel. 02619/510 46, Mobil 0664/216 06 02

Küchenmeister Michael Putz kocht das, was gerade Saison hat und in seiner Greißlerei vorrätig ist – auf kunstvolle Weise.

Restaurant Café Sunngartl

Lutzmannsburg, Thermenstraße 1
Tel. 02615/875 49
E-Mail: info@sunngartl.at
Internet: www.sunngartl.at

Die Kombination von burgenländischer Küche und Pizza klingt abenteuerlich, doch die Qualität stimmt.

Weingasthof Krail

Oberpullendorf, Hauptstraße 37
Tel. 02612/422 20, Fax -6
E-Mail: krail.gasthof@burgenland.org
Internet: www.krail.at

Zu ausgezeichneter pannonischer Küche schöpft man aus einem Fundus von rund 200 Weinen der gut sortierten Vinothek. Gästezimmer im Haus.

„Kreitza Keller" Familie Hofstädter

Deutschkreutz, Rausnitzstraße 14
Tel. 02613/895 09
Internet: www.kreitzakeller.at

Gepflegte Buschenschank im alten Steinturm mit empfehlenswerten Eigenbauweinen.

Über Nacht

Gasthaus „Zur Traube"

Neckenmarkt, s. Essen

Gasthof Schreiner

Deutschkreutz, Girmerstraße 45
Tel. 02613/803 22, Fax-4
E-Mail: info@hotel-schreiner.at
Internet: www.hotel-schreiner.at

Komfortable und zentral gelegene Wohnmöglichkeit in Deutschkreutz.

Weingut J. Heinrich

Deutschkreutz, s. Winzer

Weingut Gager

Deutschkreutz, s. Winzer

Appartement Arkadenhof

Lutzmannsburg, Hauptstraße 12
Tel. 01/810 44 82, Mobil 0664/311 73 11

Komfortables Gästehaus im gefühlvoll restaurierten Arkadenhof.

Thermenhotel Vier Jahreszeiten

Lutzmannsburg, Am Thermengelände 4
Tel. 02615/812 22-0, Fax -6
E-Mail: info@thermenhotel.com
Internet: www.thermenhotel.com

Komfortables 4-Sterne-Hotel mit direktem Zugang zur Therme.

Genusstipps

Vinothek Horitschon

Horitschon, Kirchenplatz 1
Tel. 02610/431 94
Mobil 0699/110 464 77
E-Mail: office@vinothek-horitschon.at
Internet: www.vinothek-horitschon.at
Do bis So und Feiertags von 13–18 Uhr

Vinothek „Altes Rathaus"

Neckenmarkt, Rathausgasse 1, Do bis So 15–18 Uhr, oder nach Voranmeldung unter Tel. 0664/991 58 10

Vinatrium

Deutschkreutz, Hauptstraße 55
Tel. 02613/897 68, Fax -4
E-Mail: vinothek.vinatrium.at
Internet: www.vinatrium.at
Mo bis Do 11–19 Uhr,
Fr bis So und Feiertags 10–19 Uhr

„Die Vinothek"

Lutzmannsburg, Thermengelände 4
Tel. 02615/874 79, Fax 812 22-6
E-Mail: info@thermenhotel.com
Internet: www.themernhotel.com

Wein & Keramik

Oberpullendorf, Hauptstraße 5
Tel. 02612/432 85

Große Auswahl an Weinen aus dem Mittelburgenland – viele davon sind glasweise zu verkosten.

Aus'n Kuchlkastl

Helga Hausensteiner
7332 Kobersdorf, Lustfeldgasse 12
Tel. 0650/582 52 15

Hier einzukaufen ist eine Lust: Liköre, Chutneys, Pestos, eingelegte Pilze & Co.

Jagdgesellschaft Neckenmarkt

7311 Neckenmarkt, Kühlhaus Annagasse
Franz Rittenbacher: Tel. 0664/840 03 67
Manfred Zach: Tel. 0664/543 10 12
Wild-Ab-Hof-Verkauf: Jeden 1. Fr im Monat 18–19 Uhr, tägl. nach tel. Vereinbarung.

Energiemühle

7302 Nikitsch, Berggasse 26
Tel. 02614/71 03
Internet: www.genussladen.at

Genussladen, Seminare, Handwerks- und Kochkurse in einer revitalisierten Mühle.

Hofladen Magedler

7361 Lutzmannsburg, Hauptstrasse 30

Feinstes Walnussöl, Marmeladen und bäuerliche Produkte.

Im Geburtshaus von Franz Liszt in Raiding ist ein sehenswertes Liszt-Museum untergebracht.

Stadtbäckerei Gradwohl

7350 Oberpullendorf, Hauptstraße 5
Tel. 02612/431 01
Internet: www.gradwohl.info

Vollkornprodukte wie Kamutbrot, außerdem Kräuter, Honig, Nüsse, Marmelade und anderes.

Natur&Erleben

Marterlwanderweg

bringt Interessierte nicht zum Marterpfahl, sondern zu Kapellen, Bildstöcken und Wegkreuzen. 40 Denkmäler dieser Art werden in Deutschkreutz liebevoll gehegt und gepflegt. Die Wanderwege sind im Marterlführer beschrieben.

Besuch auf dem Vulkan

Wie kommen die Basaltkugeln auf den Pauliberg? Das erfährt man bei einer Vulkanführung durch das Basaltwerk Pauliberg, *Tel. 02618/688 88*

Schloss Deutschkreutz

Das Renaissance-Schloss mit zweigeschossigen Hofarkaden und Ecktürmen beherbergt eine Gemäldeausstellung des Besitzers Anton Lehmden, Führungen von Mitte Mai bis Mitte September, sonst gegen Voranmeldung, *Tel. 02613/202 00, Internet: www.schlossdeutschkreutz.at*

Ritterburg Lockenhaus

Die letzte Ritterburg Österreichs befindet sich im Naturpark Geschriebenstein, Erlebnisburgführungen für Gruppen, gelegent-

Niemals erobert: die trutzige Burg Forchtenstein (links) mit der bestens bestückten Esterházy'schen Leibrüstkammer (rechts).

lich Templerführungen, Ausstellungen, *www.ritterburg.at*

Freilichtmuseum Unterrabnitz

Eine bäuerliche Ansiedlung im Frühmittelalter, Mai bis Oktober auf Anfrage, *Gemeinde Unterrabnitz, Tel. 02616/88 77. www.fruehmittelalterdorf.at*

Franz-Liszt-Museum

Das Geburtshaus von Franz Liszt mit Schausammlung und Rundgang *Franz-Liszt-Straße 42, Raiding, Tel. 02619/72 20, von Palmsonntag bis Oktober geöffnet. www.lisztzentrum.at*

Fahnenschwinger Weinbaumuseum

Zeigt die Geschichte des Weinbaus im Blaufränkischland, von Mai bis Oktober geöffnet, *Tel. 02610/422 63. www.neckenmarkt.eu*

Museum Schloss Lackenbach

„Der Natur auf der Spur" ist das Motto des im ehemaligen Renaissance-Wasserschloss Lackenbach untergebrachten Museums; *Lackenbach, Tel. 02619/200 12*

ARCHITEKTUR

Dieter Irresberger, Horitschon. *Architekt: Wilhelm Holzbauer*
Anton Mayerhofer, Neckenmarkt. *Architekt: Erich Wiedeschitz, Deutschkreutz*
Weingut J. Heinrich. *Architekt: Anton Mayerhofer, Deutschkreutz*
Weingut Wellanschitz. *ArchitektInnen: gerner°gerner plus Neckenmarkt*
Weingut Gesellmann. *Architekt: Anton Mayerhofer, Deutschkreutz*
Weingut Weninger, Horitschon. *Architekt: Raimund Dickinger*
... und viele weitere.

TERMINE

Rotwein Opening Horitschon (Mai)
Rotweinfestival Deutschkreutz (Juli)
Rotweintage Neckenmarkt (Mitte August)
Lange Nacht des Rotweins, Neckenmarkt (November)

Am Neusiedler See

Das Paradies in Weiß-Rot-Süß

Rund um den Neusiedler See erstreckt sich ein „Weinbau-Gürtel", der Weiß-, Rot- und Süßweine in hervorragender Qualität hervorbringt. Ein wahres Eldorado für Weinfreunde – und mit dem See ist das perfekte Nah-Erholungsgebiet ebenfalls ständig in Reichweite.

Der Neusiedler See ist ein wunderbares Beispiel dafür, wie sehr der Weinbau von den Gegebenheiten der Natur geprägt ist. Er liegt da wie eine riesige Badewanne – ein Vergleich, der sich allein schon wegen der geringen Wassertiefe von gerade einmal zwei Metern aufdrängt – und wird geschützt, gewärmt und gut durchlüftet. Beschützt vom Leithagebirge, das gut gegen Nordwind ist, gewärmt von der Sonne und der warmen Luft, die von der pannonischen Tiefebene hereinströmt und gut durchlüftet, weil hier, am Ende der Alpen, zur Freude der Surfer, Segler und Kiter stets ein kräftiger Wind weht. All das kommt natürlich auch dem Weinbau zugute, der in der Region das beherrschende Thema und – erst neben der Landwirtschaft, heute neben dem Tourismus – seit Jahrhunderten auch die Lebensgrundlage der Menschen darstellt. War es früher vor allem der Süßwein, der dem Land zu Bekanntheit und Ruhm verholfen hat, so profilierte man sich seit den 1980er-Jahren als **das** Rotwein-Reservoir Österreichs. Allerdings wachsen gerade an den Hängen des Leithaberges und im Ruster Hügelland auch wirklich ausgezeichnete Weißweine, die das Wein-Triumvirat am Neusiedler See komplettieren.

Weine und Grenzen

Die Neusiedler-See-Runde – und durch die Grenzöffnung zu Ungarn kann das erstmals seit den Zeiten der österreichisch-ungarischen Monarchie wieder ohne jegliche Formalitäten eine ganze Runde sein – führt durch zwei offizielle Weinbaugebiete und eine DAC. Das klingt kompliziert und ist es auch, darum zum besseren Verständnis eine kurze Erklärung. Das Weinbaugebiet Neusiedler-See-Hügelland reicht von Mörbisch bis Breitenbrunn. Daran schließt das Weinbaugebiet Neusiedler See an, das früher „Seewinkel" hieß und bis Illmitz, Apet-

Der Neusiedler See ist für den Weinbau ein wichtiger Faktor.

Wo ist der See? Typischer Schilfgürtel bei Podersdorf. Die große Wasserfläche bringt Feuchtigkeit und wirkt temperaturausgleichend.

lon und Pamhagen im Süden reicht. Die Grenzziehung dazwischen ist aus weinbaulicher Sicht wenig sinnvoll, denn geologisch gesehen reicht das zum Neusiedler-See-Hügelland gehörige Leithagebirge bis kurz vor Neusiedl am See. Dem wurde mit der Schaffung einer neuen „DAC Leithaberg" Rechnung getragen, die sowohl typischen Weiß- als auch Rotweinen gilt, und das Gebiet des Leithagebirges von Großhöflein bis Jois umfasst. Sie werden sich jetzt vielleicht fragen, ob das alles so wichtig ist. Ja und Nein. Fährt man um den Neusiedler See, so braucht man sich um solche Grenzziehungen nicht wirklich zu kümmern. Dem aufmerksamen Verkoster wird es aber nicht entgehen, dass es sehr wohl einen Unterschied macht, ob er sein Glas gerade in Rust, Donnerskirchen oder Illmitz erhebt.

Doch nun genug theoretisiert und rasch hinein in den Wein. Das heißt von Wien aus gesehen über die praktische Autobahn A 3 bis zur Abfahrt Müllendorf und zwei Minuten später steht man schon mitten in den Reben von Großhöflein. Mit **Kollwentz** und **Leberl** warten hier gleich zwei Weingiganten, wobei man gerade bei Andi Kollwentz die erwähnte Dreifaltigkeit von Weiß-, Rot- und Süß in bester Qualität serviert bekommt. Fündig wird man hier aber auch bei weniger bekannten Namen wie **Wagentristl** oder **Mariell**, wo sich zum Wein auch ein kostenswertes Edelbrände-Sortiment gesellt. In unmittelbarer Nachbarschaft befindet sich schon Eisenstadt, die Hauptstadt des Burgenlandes, die neben dem Weinbau vor allem durch die Namen Haydn und **Esterházy** glänzt. Der Fürstenfamilie verdankt die Stadt das prägende Schloss im Zentrum ebenso wie die Tatsache, dass sie Joseph Haydn über Jahrzehnte als „Hofkompositeur" beschäftigt und ihm so den nötigen Freiraum für viele seiner Kompistionen geschaffen hat. Haydn schätzte übrigens den Wein der Esterházy, der bis vor wenigen Jahren im Schlosskeller gekeltert wurde. Inzwischen ist das Weingut nach Trausdorf ausgesiedelt und wenn wir nun in Richtung Neusiedler See fahren, passieren wir die moderne *Winery* direkt an der Hauptstraße nach St. Margarethen und Rust. Ein Abstecher lohnt sich. Die Architektur ist hochmodern, die Technik vom Feinsten und unter der Ahnengalerie in Öl ruhen in den Barriquefässern die wertvollsten Tropfen des traditionsreichen Hauses. Vorbei am Römersteinbruch, dessen Frei-

In Großhöflein blühen die Kirchbäume immer zuerst, sagen die Großhöfleiner (oben links).
Luftflotte: Starenschwarm bei St. Andrä am Zicksee (oben rechts).
Im Vogelreservat Lange Lacke bei Apetlon (links unten). Weingärten bei Großhöflein (rechts unten).

luftbühne jeden Sommer Schauplatz von Konzerten und Opernaufführungen ist, geht es über das Ruster Hügelland hinunter zum See, wo wir erst einmal nach rechts abbiegen und Mörbisch einen Besuch abstatten. Hier spielt sich der Kulturbetrieb auf einer Seebühne ab, sehenswert sind jedoch auch die schönen, alten Langhäuser mit ihren schmalen Innenhöfen. Bekannte Winzer sind die **Schindlers**, die hier als erste mit Top-Rotweinen aufgezeigt haben, der Quereinsteiger **Günther Schönberger** sowie Cabernet-Spezialist und „Wein-Philosoph“ **Bernhard Fiedler**.

Vom Hügel zum Berg

In der kleinen, pittoresken Weinstadt Rust bietet sich ein ganz anderes Bild als im dörflichen Mörbisch. Der Hauptplatz ist von stolzen alten Bürgerhäusern gesäumt und man sollte sich auf jenen Fall einen kleinen Spaziergang durch die Altstadt gönnen, ehe man im köstlichen Heurigen der Schandls, dem lauschigen Hofgarten von Mooslechners Bürgerhaus oder im versteckten „Hofgassl“ versickert. Ruster Wein wird schon seit Jahrhunderten hoch geschätzt und man hat sich im Jahr 1681 den Status einer „Freistadt“ mit Gold und edlem Ausbruchwein von der Obrigkeit erkauft. Dieser hat hier eine lange Tradition und wird von den Top-Winzern des Ortes wie **Feiler-Artinger**, den **Triebaumers** oder **Heidi Schröck** nach wie vor liebevoll gepflegt. In Oggau heißt es schon wieder einkehren, entweder im traditionsreichen **„Herztröpferl“** der **Familie Mad** oder im **Gut Oggau**, wo Eduard Tscheppe und Stephanie Tscheppe-Eselböck im Heurigen zu

Liebevoll restauriert. Die Vinothek von Birgit Braunstein in Purbach.

ihren Weinen kleine Köstlichkeiten servieren. Eselböck at it’s best gibt es im Stammhaus, dem **„Taubenkobel“** in Schützen am Gebirge – seit langem ein Fixstern am kulinarischen Himmel des Burgenlandes und eines der besten Lokale Österreichs. Der Weinkeller ist himmlisch, ein gediegenes Landhotel und die eigene „Greißlerei“ runden dieses Gesamtkunstwerk der Genüsse ab.

Nun streifen wir das Leithagebirge, dessen großes Potenzial erst in den vergangenen Jahren so richtig erkannt wurde. Kalk- und Schieferböden in Verbindung mit den kühlen Winden, die hier am Abend und in der Nacht in Richtung See wehen, sorgen für eine ausgeprägte Terroirnote und intensive Aromen. Nicht zuletzt deshalb greifen schon seit einigen Jahren auch die Top-Betriebe aus Gols gerne nach Lagen im Norden des Neusiedler Sees. In Purbach sollte man den österreichweit einzigartigen Kellerplatz mit seinen hübschen Kellern und Presshäusern gesehen und die Weine der engagierten Winzern Birgit Braunstein gekostet haben und an Leo Hillingers „Landmark“-Weinkeller hoch oben in den Weingärten von Jois kommt man sowieso nur schwer vorbei. Verhungern muss man auf diesem Weg ebenfalls nicht: In Purbach sorgt das Geviert **Gut Purbach – Fossil – Paulis Stuben – Kloster am Spitz** für beste kulinarische Nahversorgung, wobei Letzteres auch Seeblick, Hotel und exzellente Weine mitliefert.

Edelstahl so weit das Auge reicht: moderner Weinkeller von Hans und Christine Nittnaus in Gols.

Die roten Giganten

Da hier der sonst fast durchwegs von einem breiten Schilfgürtel umgebene See einigermaßen frei zugänglich ist, erfreut sich Neusiedl eines regen Bade- und Sporttourismus, wobei auch hier an vielen Häusern das obligate „Flaschenwein"-Schild nicht fehlt, und mancherorts wird dieser Flaschenwein gleich direkt an der Straße angeboten. Ganz andere Formen der Weinpräsentation findet man in der modernen Super-Vinothek des „Weinwerk Burgenland" oder in Fritz Töschs Landgasthof am Nyikospark. Der rührige Patron hat mit seinem Restaurant ein kulinarisch-önophiles Zentrum für die ganze Region geschaffen und dass man an der Bar des Hauses zu späterer Stunde nicht selten die Top-Winzer des Seewinkels antrifft, kann eigentlich kein Zufall sein ...

Auf dem Weg von Neusiedl ins Süßweinparadies des Seewinkels, fahren wir eine echte „Rotwein-Meile" ab. Obwohl in dieser Region, ähnlich wie in Rust, durchaus gute Bedingungen für Weiß- und Prädikatsweine herrschen, haben Winzer wie **Axel Stiegelmar, Josef Pöckl, Gernot Heinrich, Hans Nittnaus, Gerhard Pittnauer, Heinrich Leitner, Judith Beck** oder **Josef Umathum** mit ihren hochkarätigen Rotweinen der Gegend einen eindeutigen Stempel aufgedrückt. Einen Besuch wert ist hier auch **Schloss Halbturn,** wo im herrschaftlichen Ambiente nach einem kräftigen Relaunch des gesamten Weinbaus ebenfalls einige der besten und spannendsten Tropfen der Region der Verkostung harren.

Spätestens ab Frauenkirchen beginnt das Reich der Vögel – das Naturschutzgebiet mit seinen zahlreichen Lacken und Seen bietet nicht nur dem fliegenden Wahrzeichen des Neusiedler Sees, dem Klapperstorch, sondern zahlreichen anderen Vogelarten Unterschlupf – und jenes der süßen Weine. Aufgrund der hohen Luftfeuchtigkeit ist der Botrytis-Pilz hier ein oft und gern gesehener Gast. Er durchsticht die Traubenhaut und durch die darauf folgende Verdunstung von Flüssigkeit steigt der relative Zuckergehalt in der Traube enorm an. Auf diese Weise kann die Spezialität des Seewinkels, hochgradige Prädikatsweine, gekeltert werden. Nur an wenigen anderen Plätzen der Welt wie Tokaj in Ungarn oder Sauternes in Frankreich ist das in diesem Umfang möglich. Zahlreiche internationale Verkostungserfolge der hiesigen Winzer haben die Prädikatsweine des Seewinkels inzwischen weit über die Grenzen des Landes hinaus bekannt gemacht, wobei der viel zu früh verstorbene **Alois Kracher** sicher die Speerspitze war.

Auf der Rückreise von diesem Seewinkel-Trip gibt es noch zwei Highlights, die wir uns für den Schluss aufgespart haben. Entweder man kehrt beim **Lentsch** in Podersdorf ein und lässt sich hier mit köstlichem Essen und den Weinen des Hauses verwöhnen. Oder man macht noch einen Abstecher in die neue **St. Martins Therme und Lodge** bei Frauenkirchen und hängt noch ein, zwei genussvolle Relax-Tage an. Das eine muss das andere allerdings auch gar nicht ausschließen.

NEUSIEDLER-SEE-HÜGELLAND

Winzer&Weine

Spitzenqualität und Vielfalt – das sind die Trümpfe dieser Weinbauregion. Einerseits sorgt der Neusiedler See für ausreichend Feuchtigkeit und ermöglicht so den regelmäßigen Botrytisbefall der Trauben; damit sind beste Voraussetzungen für Hochprädikatsweine gegeben. Das vom Osten und Südosten hereinwirkende pannonische Klima bringt die nötige Wärme, um die Rotweintrauben voll ausreifen zu lassen. Schließlich schützen Leitha- und Rosaliagebirge vor raueren nördlichen Klimaeinflüssen; kühle Fallwinde, die diese Hügelketten überwinden, bewirken die nötige nächtliche Abkühlung, um auch fruchtige und säurebetonte Weißweine keltern zu können.

BREITENBRUNN

Höpler

7091 Breitenbrunn, Heideweg 1
Tel. 02683/239 07-0, Fax -70
E-Mail: office@hoepler.at
Internet: www.hoepler.at

Stark international orientierter Produzent mit klassischem (Blaufränkisch „Kirchberg“, Pinot noir „Rosenberg“) und trendigem Sortiment (Cuvée „K 7“), das auf ein junges Publikum zugeschnitten ist. Besuchenswert sind auch „Höplers Weinräume“ – eine künstlerische, interaktive Installation rund um das Thema Wein (www.weinraeume.at).

DONNERSKIRCHEN

Andreas Liegenfeld

7082 Donnerskirchen, Johannesstraße 25
Tel. 02683/83 07, Fax–4
E-Mail: weingut@liegenfeld.at
Internet: www.liegenfeld.at

Spitzen-Veltliner im Burgenland, gibt’s die? Ja, bei Andreas Liegenfeld. Und dazu weitere fruchtig-elegante Weißweine sowie den burgundisch anmutenden Grünen Veltliner „Leithaber weiß“ und den konzentriert-mineralischen Blaufränkisch „Leithaberg weiß“.

Leopold Sommer

7082 Donnerskirchen, Johannesstraße 25
Tel. 02683/85 04, Fax -4
E-Mail: info@weingut-sommer.at
Internet: www.weingut-sommer.at

Weißwein ist hier Trumpf, doch mit Weinen wie der roten „Cuvée Schieferstein“ zeigt Leopold Sommer, dass er dem Leithaberg auch Rotweine vom Feinsten entlocken kann.

EISENSTADT

Weingut Schloss Esterházy

7000 Eisenstadt, Schloss Esterházy
Weingut und Shop: 7061 Trausdorf 1
Tel. 02682/633 48, Fax -16
E-Mail: wein@esterhazy.at
Internet: www.esterhazywein.at

Im neuen Keller in Trausdorf entsteht eine breite Palette in Weiß-, Rot- und Süß aus Trauben der besten Lagen des nördlichen Burgenlandes. Stars des Ensembles sind der Weißburgunder „Tatschler“, der Merlot „Schneiderteil“ und die Rote Top-Cuvée „Tesoro“. In Kooperation mit Top-Produzenten entstehen außerdem feine Delikatessen (Erich Stekovits) und edle Brände (Alois Gölles).

Hans Moser

7000 Eisenstadt
St. Georgener Hauptstraße 13
Tel. 02682/66 6 07, Fax–4
E-Mail: weingut@hans-moser.at
Internet: www.hans-moser.at

Blaufränkisch in allen Schattierungen (und Flaschengrößen) sowie ein reinsortiger Merlot sind die Trumpfkarten in der Hand von Hans Moser, der aber die gesamte pannonische Palette vom leichten „Welsch“ bis zum Hochprädikatswein anbietet.

Erwin Tinhof

7000 Eisenstadt, Gartengasse 8
Tel. 02682/626 48, Fax 682 32
E-Mail: wein@tinhof.at
Internet: www.tinhof.at

Stark exportorientierter Betrieb mit eleganten und vielschichtigen Rotweinen.

„Rolls Royce“ aus Holz: hölzerne Gärbottiche feinster Machart im Weingut Esterházy in Trausdorf (oben). Alte Holzfässer und neue Barriques im Weingut Kollwentz in Großhöflein (unten). Linke Seite: Blick vom Leithagebirge auf Breitenbrunn und den Neusiedler See.

GROSSHÖFLEIN

Kollwentz

7051 Großhöflein, Hauptstraße 120
Büro & Verkauf: Gartengasse 4 B
Tel. 02682/651 58-0, Fax -13
E-Mail: kollwentz@kollwentz.at
Internet: www.kollwentz.at

Eines der besten und renommiertesten Weingüter Österreichs. Weißweine wie der Sauvignon blanc „Steinmühle" und die burgundisch angehauchten Chardonnays begeistern ebenso wie die Flaggschiff-Cuvée „Steinzeiler", der Blaufränkisch „Point" oder der hochelegante Pinot noir von der Lage Dürr.

Leberl

7051 Großhöflein, Hauptstraße 91
Tel: 02682/678 00, Fax -14
E-Mail: weingut@leberl.at
Internet: www.leberl.at

Bekannt sind die Leberls für ihre strukturierten, dichten und langlebigen Rotweine, allen voran die Cuvée „Peccatum" und der Cabernet-Merlot. Leberl-Weine brauchen etwas Reifezeit, dafür sind ab Weingut oft noch ältere Jahregänge zu vernünftigen Preisen zu haben.

Mariell – Wein & Schnaps

7051 Großhöflein, Hauptstraße 74
Tel.+Fax 02682/615 22
E-Mail: weinundschnaps@mariell.at
Internet: www.mariell.at

Gabi und Richard Mariell wurden zuerst durch ihre vielfach ausgezeichnete Brennerei bekannt, zählen inzwischen aber auch zu den Top-Winzern am Leithaberg. Tipp: der Chardonnay nach einigen Jahren in der Flasche.

Wagentristl

7051 Großhöflein, Rosengasse 2
Tel.+Fax 02682/614 15
E-Mail: weingut@wagentristl.com
Internet: www.wagentristl.com

Das Weingut ist vor allem für seine saftig-vollmundigen Rotweine bekannt, die Struktur haben und üppige Frucht ins Glas bringen.

MÖRBISCH

Schindler

7072 Mörbisch, Neustiftgasse 6
Tel.+Fax 02685/83 26
E-Mail: office@weingut-schindler.at
Internet: www.weingut-schindler.at

Mit seiner roten „Cuvée d'Or" war Franz Schindler in den achtziger Jahren ein Pionier des österreichischen Rotweinbaus. Eine Tradition, die erfolgreich fortgeführt wird. Tipp: der reinsortige Merlot.

Günther Schönberger

7072 Mörbisch, Setzgasse 9
Tel. 03119/28 42, Fax -2
E-Mail: weingut.schoenberger@ccf.at
Internet: www.schönberger.at

Als erfolgreicher Quereinsteiger bewirtschaftet Günther Schönberger inzwischen 23 Hektar Rebfläche nach biologisch-dynamischen Prinzipien und keltert eine bunte Palette von ausgezeichneten Weinen, darunter auch einen Pinot noir und einen Viognier.

Grenzhof-Fiedler

7072 Mörbisch, Weinzeile 2
Tel. 02685/82 76, Fax -4
E-Mail: weingut@grenzhof-fiedler.at
Internet: www.grenzhof-fiedler.at

Der Winzer und Lektor der Weinakademie Rust macht sich viele Gedanken über den Weinbau und lässt seine Kunden und Freunde im Rahmen eines Blogs auch daran teilhaben. Im Keller liegen vor allem interessante Rotweine wie der reinsortige Cabernet Sauvignon.

OGGAU

Weingut Mad/Haus Marienberg

7063 Oggau, Antonigasse 1
Tel. 02685/72 07, Fax -4
E-Mail: office@weingut-mad.at
Internet: www.weingut-mad.at

Die „Herztröpferl", die auch im gleichnamigen Gasthaus der Familie verabreicht werden, sind von großer Substanz. Kein Wunder, keltert man hier doch vor allem Rotweine von besten Lagen in Oggau und Rust wie etwa den stoffig-vollmundigen Blaufränkisch „Marienthal".

Gut Oggau

7063 Oggau, Hauptstraße 31
Tel. 0664/206 92 98
E-Mail: office@gutoggau.com
Internet: www.gutoggau.com

Eduard Tscheppe, den Weinfreunden vom gleichnamigen Weingut in der Südsteiermark noch in bester Erinnerung, hat hier seine neue vinophile Heimat gefunden und keltert nach biologisch-dynamischen Richtlinien Weine, deren Eigenständigkeit sich nicht nur am ungewöhnlichen Etikett ablesen lässt. Nachzukosten ist das unter anderem im angeschlossenen Heurigen „Gut drauf", wo seine Frau Stephanie Tscheppe-Eselböck ihre Gäste mit erlesenen Köstlichkeiten verwöhnt.

OSLIP

Remushof Jagschitz

7064 Oslip, Untere Lerchengasse 15
Tel. 02684/70 22, Fax -6
E-Mail: office@remushof.at
Internet: www.remushof.at

Im Weingut der Familie Jagschitz kann man nicht nur kosten und kaufen, sondern als Hausgast auch bei allen Phasen der Wein-Entstehung mit dabei sein.

PURBACH

Birgit Braunstein

7083 Purbach, Hauptgasse 8
Tel. 02683/59 13, Fax -22
E-Mail: birgit@braunstein.at
Internet: www.braunstein.at

Birgit Braunstein will ihre Weine möglichst im Einklang mit der Natur und den Elementen keltern und stellt ihren Betrieb darum auf biodynamische Bewirtschaftung um. Ihre Weine sind nicht vordergründig, sondern legen ein akkurates Zeugnis vom Terroir am Leithagebirge ab und bestehen durch ihre Mineralik und ihre Individualität. Gekostet haben sollte man unter anderem den Zweigelt „Goldberg" und den Chardonnay „Leithaberg weiß".

Kloster am Spitz

7083 Purbach, Waldsiedlung 2
Tel. 0676/960 88 75, Fax 02683/55 19 23
E-Mail: weingut@klosteramspitz.at
Internet: www.klosteramspitz.at

Thomas Schwarz steht selten in der ersten Reihe und ist, nach der bescheidenen Meinung des Buchautors, doch einer der ganz Großen in Sachen Rotwein. Seine Roten vereinen Stoffigkeit und Vollmundigkeit mit charmanten Beerentönen und dichter, terroirgeprägter Struktur.

Weingut Gmeiner

7083 Purbach, Angergasse 13
Tel. 02683/52 77, Fax 300 65
E-Mail: mail@weingut-gmeiner.at
Internet: www.weingut-gmeiner.at

Leithaberg rot und weiß sind zwei der spannendsten Weine im vor allem vom Rotwein dominierten Sortiment.

RUST

Feiler-Artinger

7071 Rust, Hauptstraße 3
Tel. 026 85/237, Fax -22
E-Mail: office@feiler-artinger.at
Internet: www.feiler-artinger.at

Das Weingut der Familie Feiler-Artinger ist einer der großen, traditionsreichen Betriebe in Rust. Im Keller unter dem prächtigen Bürgerhaus reifen unter der Regie von Kurt Feiler herrliche, auch international beachtete Ausbrüche, edle Rotweine wie der „Solitaire" aber auch feinfruchtige, frische Weiße. Kurzum: Es gibt – fast – nichts, das es hier nicht gibt, und das in bester Qualität.

Weingut Giefing

7071 Rust, Hauptstraße 13
Tel. 02685/379, Fax 607 48
E-Mail: giefing@wein-rust.at
Internet: www.wein-rust.at

Bunte, einprägsame Fantasie-Etiketten, märchenhafte Namen wie „Cardinal", „Marco Polo" oder „Cavallo" und stoffige, mächtige Rotweine sind das Markenzeichen des gelernten Küchenmeisters Georg Giefing.

Schandl

7071 Rust, Haydngasse 3
Tel. 02685/265, Fax -4
E-Mail: info@schandlwein.com
Internet: www.schandlwein.com

Paul Schandl leitet inzwischen die Geschicke im traditionsreichen Familienbetrieb und widmet sich neben einem klassischen Sortiment auch Raritäten wie dem Furmint und dem hierzulande raren Cabernet Franc, der mit Cabernet Sauvignon zur Cuvée verschmolzen wird. Tipp: der Ruster Ausbruch.

Heidi Schröck

7071 Rust, Rathausplatz 8
Tel. 02685/229, Fax -4
E-Mail: heidi@heidi-schroeck.com
Internet: www.heidi-schroeck.com

Die burgenländische Vorzeigewinzerin pflegt persönlich und im Weinbau ihren eigenen Stil. Das Ergebnis sind Weine mit Charakter wie der Furmint, der Muskat, der Blaufränkisch und natürlich der Ruster Ausbruch.

Ernst Triebaumer

7071 Rust, Raiffeisenstraße 9
Tel. 02685/528, Fax 607 38
E-Mail: ernst@triebaumer.com
Internet: www.triebaumer.com

Das Weingut des Rotweinpioniers Ernst Triebaumer wird inzwischen als Familien-Genossenschaft geführt, in der alle mitbesitzen und alle mit anpacken. Der Blaufränkisch „Mariental" hat längst Kultstatus und ist einer der besten Rotweine des Landes. Generell sind die Weine des Hauses Langstreckenläufer; in der Jugend oft etwas unnahbar und verschlossen, werden sie mit jedem Jahr der Lagerung schöner und entfalten ihr ganzes Potenzial.

Links: Hier reifen die „Langstreckenläufer“ von Ernst Triebaumer in Rust.
Rechts: Hübsch aufgeziegelt: das Weingut Prieler in Schützen am Gebirge.

Günter Triebaumer

7071 Rust, Neue Gasse 18
Tel. 0676/472 82 88, Fax 02173/20 081
E-Mail: weingut@triebaumer.at
Internet: www.triebaumer.at

Günter Triebaumer konzentriert sich ganz auf die „Ruster Kernkompetenzen“, die für ihn aus Furmint, Gelbem Muskateller, Blaufränkisch und Ruster Ausbruch bestehen. Das Ziel: das Terroir des Ruster Hügellandes in den Weinen riech- und schmeckbar zum Ausdruck zu bringen.

Seiler

7071 Rust, Setzgasse 10
Tel. 02685/64 49-0, Fax -4
E-Mail: georg.seiler@gmx.at

Mit 400 Jahren Weinbautradition im Rücken keltert man hier die ganze traditionelle Bandbreite des Ruster Weines. Genussvoll nachzukosten im Buschenschank der Familie Seiler im behutsam restaurierten Bürgerhaus an der Adresse Conradgasse 2.

SCHÜTZEN AM GEBIRGE

Prieler

7081 Schützen am Gebirge, Hauptstraße 181
Tel. 02684/22 29, Fax -4
E-Mail: weingut@prieler.at
Internet: www.prieler.at

Mit ihrem Edel-Blaufränker von der steinigen Lage „Goldberg“ holten sich die Prielers die bis dahin höchste Bewertung von Wein-Guru Robert Parker für einen heimischen Rotwein. Eine weitere Bestätigung für die seit vielen Jahren konsequent umgesetzte Qualitätsphilosophie des Hauses, die uns so schöne Weine wie den Pinot noir, die Cuvée „Schützener Stein“ oder den mineralischen Pinot blanc „Seeberg“ bescheren.

ST. GEORGEN

Nehrer

7000 St. Georgen, Hauptstraße 16
Tel: 02682/643 80, Fax-4
E-Mail: weingut@nehrer.at
Internet: www.nehrer.co.at

Der „Leithaberg Rot“ aus Blaufränkisch und Zweigelt ist der Prototyp eines strukturierten, terroirbezogenen und trinkanimierenden Weines und damit die beste Visitenkarte des Hauses.

ST. MAGARETHEN

Rosi Schuster

7062 St. Margarethen, Prangergasse 2
Tel. 02680/26 24, Fax -4
E-Mail: weingut@rosischuster.at
Internet: www.rosischuster.at

Die an Bordeaux erinnernden Top-Weine des Hauses wie die Cuvée „C.M.B.“ bedanken sich für eine mehrjährige Reifephase mit vielschichtigem, animierendem Trinkvergnügen.

WULKAPRODERSDORF

Weingut Mariel

7041 Wulkaprodersdorf
Untere Hauptstraße 51
Tel. 02687/629 95, Fax -4
E-Mail: office@mariel.at
Internet: www.mariel.at

Duftig-frische, elegante Weißweine, reife und kräftige Rote, ein tolles Preis-Leistungs-Verhältnis und dann noch der beliebte Buschenschank – so einfach ist das, im Hause Mariel.

ZAGERSDORF

Rolf Pretterebner

7011 Zagersdorf, Weinberggasse 10
Tel.+Fax 02687/423 10
E-Mail: weinbau@pretterebner.com
Internet: www.pretterebner.com

Rolf Pretterebner geht in Sachen Weinbau eigene Wege und lehnt den übertriebenen Einsatz von Technik ab. Seine Roten sind darum höchst eigenwillige und eigenständige Tropfen, die auf jeden Fall polarisieren.

Essen

DONNERSKIRCHEN

Weingasthof und Vinarium im Leisserhof

7082 Donnerskirchen
Hauptstraße 57
Tel. 02683/86 36, Fax -4
E-Mail: office@leisserhof.at
Internet: www.leisserhof.at

Im historischen Ambiente des Leisserhofes genießt man regionale Küche à la Gourmandise.

EISENSTADT

Henrici

7000 Eisenstadt, Esterházyplatz 5
Tel.: 02682/628 19
E-Mail: restaurant@henrici.at
Internet: www.restaurantesterhazy.at

Hier komponierte Joseph Haydn: Wasserspiele vor dem Schloss Esterházy in Eisenstadt.

In den ehemaligen Hofstallungen des Schlosses Esterházy, die zu stilsicher in ein modernes Restaurant verwandelt wurden, kocht der international erfahrene Chefkoch Michal Rabina Köstlichkeiten aus der österreichisch-pannonischen Küche auf höchstem Niveau.

Ohr

7000 Eisenstadt, Ruster Straße 51
Tel. 02682/62 46-0, Fax -9
E-Mail: info@hotelohr.at
Internet: www.hotelohr.at

Klassisch bodenständig oder gediegen international – man speist in diesem traditionsreichen Haus auf jeden Fall ausgezeichnet.

JOIS

Seejungfrau

7093 Jois, Hafen 1
Tel. 0699/121 916 26
Internet: www.seejungfrau.at

Hafenrestaurant mit mediterraner Küche zum Frühstücken, Chillen unter Tags oder Fisch genießen am Abend.

OGGAU

Zum Herztröpferl

Oggau, s. Winzer

Zur deftig-pannonischen oder kreativ-regionalen Küche genießt man die ausgezeichneten Weine des Familienweinguts.

PURBACH

Fossil

7083 Purbach, Kellergasse 6 K
Tel: 02683/210 25
E-Mail: office@restaurant-fossil.at
Internet: www.restaurant-fossil.at

Dieses „Fossil" präsentiert sich mit einer der feinsten Küchen am Neusiedler See, flankiert von einer Top-Weinauswahl, höchst lebendig.

Gut Purbach

7083 Purbach, Hauptgasse 64
Tel. 02683/560 86
E-Mail: gutpurbach@aon.at
Internet: www.gutpurbach.at:

Der Name ist Programm, denn bei Max Stiegl ist wahrhaftig gut essen. Nicht nur, aber auch, wenn es um köstliche Kreationen aus der Innereienküche geht.

Pauli's Stuben im Landgut Braunstein

7083 Purbach, Fellnergasse 1a
Tel. 02683/55 13-0, Fax -9
E-Mail: restaurant@braunstein.at
Internet: www.braunstein.at

Köstlich-regionale Küche begleitet Birgit Braunsteins Top-Weine und für Müde gibt es komfortable Gästezimmer.

RUST

Inamera

7071 Rust, Oggauer Straße 29
Tel. 02685/64 73, Fax: -18
E-Mail: office@inamera.at
Internet: www.inamera.at

Kulinarische Kreativwerkstatt im stylishen Ambiente mit seit Jahren unverändert hoher Qualität.

Rusterhof

7071 Rust, Rathausplatz 18
Tel. 02685/61 62, Fax -11
E-Mail: office@hotelbuergerhaus-rust.at
Internet: www.hotelbuergerhaus-rust.at

Im kulinarischen „Teilreich" des Mooslechner-Imperiums schmeckte es nicht nur dem „Winzerkönig" der gleichnamigen TV-Serie. Im 1535 erbauten Haus ist gut essen und im Sommer grillt Hausherr Michael Mooslechner selbst für seine Gäste.

Mooslechners Bürgerhaus

Traumhaft revitalisiertes Bürgerhaus aus dem Jahr 1537, mit individuell ausgestatten, luxuriösen Zimmern und einer Küche auf höchstem Niveau. Ein wahres Paradiesgärtlein der Genüsse – nur durch ein Hoftor von der Ruster Hauptstraße getrennt.

Sommergäste am Neusiedler See: Die Störche finden hier einen ihrer bevorzugten Nistplätze.

Sifkovits

7071 Rust, Am Seekanal 8
Tel. 02685/276 oder 360, Fax 360 12
E-Mail: hotel@sifkovits.at
Internet: www.sifkovits.at

Klassischer Weingasthof mit deftig-pannonischer Küche.

Wirtshaus im Hofgassl

7071 Rust, Rathausplatz 10
Tel. 02685/607 63, Fax -4
Internet: www.hofgassl.at

In der fast schon mediterran anmutenden Idylle eines der schönsten Hofgärten von Rust lässt es sich gut sitzen, essen und trinken.

SCHÜTZEN AM GEBIRGE

Taubenkobel

7081 Schützen am Gebirge
Hauptstraße 33
Tel. 02684/22 97-20, Fax -18
E-Mail: restaurant@taubenkobel.at
Internet: www.taubenkobel.at

Der Taubenkobel ist nicht nur eines der besten, sondern auch eines der schönsten Restaurants des Landes. Die Familie Eselböck bietet hier ihren Gästen neben kreativer Küche auf höchstem Niveau und perfektem Weinservice auch gediegene Landhauszimmer zum Übernachten und eine volksnahe „Greißlerei" mit kleinen Snacks und exklusiven Take-away-Produkten.

Über Nacht

Ohr

Eisenstadt, s. Essen

Kloster am Spitz

Purbach, s. Essen

Pauli's Stuben

Purbach, s. Essen

Taubenkobel

Schützen, s. Essen

Die geschmackvoll und individuell eingerichteten Zimmer im Landhaus und das Paradiesgärtlein samt Schwimmbiotop erreichen die Qualität der Muster-Idyllen von „Home & Garden".

Rusterhof

Rust, s. Essen

Mooslechners Bürgerhaus

Rust, s. Essen

Sifkovits

Rust, s. Essen

Seehotel Rust

7071 Rust, Am Seekanal 2–4
Tel. 02685/381, Fax-419
Internet: www.seehotelrust.at

Hier wirkte der Meister: Franz Liszts Blauer Salon im burgenländischen Landesmuseum in Eisenstadt.

Genusstipps

Weinakademie Österreich

(mit Gebietsvinothek)
7071 Rust, Hauptstraße 31
Tel. 02685/685 30, Fax 64 31
Internet: www.weinakademie.at

Buschenschank Schandl

7071 Rust, Haupstraße 20, Tel: 02685/265

Köstliche Küche, tolles Ambiente – unbedingt reservieren!

Hofladen Beate & Richard Triebaumer

Rust, Rathausplatz 4, Tel. 02685/204 38
Internet: www.richardtriebaumer.at

Hier kauft man Weine vom Weingut Ernst Triebaumer und all jene kleinen Köstlichkeiten, die man in Italien „Alimentari" nennt.

Bacchuskeller

Winden am See, Tel. 02160/75 11
Internet: www.weingutleeb.at

Genussvoll schmausen und trinken im alten Gewölbe.

Genussquelle Strohmayer

Breitenbrunn, Prangerstraße 49
Tel. 02683/52 02

Alles rund um die Kirsche und Spezialitäten aus allen Genussregionen des Burgenlandes.

Burgenländisches Weinforum Leisserhof

Donnerskirchen, Hauptstraße 57
Tel. 02683/86 36
Internet: www.leisserhof.at

Regionalvinothek

Vintage

Donnerskirchen, Johannesstraße 32
Tel. 02683/853 44
Internet: www.vintage-neumayer.at

Weinbar mit feinen Weinen des Donnerskirchner Weinquartettts und kulinarischen Köstlichkeiten.

Fleischerei Sandhofer

Purbach, Türkenstraße 1

Exquisite Fleisch- und Wurstspezialiäten wie Kirschenschinken oder Leberpastete mit Kirschen.

Rent-a-Weinstock

Tel. 02683/59 20
Internet: www.purbach.at

Purbacher Winzer vermieten Weinstöcke – einmal selbst Winzer sein.

Klare Linien: das neue Weingut von Judith Beck in Gols.

Neusiedler See

Winzer&Weine

Der Seewinkel ist das heißeste und trockenste Weinanbaugebiet des Landes; rund 1900 Sonnenstunden sind die Voraussetzung dafür, dass hier die Weinlese bereits Anfang September beginnt. Am Nordrand des Neusiedler Sees sorgen kühle Fallwinde aus dem Leithagebirge für ausgeprägt fruchtige Weine, ansonsten dominiert das heiße pannonische Klima. Daraus resultieren hochreife Rotweine vom Cabernet Sauvignon über den Blaufränkisch und Zweigelt bis hin zu St. Laurent und Pinot noir. Im südlichen Seewinkel ermöglicht der regelmäßige Botrytisbefall der Trauben regelmäßig das Keltern von Hochprädikatsweinen.

APETLON

Weingut PMC Münzenrieder

7143 Apetlon, Triftgasse 21
Tel. 02175/22 81, Fax 260 13
Mobil: 0699/133 115 82
E-Mail: office@weingut-pmc.at
Internet: www.weingut-pmc.at

Im neu gebauten Keller dieses schnell gewachsenen Weinguts liegen allerhand köstliche Tropfen wie der reinsortige Merlot, die Cuvée „Diabolus" oder der Pinot noir „Vom Dorn".

Ernst Steindorfer

7143 Apetlon, Illmitzerstraße 25
Tel. 02175/22 41, Fax -4
E-Mail: nationalparkvinothek@aon.at
Internet: www.weingut-steindorfer.at

Vom Muskateller bis zur Trockenbeerenauslese reicht das Sortiment, dessen Star die vollmundige Rotwein-Cuvée „STE" ist.

Weingut Velich

7143 Apetlon, Seeufergasse 12
Tel. 02175/31 87, Fax -4
E-Mail: weingut@velich.at
Internet: www.velich.at

Chardonnay – allen voran der Top-Wein „Tiglat" – ist die Passion von Heinz Velich, der aber auch exzellente Hochprädikatsweine keltert.

FRAUENKIRCHEN

Umathum

7132 Frauenkirchen, St. Andräer Straße 7
Tel. 02172/244 00, Fax 217 34
E-Mail: office@umathum.at
Internet: www.umathum.at

Die Cuvée „Hallebühl" machte Josef Umathum bekannt, doch sein Sortiment bietet zahlreiche Highlights vom Blaufränkisch „Joiser Kirschgarten" über den St. Laurent vom Stein bis zum mineralischen Pinot gris.

GOLS

Paul Achs

7122 Gols, Neubaugasse 13
Tel. 02173/23 67, Fax 34 78
E-Mail: office@paul-achs.at
Internet: www.paul-achs.at

„Mister Pinot noir" setzt immer mehr auf Lagen-Blaufränkisch aus besten Golser Rieden, mit denen er zu Recht höchste Bewertungen einfährt.

Werner Achs

7122 Gols, Goldberg 5
Tel 02173/239 00, Fax 239 96
E-Mail: mail@wernerachs.at
Internet: www.wernerachs.at

Der Senkrechtstarter macht nur ganz wenige verschiedene Weine – doch diese Fokussierung macht sich in höchster Qualität bemerkbar.

Angerhof Hans Tschida

7142 Illmitz, Angergasse 5
Tel. 02175/31 50, Fax -4
E-Mail: weingut@angerhof-tschida.at
Internet: www.angerhof-tschida.at

Einer der profiliertesten Prädikatsweinwinzer des Seewinkels – vielfach ausgezeichnet.

Judith Beck

7122 Gols, Untere Hauptstraße 108
Tel. 02173/27 55, Fax -4
E-Mail: judith@weingut-beck.at
Internet: www.weingut-beck.at

Im schmucken, neuen Weingut keltert die engagierte junge Winzerin elegante, ausdrucksstarke Weine, wobei ihre besondere Liebe den Burgundersorten gehört.

Gsellmann & Hans

7122 Gols, Obere Hauptstraße 38
Tel. 02173/22 14, Fax -14
E-Mail: wein@gsellmann.at
Internet: www.gsellmann.at

Sehr gute Rotweine von Golser Spitzenlagen wie Goldberg und Gabarinza.

Gernot & Heike Heinrich

7122 Gols, Baumgarten 60
Tel. 02173/31 76-0, Fax -4
E-Mail: weingut@heinrich.at
Internet: www.heinrich.at

Von hervorragenden Lagen in Gols und am Leithagebirge keltern die Heinrichs Weine im großen Stil: Das gilt für die Menge ebenso wie für die Qualität. Tipp: Sparen Sie auf eine Flasche „Salzberg".

Weingut Juris Axel & Herta Stiegelmar

7122 Gols, Makrtgasse 12–18
Tel. 02173/27 48, Fax 33 23
E-Mail: office@juris.at
Internet: www.juris.at

Weine wie die Cuvée „Ina'mera", der St. Laurent oder Pinot noir sind keine austauschbaren „Trinkmarmeladen", sondern charaktervolle, feingliedrige Weine mit forderndem Gerbstoff. Animierendes Trinkvergnügen für Kenner.

Leitner

7122 Gols, Quellengasse 33
Tel.+Fax 02172/25 93
E-Mail: weingut@leitner-gols.at
Internet: www.leitner-gols.at

Der Syrah wurde zum Markenzeichen des Hauses, doch die Pannobiles in Weiß und Rot stehen ihm in nichts nach.

Heinrich Lunzer

7122 Gols, Breitenäcker 1
Tel. 02173/25 00, Fax 200 55
E-Mail: weingut@heinrich-lunzer.at
Internet: www.heinrich-lunzer.at

Seit langem keltert Heinrich Lunzer Weine von verlässlich hoher Qualität. Highlights: die rote Cuvée „D'amitié" und die Burgunder-Sorten.

Michaela und Gerhard Lunzer

7122 Gols, Untere Hauptstraße 98
Tel. 02173/33 64, Fax 200 36
E-Mail: weingut.mg.lunzer@aon.at
Internet: www.lunzerwein.at

Hinter dem Etikett mit den schlichten Tusche-Zeichnungen verbergen sich stoffige Rotweine mit fester Struktur und üppiger Beerenfrucht.

Hans Nittnaus

7122 Gols, Untere Hauptstraße 49
Tel.+Fax 02173/22 48
E-Mail: office@nittnaus.at
Internet: www.nittnaus.at

Hans Nittnaus wollte es noch nie jedem recht machen und dennoch wurde sein „Comondor" von allen geliebt. Immer wieder beschreitet er neue Wege, die ihn unter anderem zum Leithabebirge führen, wo er das größte Potenzial für Terroir-Weine sieht.

Hans und Christine Nittnaus

7122 Gols, Untere Hauptstraße 105
Tel. 02173/21 86, Fax–4
E-Mail: h.c.nittnaus@aon.at
Internet: www.nittnaus.at

Hans und Christine Nittnaus haben sich mit Weinen wie den Rotweincuvées „Vigor Rubeus" oder „Nit ana" in der Spitze des Golser Weinbaus etabliert

Pittnauer

7122 Gols, Neubaugasse 90
Tel: 02173/34 07, Fax 200 88
E-Mail: pittnauer@utanet.at
Internet: www.pittnauer.com

Die Sorten St. Laurent und Pinot noir stehen bei Gerhard Pittnauer stets im Mittelpunkt. Auf hohem Qualitätsniveau geht es ihm inzwischen immer stärker darum, den Charakter einzelner Lagen in seinen Weinen zum Ausdruck zu bringen.

Claus Preisinger

7122 Gols, Obere Hauptstraße 33
Tel. 02173/25 92, Fax 200 00
E-Mail: wein@clauspreisinger.at
Internet: www.clauspreisinger.at

Claus Preisinger kam spät (im Jahr 2000) und war mit seinen charaktervollen Rotweinen wie der Cuvée Paradigma und später dem Pinot noir höchst erfolgreich.

Helmut Preisinger

7122 Gols, Neubaugasse 19
Tel. 02173/23 62, Fax -40
E-Mail: office@weingut-preisinger.at
Internet: www.weingut-preisinger.at

Langweilig wird es mit den Weinen Helmut Preisingers nie, denn neben „ganz normalen" Tropfen keltert er auch eine Reihe von Extravaganzen, die vielleicht nicht jedermanns Sache, aber immer höchst spannend sind.

Helmut Renner

7122 Gols, Obere Hauptstraße 97
Tel. 02173/22 59, Fax -4
E-Mail: wein@rennerhelmuth.at
Internet: www.rennerhelmuth.at

Eine erste Adresse im Golser Weinbau mit einem facettenreichen Angebot, das vom animierenden Trinkwein bis zu hochkarätigen Roten wie dem Zweigelt „Altenberg", dem Syrah und dem roten Pannobile reicht.

HALBTURN

Schloss Halbturn

7131 Halbturn, Im Schloss
Tel. 0 21 72/201 62, Fax -14
E-Mail: wein@schlosshalbturn.com
Internet: www.schlosshalbturn.com

Durch das Engagement von Wein-Wunderwuzzi Carlo Wolf und eine mächtige Investition wurde aus einem traditionsreichen, aber dahindümpelnden Weingut ein Spitzenweingut, geformt nach dem Vorbild französischer Châteaux. Von hervorragenden Lagen stammen Rotweine wie der St. Laurent, der Pinot noir oder die Cuvée „Jungenberg", die sich mit den besten des Landes messen können.

ILLMITZ

Weinlaubenhof Kracher

7142 Illmitz, Apetlonstraße 37
Tel. 02175/33 77, Fax -4
E-Mail: office@kracher.at
Internet: www.kracher.at

Mit dem Welterfolg seiner Süßweine hat Alois Kracher ein Stück österreichischer Weingeschichte geschrieben. Seit seinem unerwarteten Tod führen sein Sohn Gerhard und seine Witwe Michaela Kracher das Weingut in seinem Sinne weiter. Neben den Hochprädikatsweinen, die zu den besten der Welt gehören, steht der Name Kracher auch für höchst erfolgreiche Joint-Ventures wie das kalifornische Süßweinprojekt „Mr. K" mit dem austro-amerikanischen Edel-Gastronomen und Kultwinzer Manfred Krankl.

Gerhard Nekowitsch

7142 Illmitz, Urbanusgasse 2
Tel. 021 5/20 39, Fax -4
E-Mail: info@nekowitsch.at
Internet: www.nekowitsch.at

Man muss keinen großen Betrieb haben, um große Weine zu keltern. Das beweist Gerhard Nekowitsch mit seinen herrlichen Schilfweinen von roten und weißen Trauben. Prädikat: Edel!

Salzl Seewinkelhof

7142 Illmitz, Obere Hauptstraße 16
Tel. 02175/23 40, Fax -4
E-Mail: salzl@salzl.at
Internet: www.salzl.at

Hier ist gut wohnen, aber nicht weniger gut trinken. Im Süßwein-Mekka profilierten sich die Salzls vor allem mit hochkarätigen Rotweinen wie der Cuvée „3-5-8", die namentlich und qualitativ an eine große Partagas-Zigarre erinnert.

Schwarz

7163 Andau, Hauptgasse 21
Vertrieb: Fine Wine Trade GmbH
Tel. 02175/33 77, Fax -4
E-Mail: fine-wine-trade@kracher.at
Interenet: www.thebutcher.at

Alois Kracher und Manfred Krankl waren die Geburtshelfer des ungewöhnlichen Weinprojektes von Fleischhauermeister Hans Schwarz. Das Ergebnis sind höchst ungewöhnliche Weine wie „Schwarz Rot" und „Schwarz Weiß", die im Grunde eine Kategorie für sich darstellen.

Bei der Eröffnung landeten die Hubschrauber auf dem Dach: Weingut von „Wild Leo“ Hillinger in Jois.

JOIS

Hillinger

7093 Jois, Hill 1
Tel. 02160/83 17-0, Fax -17
E-Mail: office@leo-hillinger.com
Internet: www.leo-hillinger.net

Leo Hillinger ist anders als die anderen Winzer. Er designt – eine Winery, Outlet-Shops, Weine und: sich selbst. Und, das muss man ihm lassen: Er tut das alles höchst erfolgreich.

Martin Pasler

7093 Jois, Obere Hauptstraße 44
Tel. 0664/380 21 84, Fax 02160/711 43
E-Mail: office@pasler.com
Internet: www.martinpasler.com

Von der Technik zum Terroir – so lässt sich der Werdegang von Martin Pasler kurz beschreiben. Von hervorragenden Lagen am Leithagebirge keltert er charaktervolle und individuelle Weine in allen Spielarten.

MÖNCHHOF

Pöckl

7123 Mönchhof, Zwergäcker 1
Tel. 02173/802 58, Fax -44
E-Mail: info@poeckl.com
Internet: www.poeckl.com

Geht es um Spitzenrotwein aus Österreich, führt am Namen Pöckl kein Weg vorbei. Der „Admiral“ ist das Flaggschiff des Hauses, der „Rêve de Jeunesse“ ist ihm Jahr für Jahr ein ebenbürtiger Kompagnon.

PODERSDORF

Josef Lentsch (Zur Dankbarkeit)

7141 Podersdorf/See, Hauptstraße 39
Tel. 02177/22 23, Fax -4
E-Mail: office@dankbarkeit.at
Internet: www.dankbarkeit.at

Bei Josef Lentsch überzeugen schon die sogenannten „Hausweine“, doch Pinot noir und der Pinot gris bringen den Gaumen ebenso zum Singen wie die edelsüßen Hochprädikatsweine.

TADTEN

Richard Goldenits

7162 Tadten, Obere Hauptstraße 9
Tel.+Fax: 02176/36 38
E-Mail: office@goldenits.com
Internet: www.goldenits.com

Aus biologisch bewirtschafteten Weingärten keltert Robert Goldenits die gesamte Palette – und als Draufgabe noch edle Brände.

Robert Goldenits

7162 Tadten, Untere Hauptstraße 8
Tel. 02176/22 94, Fax -11
E-Mail: robert@goldenits.at
Internet: www.goldenits.at

Mit seinen Cuvées „Tetuna“ und „Mephisto“ hat Robert Goldenits eindrucksvoll bewiesen, dass auch im wärmsten Winkel des Burgenlands charaktervolle Rotweine entstehen können.

Günter Fink

7151 Wallern, Bahnstraße 66
Tel.+Fax 02174/23 84
Mobil 0664/12 74 681
E-Mail: weingut@fink.net
Internet: www.fink.at

Es gibt kaum etwas Flüssiges, das hier nicht angeboten wird: Dazu zählen Wein in allen Facetten, Essig, Öl und edle Brände – und das alles in hoher Qualität.

Erich Sattler

7162 Tadten, Obere Hauptstraße 10
Tel.+Fax 02176/281 82
E-Mail: office@weinbausattler.at
Internet: www.erichsattler.at

Dass Erich Sattler sein Wein-Know-how unter anderem in Kalifornien erworben hat, drückt sich einerseits in witzigen Weinnamen wie „Brother my cup is empty" und andererseits in mächtigen, vollmundigen und dicht gestrickten Weinen aus.

Essen

Friedrich Tschida Zum fröhlichen Arbeiter

7143 Apetlon, Quergasse 98
Tel.+Fax 02175/22 18
Internet: www.tschida.at

Zur bodenständigen Küche trinkt man hier Weine aus der Vinothek, die rund 150 Positionen der regionalen Weinelite beherbergt.

Altes Brauhaus

7132 Frauenkirchen, Kirchenplatz 27
Tel. 02172/22 17, Fax -4
E-Mail: paprikawirtin@altesbrauhaus.at
Internet: www.altesbrauhaus.at

Im Zentrum der pannonischen Küche steht der Paprika und dazu trinkt man hier eher Wein als Bier.

Sittinger

7132 Frauenkirchen, Hauptstraße 39
Tel. 02172/23 07, Fax 200 94
E-Mail: landgasthaus@sittinger.at
Internet: www.sittinger.at

Auf den Teller kommen Wildgerichte, Weidelamm oder Neusiedler-See-Fischsuppe – und die hauseigene Vinothek liefert dazu die stimmige Begleitung.

Birkenhof

7122 Gols, Birkenplatz 1
Tel. 02173/23 46-0, Fax -33
E-Mail: info@birkenhofgols.at
Internet: www.birkenhofgols.at

Zimmer – Küche – Wein aus eigener Produktion; hier fehlt dem Weinlandpilger nichts.

Varga

7122 Gols, Untere Hauptstraße 123
Tel. 02173/22 31, Fax 200 96
Internet: www.varga.co.at

Emmerich Varga sorgt als Berufsfischer dafür, dass man hier stets Seefische in bester Qualität auf dem Teller hat.

Illmitzer

7142 Illmitz, Sandgasse 16
Tel.+Fax 02175/21 47
E-Mail: haider@illmitzer.com
Internet: www.illmitzer.com

Hier wird alles verarbeitet, was in und um Illmitz wächst und gedeiht – natürlich auch der Wein.

Johannes-Zeche

7142 Illmitz, Florianigasse 10
Tel: 02175/23 35, Fax -5
E-Mail: office@johannes-zeche.at
Internet: www.johannes-zeche.at

Zu authentisch-pannonischer Küche trinkt man hier regionale Weine aus der hauseigenen Seewinkel-Vinothek.

Presshaus

7142 Illmitz, Apetlonerstraße 13
Tel. 02175/27 30, Fax 260 25
Internet: www.presshaus.com

Wo die Winzer sind, da lass dich nieder. Wo sonst gibt's zum Krautfleisch auch Bordeaux?

Landgasthaus am Nyikospark

7100 Neusiedl am See
Untere Hauptstraße 59
Tel.+Fax 02167/402 22
E-Mail: landgasthaus@nyikospark.at
Internet: www.nyikospark.at

In einem der schönsten Lokale des Burgenlandes gibt's zu kreativer Küche auf hohem Niveau alles, was das Herz des Weinfreundes begehren könnte.

Zur alten Mauth

7100 Neusiedl am See
Eisenstädter Straße 205
Tel. 02167/81 29, Fax 88 30
E-Mail: gerhard@mauth-windholz.at
Internet: www.mauth-windholz.at

In seinem unscheinbar wirkenden „Rasthaus" zelebriert Küchenmeister Gerhard Windholz pannonische Küche at it's best. Legendär: der Heringsschmaus.

Gasthaus zur Dankbarkeit

7141 Podersdorf, Hauptstraße 39
Tel. 02177/22 23, Fax -4
E-Mail: dankbarkeit@magnet.at
Internet: www.dankbarkeit.at

Unerschöpfliche Weinauswahl im modernen Ambiente: das Weinwerk in Neusiedl am See.

Der Klassiker im Seewinkel. „Ihr Wirt und Winzer – Josef Lentsch" – das ist wörtlich zu nehmen, in diesem gemütlichen Lokal, in das man immer wieder gern einkehrt.

Über Nacht

Feriendorf Seepark Weiden

7121 Weiden
Tel. 02167/73 22, Fax 77 00
E-Mail: welcome@seepark.at
Internet: www.seepark.at

Wohnen in hübschen Chalets am Wasser.

Hotel Wende

7100 Neusiedl am See, Seestraße 40–42
Tel. 02167/81 11, Fax -649
E-Mail: anfrage@hotel-wende.at
Internet: www.hotel-wende.at

Birkenhof

Gols, s. Essen

Hotel-Feriendorf Vila Vita Pannonia

7152 Pamhagen, Storchengasse 1
Tel. 02175/21 80-0, Fax -44
E-Mail: info@vilavitapannonia.at
Internet: www.storch.at

Gute Küche und eine bestens sortierte Vinothek mit 10.000 Flaschen.

St. Martins Therme und Lodge

7132 Frauenkirchen, Im Seewinkel 1
Tel. 02172/20 500
E-Mail: info@stmartins.at
Internet: www.stmartins.at

Die neue Therme im Seewinkel ist der ideale Platz zum Relaxen, Wohnen, Genießen ...

Hotel Nationalpark

7142 Illmitz, Apetloner Straße 56
Tel.: 02175/36 00, Fax -4
E-Mail: office@hotel-nationalpark.com
Internet: www.hotel-nationalpark.com

Haus im See

9400 Fertörakos/Ungarn
Am Ende der Hauptmole
Tel.+Fax 0036/993 553 19
oder 0664/541 37 11
Internet: www.hausimsee.at

Romantisches Hideaway im Wasser, das zum Eselböck-Imperium gehört und auch mit dem entsprechenden Qualitätsanspruch geführt wird.

Genusstipps

Sailers Vinothek

7132 Frauenkirchen, Kirchenplatz 27
Tel. 0664/410 96 97
E-Mail: vinothek@sailers.at
Internet: www.sailers.at

Burgenländische Spitzenweine und regionale Spezialitäten unter anderem von Erich Stekovics.

Nationalparkvinothek Steindorfer

Apetlon, s. Winzer

Blumen Thell

7121 Weiden am See, Obere Hauptstraße 37
Tel. 02167/401 58, Fax 701 70,
E-Mail: weinladen@blumen-thell.at
Internet: www.blumen-thell.at

Origineller Mix aus Blumenhandlung und Vinothek.

Weinwerk Burgenland

7100 Neusiedl am See
Obere Hauptstraße 31
Tel. 02167/207 05 , Fax -40
E-Mail: vinothek@weinwerk-burgenland.at
Internet: www.weinwerk-burgenland.at

Moderne, auch architektonisch eindrucksvolle Vinothek im historischen Gemäuer. Rund 400 Weine von 140 Produzenten bieten hier einen eindrucksvollen Überblick über das burgenländische Weinschaffen.

Weinkulturhaus und Tourismusinformation Gols

7122 Gols, Hauptplatz 20
Tel. 2173/200 39, Fax -4
E-Mail: info@weinkulturhaus.at
Internet: www.weinkulturhaus.at

Heuriger Preschitz

7100 Neusiedl am See
Kalvarienbergstraße 29
Tel. 02167/72 62
Internet: www.preschitz.at

Engagiert geführter Heuriger mit hervorragenden, regionalen Produkten.

Gowerl Haus

7142 Illmitz, Apetlonerstraße 17
Tel. 02175/263 77
Internet: www.gowerlhaus.at

In diesem gemütlichen Heurigen dreht sich alles um Produkte vom köstlichen Mangalizaschwein.

Fleischerei Karlo

7152 Pamhagen, Rosengasse 1
Tel. 02174/21 26
Internet: www.fleischerei-karlo.at

Hervorragende Produkte vom typischen grauen Steppenrind.

Seewinkler Nudeln

7152 Pamhagen, Hauptraße 53
Tel. 02174/21 46

Nudeln in allen Variationen – bunt und gut.

Gemüseschaugarten „Schmidis Garten"

7151 Wallern, Hauptstraße 36
Tel. 0664/1032 13
Internet: www.gemueseschaugarten.at

Dem Gemüse beim Wachsen zuschauen – kosten und kaufen.

Bio-Schafzucht Hautzinger

7162 Tadten, Jägerweg 15
Tel. 02176/26 93
Internet: www.schafzucht-hautzinger.at

Joghurt und Käse aus Bio-Schafmilch, handwerklich erzeugt.

Paradeiserkaiser Erich Stekovics

7132 Frauenkirchen, Podersdorferstr. 24
Tel. 0676/966 07 05
Internet: www.stekovics.at

Sein Leben gehört der Tomate – die er in rund 3.000 Spielarten züchtet. Bekannt sind auch Stekovics' herrliche eingelegte Gemüse & Co.

Natur&Erleben

Rosarium Bad Sauerbrunn

300 verschiedene Arten auf einer Fläche von 4.000 Quadratmetern, ein Duft- und Farbentheater der besonderen Art im Kurpark am Hauptplatz, Highlight ist das Rosenfest im Juni, *www.rosarium.at*

Besuch im Windpark

Windmühlen, von denen unsere Vorfahren nur träumen konnten, drehen sich in Weiden am See. Führungen nach Anmeldung, *Tourismusverband Weiden am See,*
Tel.: 02167/74 27, www.weiden-see.at

Römersteinbruch St. Margarethen

ist einer der ältesten und größten Steinbrüche Europas. Im Ausstellungsraum sind Fossilfunde der letzten Jahrzehnte ausgestellt, 10 Stationen führen durch das Freigelände, St. Margarethen-Berg, von April bis Oktober zu besichtigen.
www.roemersteinbruch.at

Kunst & Kultur

Schloss Esterházy

Das Barockschloss bietet einen Einblick in die Welt der Fürstenfamilie, Führungen, in den Kellergewölben befindet sich ein Weinmuseum, Esterházyplatz 5, Eisenstadt, *www.esterhazy.at*

Schloss Halbthurn

ist der bedeutendste Barockbau des Burgenlandes. Ein Juwel ist das Deckenfresko „Allegorie der Zeit und des Lichtes" im Hauptsaal des Schlosses; wunderbare Parkanlage, *www.schlosshalbthurn.at.*

Burg Forchtenstein

Ein mächtiges Bollwerk mit Schatzkammer, Ahnengalerie und Waffensammlung, von

Hier entstehen prima St. Laurents und Pinot noirs: Weingut Gerhard Pittnauer in Gols.

April bis Oktober zu besichtigen. *www.burg-forchtenstein.at*

Dorfmuseum Mönchhof

Bahngasse 63, Mönchhof
Volkskultur zum Anfassen in 20 Gebäuden, sogar ein Kino gibt es. *www.dorfmuseum.at*

ATELIERS/GELERIEN

Martin Lang

Kinogasse 13, Mörbisch
Ölgemälde, Porträts

Kunsthaus Rust

Neben Kunst findet man in dem Ruster Winzerhaus Schmuck, Glasobjekte und Designobjekte; *Kunsthaus Rust, Kirchengasse 9, Rust, www.kunsthausrust.at*

ARCHITEKTUR

Mole west

Passt sich mit seiner dunkelgrauen Blechfassade an die Farbe des Sees an, sehr stylish mit viel Glas und edlen Materialien, Halbritter & Hillerbrand, Neusiedl am See

Wein und Architektur lässt sich wunderbar verbinden. Im vergangenen Jahrzehnt haben sich viele Weingüter rund um den Neusiedler See auch äußerlich modernisiert:

Weingut Umathum, Frauenkirchen. *Architekt: Martin Promintzer.*
Weingut Erich Sattler , Tadten. *Architekt: Architects Collective.*
Weingut Heinrich, Gols. *Architekt: propeller z.*
Weingut Preisinger, Gols. *Architekt: propeller z.*
Weingut Esterházy, Trausdorf. *Architekten: A. Mayerhofer, Pichler & Traupmann mit 3:0.*
Weingut Beck, Gols. *Architekten: Halbritter Hillerbrand.*
Weingut Hillinger, Jois. *Architekten: gerner°gerner plus.*
Weingut Kollwentz, Großhöflein. *Architekt: Anton Mayerhofer.*
Weingut Kracher, Illmitz. *Architekten: Halbritter u. Hillerbrand.*
Weingut Renner, Gcls. *Architekt: Otmar Hasler.*
Wein.Mariell, Grosshöflein. *Architekten: creuz & quer.*
Weingut Pittnauer, Gols. *Architekten: Halbritter u. Halbritter, AWG.*

TERMINE

Fest der 1000 Weine (Eisenstadt)
Ruster Weinschätze (Apr)
Mörbisch zur Weinblüte (Juni)
Mörbischer Weinfesttage (Juli)
Mörbischer Weinlesefest (Okt)

Veranstaltungskalender unter:
www.neusiedlersee.com

Weinstraße Carnuntum

Edler Wein vom Römerstein

Carnuntum ist, wie der Name ja schon andeutet, alter römischer Kulturboden. Die Weine, die dort gekeltert werden, vereinen im Idealfall das Beste aus Niederösterreich und dem Burgenland.

Zu sagen, dass schon die alten Römer irgendwo Weinbau betrieben haben, ist zwar kein besonders reißerischer Anfang für eine Geschichte, aber andererseits inhaltlich auch selten verkehrt. In Carnuntum kann man das jedenfalls mit Fug und Recht behaupten und diese Behauptung mit steinernen Zeugen der Geschichte auch eindrucksvoll untermauern. Denn der Ort Carnuntum – bestehend aus einem Legionslager und einer zivilen Siedlung – war die Hauptstadt der Provinz Ober-Pannonien und die wichtigste römische Ansiedlung auf dem Gebiet des heutigen Österreich. Und weil da, wo die Römer waren, der Wein auch nicht weit war, können die Winzer dieses Landstrichs auf eine Weinbautradition zurückblicken, die zumindest bis zur Römerzeit zurückreicht.

Das, mögen Sie jetzt vielleicht einwenden, hat in Zeiten des Stahltanks und des biologischen Säureabbaus nicht mehr allzu viel zu bedeuten. Natürlich, die Methoden der Weinbereitung haben sich in den vergangenen zweitausend Jahren etwas verändert und, glücklicherweise, auch verbessert. Was jedoch im Großen und Ganzen gleich geblieben ist, sind die Bedingungen, die Böden und Klima für den Weinbau bieten. Hier zählt das Gebiet im Osten von Wien sicher zu den begünstigten in Österreich. Vereinfacht gesagt, vereint es nämlich die Vorzüge des niederösterreichischen und des burgenländischen Weinlandes. Vom Norden, also Niederösterreich, kommen die kühleren Einflüsse, die den Weinen Frucht, Säure, Struktur und Frische bringen. Vom Süden und Osten dagegen macht sich der warme, pannonische Klimaeinfluss bemerkbar – er lässt die Trauben reifen und schafft vollmundige Weine mit weicher Textur.

Der besondere Reiz der Weinbauregion Carnuntum liegt deshalb darin, dass hier sowohl für Weiß- als auch für Rotweine gleichermaßen gute Bedingungen herrschen, wenngleich sich in den vergangenen Jahren das Augenmerk immer stärker auf die

Rebenmeer mit sanften Wellen: die Weingärten von Göttlesbrunn.

Roten gerichtet hat. Den Anfang machten dabei Weine der Sorte Zweigelt, die – und dabei handelt es sich offensichtlich um eine besondere Vorliebe der Göttlesbrunner Winzer – nach seltenen, in der Region nistenden Vögeln benannt wurden: Hans Pitnauers „Bienenfresser“ und Walter Glatzers „Dornenvogel“ sind schon legendär. Neben dem Zweigelt zählen in der Region um Göttlesbrunn die Rebsorten St. Laurent, Pinot noir und Cabernet Sauvignon zu den wichtigsten, wobei sich da und dort auch Merlot und Syrah dazugesellen. Am Spitzerberg hingegen liegt das Hauptaugenmerk eindeutig auf der Sorte Blaufränkisch, die inzwischen geradezu eine Hochkonjunktur erlebt.

Mächtig sei der Rotwein

Das alles findet man praktisch vor der Haustüre von Wien – darum eignet sich Carnuntum auch bestens für vinophile Kurztrips und Einkaufstouren im Nahbereich der Großstadt. Das Gebiet beginnt bei Fischamend und erstreckt sich südlich der Donau bis Berg, an der slowakischen Grenze. Der ideale Zubringer ist die Flughafen- oder Ostautobahn wobei man entweder in Fischamend abfährt und auf Nebenstraßen über das Arbesthaler Hügelland nach Arbesthal gelangt oder die Autobahn erst bei Bruck an der Leitha verlässt und zwei, drei Kilometer nach Göttlesbrunn zurückfährt. Es lohnt sich aber, auch hier ein bisschen durch die Gegend zu streifen, denn wo noch vor wenigen Jahren in Sachen Kulinarik bereits die Wüste begann, findet man heute gleich zwei absolut besuchenswerte Oasen vor: den **Haslauerhof** im kleinen Örtchen Haslau an der Donau, der es immerhin zum niederösterreichischen Top-Wirt gebracht hat, und den **Muhr** in Gallbrunn, wo es in der Küche noch etwas mehr in Richtung Gourmandise geht. Wenn man schon hier unten ist, sollte man, ausgerüstet mit einem Navi oder einer detaillierten Straßenkarte, auch gleich den Winzer **Trapl** in Stixneusiedl besuchen, eines der hoffnungsvollsten Nachwuchstalente der Region.

Nach diesen lohnenden Vorgeplänkeln bewegen wir uns nun ins Herz des Gebietes, zu den drei benachbarten Orten Göttlesbrunn, Höflein und Arbesthal. Vor allem in Göttlesbrunn erlebte ab Mitte der 1990er-Jahre der Rotwein einen enormen Aufschwung. Neben den schon erwähnten Pionieren waren es Namen wie **Gerhard Markowitsch, Grassl, Netzl** und später auch **Lukas Markowitsch, Taferner** oder **Pimpel**, die mit ihren modern gemachten, stoffig-mächtigen Rotweinen nach und nach im Radar der Wein-Scouts auftauchten. Mit dem Aufschwung des Weinbaus entwickelte sich auch die dazugehörige Infrastruktur. Wohnen und Essen waren hier lange Zeit ein Problem, doch inzwischen findet man in Göttlesbrunn nicht nur ein weiches Kissen, sondern mit dem **„jung-Wirt“** und dem **„bittermann Vinarium“** gleich zwei Kultstätten von gepflegter Gastlichkeit und Weinkultur. Von Letzterer legt auch ein weit über 200 Jahre alter Weinstock Zeugnis ab, der im Hof des Restaurants **„Hazienda“ (Gasthof zum Alten Weinstock)** in der Weinbergstraße von Göttlesbrunn steht. Alljährlich liefert der Methusalem, der als einer der ältesten Europas gilt und dessen Geäst sich über eine Fläche von 140 Quadratmetern ausbreitet, rund 300 Liter Saft der inzwischen fast ausgestorbenen Braunen-Veltliner-Traube. Das können die umliegenden Orte Arbesthal und Höflein nicht bieten, engagierte Winzer hingegen schon. Dazu zählen unter anderen **Johann Böheim** und **Robert Nadler** in Arbesthal und das Weingut **Artner** in Höflein, wo nicht nur ein guter Buschenschank betrieben, sondern auch einige der schwergewichtigsten Rotweine des Landes gekeltert werden.

Schmale Pforte: das Wiener Tor in Hainburg.

Von den Römern zum Spitzerberg

Weiter geht es jetzt in Richtung Petronell und somit ins Reich der Römer. Nimmt man die kleine Straße von Höflein über die

Bekannt ist die Region für ihren Rotwein. Doch auch Grüner Veltliner, Weißburgunder & Co. finden hier ausgezeichnete Bedingungen vor.

Felder, so kommt man direkt am berühmten „Heidentor“ vorbei und passiert anschließend in Carnuntum Petronell den Archäologischen Park mit seinen Ausgrabungen. Ein wenig südlich von hier befindet sich die zu Prellenkirchen gehörende Großlage Spitzerberg. Ehemals war hier das Weinbau-Zentrum der Region und Prellenkirchen wies vor hundert Jahren 1000 Hektar Rebfläche auf. Heute sind es noch rund 125 – eine Folge des jahrzehntelangen Dornröschenschlafs der Rieden am Spitzerberg, der lediglich für seine hübschen, rustikalen Kellergassen und seine süffigen Weißweine geschätzt wurde. Seine eigentliche Bestimmung war und ist jedoch der Rotwein und in den vergangenen Jahren wurde das von einigen Winzern auch erkannt. Seither erwacht der Spitzerberg zu neuem Leben und die Weine – vor allem sind es Blaufränkische – bilden eine Art ideologischen Widerpart zu denen aus Göttlesbrunn. Was dort mächtig, alkoholreich, holzbeladen und mitunter geradezu marmeladig wirkt, ist hier strukturiert, säurebetont, eng gestrickt und animierend. Ähnliches gilt für die Weine von Berg im äußersten Osten des Weinbaugebietes, wo ein Häuflein der Aufrechten rund um **Horst Pelzmann** beweist, dass auch an den Hängen der Königswarte das Potenzial für ausgezeichnete Rotweine vorhanden ist. Gerade diese Unterschiedlichkeit der Weine und Weinstile macht heute teilweise auch den Reiz des Weinbaugebietes Carnuntum aus. Man darf schon gespannt sein, welche Entwicklung es hier in den kommenden Jahren geben wird und ob sich eine oder mehrere „Wein-Identitäten“ klar herauskristallisieren werden.

Winzer&Weine

Die Weinlandschaft in Carnuntum ist statistisch tatsächlich, aber in der öffentlichen Wahrnehmung noch viel stärker vom Rotwein dominiert. Hier werden derzeit zwei Hauptstilrichtungen verfolgt: die mächtigen, manchmal sogar an Neue-Welt-Weine erinnernden Typen, die eher in und um Göttlesbrunn zu finden sind; und die eher drahtige, struktur-, gerbstoff- und säurebetonte Linie, für die vor allem die Blaufränkischen vom Spitzerberg stehen. Obwohl derzeit etwas ins Hintertreffen geraten, findet man hier aber sehr wohl auch fruchtig-würzige Weißweine vom Grünen Veltliner über Sauvignon blanc bis Chardonnay.

ARBESTHAL

Johann Böheim

2464 Arbesthal, Haupsraße 38
Tel.+Fax 02162/88 59
E-Mail: wein@gut-boeheim.at
Internet: www.gut-boeheim.at

Johann Böheim, dessen Spitzenrotwein „Stuhlwerker“ heißt, ist zum Glück nicht Tischler oder Zimmermann, sondern Winzer. Als solcher setzt er auf Grünen Veltliner und kräftige, aber sehr strukturierte Rotweine.

Nadler

2464 Arbesthal, Zwetschkenzipf 12
Tel.+Fax: 02162/81 81
Mobil: 0664/182 86 73
E-Mail: info@nadler-hanny.at
Internet: www.nadler-hanny.at

Während die Top-Rotweine durchaus in die Phalanx hiesiger Spitzenkreszenzen passen, gibt es hier auch Heurigen-Kompatibles, dem es dennoch nicht an Qualität fehlt. Tipp: der Heurige des Hauses.

BERG

Horst und Irene Pelzmann

2413 Berg, Hauptstraße 27
Tel.+Fax 02143/25 88
E-Mail: weingut.pelzmann@aon.at
Internet: www.carnuntum.com/pelzmann

Horst Pelzmann ist eine der treibenden Kräfte bei der Renaissance des Spitzerberges und keltert von dort und von den Hängen der Königswarte strukturierte, animierende Weine, die unter anderem im eigenen Heurigen viel Trinkspaß bereiten.

BRUCK AN DER LEITHA

Weingut Schenzel-Wallner

2460 Bruck an der Leitha, Feldgasse 36
Tel. 02162/632 60, Fax -4
E-Mail: weingut@schenzel.com
Internet: www.schenzel.com

Willi Schenzels Weißweine stammen aus Bruck an der Leitha – einst ein bekanntes Weingebiet. Die Roten kommen vom Spitzerberg, wo Schenzel lange Zeit ein Rufer in der Wüste war. Nun lebt sie, die Wüste, und Willi Schenzel macht von dort einige ausezeichnete Rotweine, die sich auch gut im Heurigen des Hauses trinken lassen.

HÖFLEIN

Artner

2465 Höflein, Dorfstraße 93
Tel. 02162/631 42 , Fax 662 55
E-Mail: weingut@artner.co.at
Internet: www.artner.co.at
Heuriger: Dorfstraße 43, Tel. 631 48

Weine wie der weiße und rote „massive a." sind eine substanzielle Attacke für den Gaumen; üppige Tropfen zum Meditieren – in kleinen Dosen. Doch die Artners keltern auch Süffigeres und das passt prima zum bekannten Heurigen im alten Bauernhof.

Payr

2465 Höflein, Dorfstraße 18
Tel.+Fax 02162/62 3 56
E-Mail: robert@payr.at
Internet: www.weingut-payr.at

Robert Payr bewirtschaftet Rieden in Höflein und am Spitzerberg und beweist mit seinen eleganten, charaktervollen Rotweinen ein gutes Händchen. Tipp: Die Weißen sind auch nicht zu verachten!

GÖTTLESBRUNN

Walter Glatzer

2464 Göttlesbrunn, Rosenbergstraße 5
Tel. 02162/84 86, Fax 89 01
E-Mail: info@weingutglatzer.at
Internet: www.weingutglatzer.at

Rundum der Wein: Kostraum im Keller von Gerhard Markowitsch in Göttlesbrunn.
Linke Seite: Was sind schon 300 Jahre? Malerische Ansichten in der Kellergasse von Prellenkirchen.

Obwohl dafür eigentlich noch zu jung, ist Walter Glatzer dennoch ein Urgestein der Göttlesbrunner Weinszene. Der Zweigelt „Dornenvogel" machte ihn bekannt, doch auch seine anderen Roten spielen regelmäßig in der Oberliga. Tipp: der fruchtige Weißburgunder.

Grassl

2464 Göttlesbrunn, Am Graben 4–6
Tel. 02162/84 83, Fax -4
E-Mail: weingut.grassl@netway.at
Internet: www.weingut-grassl.com

Mit den Cuvées „Bärnreiser" und „Bärnreiser Reserve" geht es bei den Grassls wuchtig zur Sache und auch Pinot noir und St. Laurent sind wahre Faserschmeichler mit Tiefgang.

Marko (Lukas Markowitsch)

2464 Göttlesbrunn, Kiragstetten 1
Tel. 02162/82 26, Fa -99
E-Mail: info@weingut-marko.com
Internet: www.weingut-marko.com

Auch Lukas Markowitsch kann mit vollmundig-wuchtigen Rotweingranaten wie dem „Tiberius" oder der Cuvée „Lukas" aufwarten, pflegt aber auch noch rare Weißweinsorten wie den Neuburger und den Traminer.

Gerhard Markowitsch

2464 Göttlesbrunn, Pfarrgasse 6–8
Tel. 02162/82 22, Fax -11
E-Mail: weingut@markowitsch.at
Internet: www.markowitsch.at

Gerhard Markowitsch löste in Göttlesbrunn eine kleine Weinrevolution aus und wirkt mit seinen Weinen nach wie vor stilbildend.

Die Cuvée „Rosenberg“ setzte Maßstäbe und wird vom „M 1“ aus Zweigelt und Merlot noch übertroffen. Erfolgreich sind aber auch Markowitschs Bemühungen um den sensiblen Pinot noir, den er in allerfeinster Machart keltert.

Franz und Christine Netzl

2464 Göttlesbrunn, Rosenbergstraße 17
Tel. 02162/82 36, Fax -14
E-Mail: weingut@netzl.com
Internet: www.netzl.com

Auch die Netzls sind Protagonisten des „Carnuntinischen Rotweinwunders“, das auf mächtigen, vollmundigen Weinen wie der Cuvée „Anna Christina“ oder dem Syrah-Kraftwerk „Schüttenberg“ basiert.

Gerhard Pimpel

2464 Göttlesbrunn, Kirchenstraße 19
Tel.+Fax 02162/200 49
E-Mail: weingut&gerhardpimpel.at
Internet: www.gerhardpimpel.at

Gerhard Pimpel bewirtschaftet einige der besten Weinberge von Göttlesbrunn wie Bärenreiser und Rosenberg – darum vielleicht auch der Name der Cuvée „Downhill“, die nur noch vom Merlot „Optime“ überragt wird.

Hans Pitnauer

2464 Göttlesbrunn, Weinbergstraße 4–6
Tel. 02162/82 49, Fax -7
E-Mail: weingut@pitnauer.com
Internet: www.pitnauer.com

Mit seinem „Bienenfresser“ zeigte Hans Pitnauer schon in den 1980er-Jahren, was in einem Zweigelt alles drinstecken kann. Die bordeleske Cuvée „Franz Josef“, der Syrah „Pegasos“ und die Cuvée „Quo vadis“ waren weitere Meilensteine in Pitnauers vielfach ausgezeichnetem Schaffen. Tipp: Die Weißweine auch kosten – allen voran den idealtypischen Muskateller!

Franz Taferner

2464 Göttlesbrunn, Pfarrgasse 2
Tel. 02162/84 65, Fax -4
E-Mail: weingut@tafi.at
Internet: www.tafi.at

Im Sandstein-Gewölbekeller von „Tafis Heurigem“ kostet man zur traditionellen Heurigenjause modern vinifizierte Rotwein-Granaten wie den Cabernet Sauvignon „Tribun“ oder die „Cuvée Excalibur“, aber auch Erfrischendes wie etwa den stets vorzüglichen Gelben Muskateller.

PETRONELL

Josef Pimpel

2404 Petronell, Brucker Straße 6
Tel.+Fax 02163/22 36
E-Mail: weingut@pimpel.com
Internet: www.pimpel.com

Der Vogel Pitnauers Wein: Bienenfresser.

Der junge Josef Pimpel hat Lagen am Rosenberg in Göttlesbrunn, in Petronell und am Spitzerberg. Dementsprechend vielfältig präsentieren sich die Charaktere seiner ausgezeichneten Weine. Ein Mann, den man im Auge – oder besser seine Weine am Gaumen - behalten sollte.

PRELLENKIRCHEN

Christian Dietrich

2472 Prellenkirchen, Hauptplatz 1
Tel. 0699/105 006 73
E-Mail: christian.dietrich@aon.at
Internet: www.weinbau-dietrich.com

Christian Dietrich ist einer der wenigen „echten“ Spitzerberg-Winzer, die hier auch ihren Betriebssitz haben; seine Weine sind strukturiert und elegant, geprägt von einem feinen Gerbstoff und einer einladenden Beerenfrucht.

ROHRAU

Weingut Muhr van der Niepoort

2471 Rohrau
Tel. 0664/180 40 39
E-Mail: d.muhr@wine-partners.at

Wein-PR-Lady Dorli Muhr und Dirk van der Niepoort zählten zu den Ersten, die am Spitzerberg wieder Dampf gemacht haben. Ein Weingut gibt es nicht, dafür hervorragende Blaufränkische, die diesen neuen – alten – Weintyp mustergültig definieren.

STIXNEUSIEDL

Weingut Trapl

2463 Stixneusiedl, Hauptstraße 16
Tel. 02169/24 04, Fax 86 15
E-Mail: wein@trapl.com
Internet: www.trapl.com

Im Schloss Rohrau der Familie Harrach befindet sich eine der berühmtesten privaten Kunstsammlungen Österreichs.

Der junge Johannes Trapl gilt als Shootingstar der Region. Wohl auch deshalb, weil er mit seinen Weinen sehr früh und am klarsten definiert hat, wo die Reise hingeht. Von Lagen bei Arbesthal und am Spitzerberg keltert er kraftvolle Rotweine, die aber niemals übermächtig und üppig sind, sondern durch ihre Struktur und Mineralik gefallen und immer auch animierendes Trinkvergnügen bieten.

WILDUNGSMAUER

Weingut Jahner

2403 Wildungsmauer, Donaustraße 23
Tel.+Fax 02163/23 26
E-Mail: weingut@jahner.at
Internet: www.jahner.at

Leo Jahner ist einer der ganz jungen Wilden von Carnuntum und das erkennt man schon am Heurigen des Hauses, der sich im modernen Kleid von Stein, Glas und Holz präsentiert. Sehr gute Weine gibt es hier auch, und wie es sich für einen Wilden gehört, heißt die rote Top-Cuvée „Wild Wall".

WEITERE EMPFEHLENSWERTE BETRIEBE

Nepomukhof – Familie Grassl

2464 Göttlesbrunn, Dorfstraße 2
Tel. 02162/89 41
Internet: www.nepomukhof.at

Meinrad Markowitsch

2464 Göttlesbrunn, Am Graben 18
Tel. 02162/89 25
Internet: www.markowitsch.com

Hans und Martin Netzl

2464 Göttlesbrunn, Rosenbergstraße 1
Tel. 02162/82 01
Internet: www.netzl.net

Essen

BRUCK AN DER LEITHA

Zum Goldenen Adler („Der G'selchte")

2460 Bruck an der Leitha, Altstadt 5
Tel.+Fax 02162/622 52
E-Mail: gselchter@telecable.at
Internet: www.gselchter.at

Natürlich gibt es beim gestandenen Meisterkoch Thomas Scherhaufer g'selchte Würsteln – aber darüber hinaus auch herzhafte Hausmannskost und, wenn gewünscht, feine Gourmandisen.

FISCHAMEND

Merzendorfer

2401 Fischamend, Hainburger Straße 1
Tel. 02232/763 14, Fax -4
E-Mail: merzendorfer@utanet.at
Internet: www.merzendorfer.at

„Wir bitten zu Fisch", heißt es in diesem nach eigenen Angaben „ältesten Fischrestaurant Österreichs". Was sonst, in Fisch – am – End ...?

Zum rostigen Anker

2401 Fischamend, Donauarmstraße 20
Tel. 02232/764 58, Fax 781 71
E-Mail: restaurant@rostiger-anker.at
Internet: www.rostiger-anker.at

Noch ein ältestes Fischrestaurant – aber auch wenn der Anker rostig sein mag, die Fische sind hier frisch!

GALLBRUNN

Muhr

2463 Gallbrunn bei Schwechat
Hauptstraße 87
Tel. 02230/28 58-0, Fax -58
E-Mail: info@muhr.co.at
Internet: www.muhr.co.at

Gemütlicher Landgasthof, in dem der Junior, unter anderem Rudi-Kellner-geschult, à la Gourmandise und die Mama fischig oder, mit Fleisch aus eigener Schlachtung, bodenständig aufkocht.

GÖTTLESBRUNN

„bittermann" Vinarium

2464 Göttlesbrunn
Abt-Bruno-Heinrich-Platz 1
Tel. 02162/811 55, Fax -66
E-Mail: info@bittermann-vinarium.at
Internet: www.bittermann-vinarium.at

Dieses Vinarium ist zugleich ein vortreffliches Kulinarium. Adi Bittermann und Bettina Sprenger, vielen Fans noch von ihrer Zeit in „Vikerls Lokal" in Wien ein Begriff, haben in einer ehemaligen Schule ein Genuss-Eldorado geschaffen, das seinesgleichen sucht. Und das Beste: Wir reden hier nicht von überzogenen Hoch-Gourmandisen, sondern von einer gekonnt gemachten Regionalküche, deren hoher Anspruch sich vor allem auf die Qualität bezieht. Dazu kredenzt man Weine aus einer bestens sortierten Vinothek, die ebenfalls keine Wünsche offenlässt.

DER jungWIRT im Winzerhof Paul

2464 Göttlesbrunn, Landstraße 36
Tel. 02162/89 43, Fax 84 62 17
E-Mail: info@derjungwirt.at
Internet: www.derjungwirt.at

Johannes Jungwirth hat der damals schon aufstrebenden Weinszene von Göttlesbrunn als Erster einen kulinarischen Mittelpunkt gegeben. Zu einer perfekt verfeinerten Regionalküche schöpft man hier aus der hauseigenen Vinothek, die mit Weinen von nah und fern bestens bestückt ist.

HAINBURG AN DER DONAU

Zum goldenen Anker

2410 Hainburg an der Donau
Donaulände 27
Tel. 02165/648 10, Fax -4
E-Mail: restaurant@goldeneranker.at
Internet: www.goldeneranker.at

In diesem schönen, alten Gasthof mit historischen Tonnengewölben und schattigem Gastgarten findet man Hotel, Restaurant und Vinothek unter einem Dach.

HASLAU

Haslauerhof

2402 Haslau an der Donau, Hauptstraße 17
Tel. 02232/802 21, Fax -4
E-Mail: info@haslauerhof.at
Internet: www.haslauerhof.at

Augezeichnet gegessen hat man hier schon länger, aber seit einer Generalüberholung wird dazu auch ausgezeichnet gesessen. Und genossen – vom veredelten Donaufisch bis zum idealtypischen Schweinsbratl.

Über Nacht

Zum goldenen Anker
Hainburg, s. Essen

Gästehaus Edelmann
2464 Göttlesbrunn, Rosenbergstraße 31
Tel. 02162/84 55, Fax-Klappe 20
E-Mail: weingut@edelmann.co.at
Internet: www.edelmann.co.at

Muhr
Gallbrunn, s. Essen

Genusstipps

Vinothek „Römerweinstraße Carnuntum" im Gasthaus zum goldenen Anker
s. Essen

Vinothek im „bittermann" Vinarium
s. Essen

Vinothek beim jungWIRT im Winzerhof Paul
s. Essen

Natur&Kultur

Nationalpark Donauauen ☺
Eine in Europa einzigartige Flussauenlandschaft, mit geführten Wanderungen, Kinderprogramm, Bootsexkursionen, Schloss Orth Nationalpark-Zentrum, *Orth/Donau, 02212/3555, www.donauauen.at*

Rekonstruktion eines römischen Landhauses im Archäologischen Park Carnuntum.

Archäologischer Park Carnuntum ☺
Die bedeutendste römische Siedlung in Österreich mit dem Amphitheater Bad Deutsch-Altenburg, Freilichtmuseum Petronell oder dem Museum Carnuntinum (lediglich 0,5 Prozent der antiken Stadt sind übrigens freigelegt).
www.carnuntum.co.at
www.carnuntum.co.at/kinder/julius (Kinderhomepage)

Schloss Hof ☺
Ein Gesamtkunstwerk des europäischen Barocks mit ☺☺☺Barockgarten des Prinzen Eugen, von April bis November geöffnet. *Schloss Hof 1, Tel. 02285/20000, www.schlosshof.at*

Jagdschloss Eckartsau
Letzter Aufenthaltsort von Kaiser Karl in Österreich, mit historischem Landschaftsgarten, Führungen von April bis Oktober.
Eckartsau, Tel. 02214/2240-11

Schloss Rohrau
Schloss Rohrau zählt zu den schönsten Landschlössern Österreichs und beherbergt die Harrach'sche Familiensammlung.
Rohrau, Schloss 1, Tel. 02164/22 53-16
www.schloss-rohrau.at

TERMINE

Carnuntum Experience (Aug)

AUMANN

Die Thermenregion

Kühler Wein und warme Quellen

Die Thermenregion im Süden von Wien ist ein reizvolles Ziel für Ausflüge. Zu Füßen des Anningers laden die Weinberge zum Reben-Wandern ein und die vielen Heurigen sorgen dafür, dass man dabei weder Hunger noch Durst leiden muss. Doch auch in Sachen Spitzenwein wird man zwischen Perchtoldsdorf und Bad Vöslau fündig.

Warum die Thermenregion eine Thermenregion sein soll, ist vielleicht nicht so offensichtlich. Aber in Baden zum Beispiel gibt es eine schöne Therme, und die ist schon ein Grund, warum ich mich dort öfters aufhalte. Aber es gibt noch andere. Ich fahre gern mit dem Rennrad über die Weinstraße, spaziere durch die Weinberge, wandere in Richtung Anninger oder schwimme im Guntramsdorfer „Ozean". Und natürlich kehre ich auch öfters ein, weil einige der besten Winzer der Region auch Heurige betreiben, wo man sich zur Jause so manches köstliche Tröpferl schmecken lassen kann. Ja, es gefällt mir hier und es ist auch gar nicht weit. Darum lasse ich jetzt die Arbeit Arbeit sein und mache mich auf den Weg zu einer kleinen Wein-Expedition. Sie kommen doch mit …?

Wir werden in Perchtoldsdorf starten. Der Ort ist Teil des „Speckgürtels" von Wien und da trifft es sich nur gut, dass man hier den passenden Wein dazu findet. Von dort aus werden wir uns entlang der letzten Alpenausläufer, über Mödling, Gumpoldskirchen, Pfaffstätten, Baden und Sooß nach Bad Vöslau vortasten, uns dann ins freie Feld nach Teesdorf und Tattendorf wagen und schließlich über Traiskirchen nach Guntramsdorf zurückkehren, wo schon der Tisch für uns gedeckt ist.

Während der gesamten Tour bewegen wir uns im „Wiener Becken", das sich durch eine tektonische Absenkung gebildet hat und in dem einst das urzeitliche Meer wogte. Am ehemaligen Ufer, der Abbruchlinie der Alpen, liegen heute jene Hänge, auf deren kalkreichen Böden die Weinreben beste Wachstumsbedingungen vorfinden. Durch die Nähe zu Wien und die schöne Lage wurde Perchtoldsdorf mit der Zeit zu einer Art Nobel-Vorort der Hauptstadt. Trotz der damit verbundenen Verhüttelung ist der Ortskern mit dem weithin

Ganz nahe an den Reben: das Weingut von Leo Aumann in Tribuswinkel bei Baden.

sichtbaren historischen Wehrturm sehenswert und etliche Heurige erinnern daran, dass hier früher der Weinbau die wichtigste Lebensgrundlage war.

Perchtoldsdorf geht mit den „Zwischenorten“ Brunn am Gebirge und Maria Enzersdorf fast nahtlos in Mödling über. Neben einigen recht guten Heurigen ist hier weinbaulich nicht allzu viel zu finden, dafür wartet Mödling mit einer sehenswerten, historischen Innenstadt auf.

Von Mödling aus begeben wir uns auf die „Weinstraße“, die ehemalige Bundesstraße, die vom Ortsrand Mödlings zuerst über die Hügel und dann mitten durch die Weingärten nach Gumpoldskirchen, Pfaffstätten und Baden führt. Fährt man von der Anhöhe hinter Mödling in Richtung Gumpoldskirchen, so liegt linker Hand, etwas versteckt in einer Senke, das **Freigut Thallern** des Zisterzienserstiftes Heiligenkreuz.

Um dorthin zu gelangen, muss man zuerst nach Gumpoldskirchen hineinfahren, doch der kleine Umweg lohnt sich; das Freigut wurde nach dem Vorbild des weltberühmten Clos de Vougeot in Burgund, des ersten Weinguts der Zisterzienser, gebaut und gilt als ältestes Weingut Österreichs. Ein Platz mit besonderer Strahlkraft und die Weine zählten schon in den 1960er- und 1970er-Jahren zu den besten des Landes. Nach einer längeren Durststrecke steht hier inzwischen wieder alles zum Besten. Die Geschicke des Weinguts liegen in den bewährten Händen des Triumvirats Erich Polz, Karl Alphart und Leopold Aumann und die einstmals berühmte Backhendlstation von Thallern feierte unter der Leitung des Vollblut-Gastronomen Florian Fritz eine glanzvolle Wiederauferstehung als **„Klostergasthaus“.**

Das Herz des Thermen-Weinbaus schlägt zweifellos in Gumpoldskirchen, dem malerisch in die Weingärten gestreckten Straßendorf mit den jahrhundertealten Lesehöfen und dem Schloss des Deutschen Ordens als Wahrzeichen. Jahrzehntelang galt der Ort als Weinhimmel der Wiener und als Inbegriff des Heurigenortes. Nicht zuletzt deshalb wurde hier trotz eines gewissen Vorsprunges – der „Gumpoldskirchner“ war einst bei Weinfreunden auf der ganzen Welt bekannt und beliebt – die qualitative Weiterentwicklung des heimischen Weinbaus lange Zeit ein wenig verschlafen. Aufgrund der gesicherten Absatzschiene des Heurigen fanden es viele Winzer ganz einfach nicht notwendig, auch noch gute Weine zu produzieren. So ist es nach wie vor nur eine Handvoll Winzer wie **Othmar Biegler, Gustav Krug, Johannes Gebeshuber vom Weingut Spätrot oder Harald Zierer**, die das Potenzial der Spitzenlagen rund um Gumpoldskirchen wirklich nutzt. Sehr wohl erkannt haben dies aber andere Winzer, die inzwischen immer mehr Weingärten in Gumpoldskirchen bewirtschaften. Dazu zählen „Nachbarn“ wie Karl Alphart aus Traiskirchen und der Johanneshof Reinisch aus Tattendorf ebenso wie hellsichtige Wein-Visionäre vom Schlage eines Erich Polz oder Fred Loimer, der das Erbe des großen Friedl Schellmann weiter pflegt. Sie alle sehen hier beste Bedingungen für große Weine, insbesondere für die Südbahn-Klassiker Zierfandler und Rotgipfler sowie die weißen Burgundersorten und den Pinot noir, die allesamt kalkreiche Böden lieben.

Wasser und Wein

Mitten durch die Weinrieden geht es nun weiter in Richtung Pfaffstätten und Baden. Im Herbst, wenn der erste Sturm gepresst ist, stehen hier entlang der Straße ein paar improvisierte Ausschanken mit einfachen Heurigenbänken und die Winzer warten die ersten Vorboten des neuen Weinjahrgangs auf. Sturm, Schmalzbrot, Herbstsonne im Gesicht – das lässt sich aushalten. Baden selbst bietet mit dem Casino, der sehenswerten Altstadt, der Pferderennbahn und den vielen Bade- und Kureinrichtungen neben dem Wein eine Vielzahl weiterer Attraktionen. Die Stadt, die immer unter einer Dunstglocke – bestehend aus einem Gemisch von Kaiser-Nostalgie, Kurorts-Beschaulichkeit und Schwefeldampf – zu liegen scheint, hat freilich auch für Weinfreunde ihren Reiz. Einige gute Heurigenbetriebe befinden sich mitten im Stadtgebiet, während der beste Winzer dieser Ecke, **Leo Aumann**, unweit von hier in Tribuswinkel sein Weingut samt einem Heurigen betreibt.

Die Wiege des Rotweins

Wir folgen aber noch ein Stück weit unserem Weg und kommen nun nach Sooß im Süden von Baden. Ein Heurigenbetrieb nach dem anderen säumt die Hauptstraße und mit **Christian Fischer** werkt hier einer der profiliertesten Rotwein-Winzer der Thermenregion. Dass der milde, süffige Rotwein dieser Gegend einst weltbekannt war, ist vor allem einem Mann zu verdanken: Robert **Schlumberger**, der in Bad Vöslau im Jahr 1846 den ersten österrei-

An den Abhängen des Anningers, wo sich einst die Küstengebiete des Urmeeres befanden, finden die Weinreben ideale Bedingungen vor.

chischen „Champagner“ hergestellt und ein großes Weingut mit Sektkellerei betrieben hat. Schlumberger-Weine fanden sich damals auf den Weinlisten vieler internationaler Grand Hotels und dass sie ihren festen Platz im Angebot der Luxusdampfer-Restaurants hatten, mag vielleicht auf die spektakuläre Haltbarkeitsprobe zurückgehen, die Schlumberger im Jahr 1857 durchgeführt hat: Im Zuge der Weltumsegelung der österreichischen Fregatte „Novarra“ schickte er seine Weine mehrmals über den Äquator, um bei deren Rückkehr festzustellen, dass sie noch an Qualität gewonnen hatten. Während der Weinbau heute in wesentlich bescheidenerem Rahmen betrieben wird, ist Schlumberger nach wie vor eine der großen heimischen Sektmarken; zum Betrieb gehören sehenswerte Kelleranlagen in Wien Heiligenstadt und eben in Bad Vöslau, die noch auf Robert Schlumbergers Zeit zurückgehen.

Neben dem Wein steht Bad Vöslau im Zeichen des Wassers; die heilwirksamen Thermalquellen haben dem Ort eines der schönsten nach wie vor in Betrieb befindlichen historischen Bäder des Landes beschert, und die imposanten Villen und Kureinrichtungen, die hier infolge des Kurtourismus entstanden sind, prägen nach wie vor das Ortsbild.

Willkommen in der Steinhölle

Nachdem wir zwischen Baden und Bad Vöslau bereits unbemerkt den „Rotwein-Äquator“ der Thermenlinie überschritten haben, begeben wir uns nun hinaus ins freie Feld, nach Teesdorf und Tattendorf, wo auf einem Gebiet namens „Steinhölle“ vor allem Rotweine beste Bedingungen vorfinden. Die Böden sind schwer und tiefgründig und jede Menge Steine sorgen für eine gute Wärmespeicherung. Zu den Ersten, die das realisiert haben, zählten die Verantwortlichen des Stiftes Klosterneuburg, die bereits im Jahr 1950 begannen, in großem Stil St.-Laurent-Reben auszusetzen. Heute sind die Rotweine aus dieser Region eine Macht, wobei neben dem St. Laurent, dem es hier besonders gut gefällt, auch Zweigelt, Cabernet Sauvignon, Merlot, Pinot noir, Syrah und Blauer Portugieser ausgepflanzt sind. Hier findet man zahlreiche Betriebe, die hervorragende Weine zu einem sehr fairen Preis feilbieten, und auch etliche Heurige, in denen sich diese Weine kosten und genießen lassen. Dazu zählen unter anderen das Weingut **Auer**, der Winzerhof **Landauer-Gisperg** und das Weingut **Schneider** in Tattendorf sowie das Weingut **Gisperg** in Teesdorf. Leitbetrieb der Region ist zweifellos der **Johanneshof Reinisch**, etwas außerhalb von Tattendorf gelegen, der mit seinem sehenswerten Gewölbekeller, dem gepflegten Heurigen und der breiten Palette von Top-Weinen auf jeden Fall einen Besuch wert ist.

Fährt man von dort weiter nach Traiskirchen, so begibt man sich wieder mehr auf die Weißwein-Seite. Zierfandler, Rotgipfler, aber auch die weißen Burgundersorten spielen in den Betrieben von **Karl Alphart, Johann Stadlmann** und **Andreas Schafler** eine wichtige Rolle. Für eingehende Studien der Materie empfehlen sich die ausgezeichneten Heurigen der Genannten und für die anschließende Heimfahrt nach Wien die Badner Bahn. Die bleibt übrigens auch in Guntramsdorf stehen und das ist

gut so. Denn hier befindet sich mit dem **Jagdhof** der Familie Fakler ein Bollwerk der Thermenweine, das nur schwer zu überwinden ist. Es gibt keinen guten Tropfen zwischen Perchtoldsdorf und Bad Vöslau, der im Jagdhof nicht vorrätig wäre, und es kommt öfters vor, dass man an der Theke des Hauses die Winzer der Region beim Fachsimpeln antrifft. Gerät man unversehens in so eine Runde, reserviert man sich am besten gleich ein Zimmer – denn der letzte Zug ist sicher schon abgefahren.

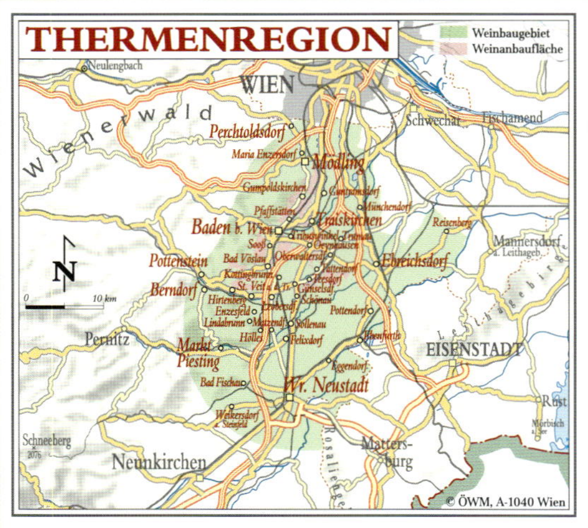

Winzer&Weine

Die Weine der Thermenregion zeichnen sich in der Regel durch ihre hohe Reife und kraftvolle Statur aus, wobei es ihnen selten an ausreichender Säure fehlt. Neben den Rotweininseln Sooß und Bad Vöslau gilt vor allem Tattendorf als Rotweinzentrum der Region, während in Gumpoldskirchen, Traiskirchen und Pfaffstätten eher die Weißweine dominieren. Zierfandler und Rotgipfler sind die regionalen Spezialitäten, Neuburger und Blauer Portugieser sind nach wie vor sehr verbreitet, aber meist nur als einfache Weine für den Heurigen anzutreffen. Sehr gute Qualitäten entstehen aus den Sorten Weißburgunder und Chardonnay, Pinot noir und St. Laurent.

BAD VÖSLAU

Weingut Robert Schlumberger

2540 Bad Vöslau, Hans-Haderer-Gasse 8
Tel. 02252/765 26
Vertrieb: Top Spirit VertriebsGmbH, Wien
Tel. 01/368 68 92, Fax-34
E-Mail: services@schlumberger.at
Internet: www schlumberger.at

In der Tradition des Weinbaupioniers Robert Schlumberger entsteht der Schlumberger „Privatkeller“, ein komplexer, eleganter Rotwein nach dem Vorbild eines klassischen Bordeaux.

GUMPOLDSKIRCHEN

Othmar Biegler

2352 Gumpoldskirchen
Wiener Straße 16–18
Tel.0 22 52/621 9-6, Fax -4
E-Mail: weingut.biegler@kabsi.at
Internet: www.weingut-biegler.at

In diesem traditionsreichen Betrieb entstehen klassische Zierfandler und vor allem Rotgipfler, die typisch für das Gumpoldskirchner Gebiet sind. Die lange Zeit verpönten Spätlesen mit feiner Fruchtsüße gibt's hier ebenfalls in bester Güte. Tipp: Der Heurige zählt zu den besten der Thermenregion.

Gustav Krug

2352 Gumpoldskirchen, Kirchenplatz 1
Tel. 02252/622 47, Fax -4
E-Mail: offive@krug.at
Internet: www.krug.at

In historischen Gemäuern (die Familie betreibt hier seit dem Jahr 1549 Weinbau) des ganzjährig geöffneten Heurigen genießt man Gustav Krugs kräftig-aromatische Weißweine und Rote wie die Cuvée „Die Versuchung“, die zeigen, dass auch Gumpoldskirchner Rotwein etwas kann.

Schellmann

2352 Gumpoldskirchen, Wiener Straße 41
Vertrieb: Weingut Fred Loimer
3550 Langenlois, Haindorfer Vögerlweg 23
Tel. 02734/22 39, Fax-4
E-Mail: weingut@loimer.at
Internet: www.loimer.at

Nach dem Tod des Weinbaupioniers Gottfried Schellmann übernahm Fred Loimer, der bereits vorher mit Schellmann kooperiert hatte, die Weingärten zur Bewirtschaftung. In Weinen wie dem burgundischen Chardonnay „Gumpold“, dem Traminer „Von alten Reben“ oder der Cuvée „In Gumpoldskirchen“ aus Zierfandler und Rotgipfler lebt der Geist des großen „Friedl“ fort.

Weingut Spätrot

2352 Gumpoldskirchen, Jubiläumsstraße 43
Tel.+Fax 02252/61 164
E-Mail: office@spaetrot.com
Internet: www.spaetrot.com

Im Keller der ehemaligen Winzergenossenschaft pflegen Johanna und Johannes Gebeshuber die alte Weinbautradition des Ortes weiter. Ganz puristisch konzentrieren sie sich dabei auf die Edelsorten Zierfandler, Rotgipfler, Pinot noir und St. Laurent.

Harald Zierer

2352 Gumpoldskirchen, Badnerstraße 36
Tel. 02252/621 69, Fax: 60 71 65
E-Mail: zierer@weingut-zierer.at
Internet: www.weingut-zierer.at

Zierfandler und Rotgipfler sind die Domäne von Harald Zierer. Neben den klassisch trocken ausgebauten Weinen setzt er dabei auf kräftige, vollmundige Typen und stellt in besonderen Jahren noch hochkarätige Beeren- oder Trockenbeerenauslesen darüber.

PERCHTOLDSDORF

Weingut Georg und Helene Nigl

2380 Perchtoldsdorf
Kunigundbergstraße 57
Tel. 01/865 65 31, Fax 869 51 42
E-Mail: helene@nigl.com
Internet: www.nigl.com

Die Nigls beweisen, dass auch in einem ausgesprochenen Weißweingebiet exzellente Rote möglich sind. Nachzukosten im gemütlichen Heurigen des Betriebes.

REISENBERG

Toni Hartl

2440 Reisenberg, Florianigasse 7
Tel. 02234/806 36-0, Fax-4
E-Mail: wine@toni-hartl.at
Internet: www.toni-hartl.at

Ein Drittel von Hartls Weingärten liegt in der Thermenregion, die anderen im burgenländischen Purbach. Die Stärke des Hauses sind die kraftvoll-eleganten Rotweine, denen Toni Hartl gern „Tarnnamen“ wie „Inkognito“ oder „La Création“ verleiht.

SOOSS

Christian Fischer

2500 Sooß, Hauptstraße 33
Tel. 02252/871 30, Fax: 826 66
E-Mail: christian@weingut-fischer.at
Internet: www.weingut-fischer.at

Christian Fischer ist ein Meister des strukturierten, animierenden Rotweins jenseits der Trinkmarmelade. Pinot noir, Cuvée „Gradental“ oder Merlot „Premium“ vereinen Kraft mit Eleganz und schmecken am besten nach einigen Reifejahren. Tipp: der Blaue Portugieser „500 Cases“ und der herrliche Heurige.

Bekannt für gute Pinot noirs und den ausgezeichneten Heurigen: Weingut Auer in Tattendorf (oben). Linke Seite: Wahrzeichen und Weingarten: das Schloss des Deutschen Ordens in Gumpoldskirchen.

Der beste Platz für Rotgipfler-Verikalverkostungen: Weingut Alphart in Traiskirchen.

Weingut Schlager

2500 Sooß, Hauptstraße 32
Tel.+Fax 02252/889 88
E-Mail: weingut.schlager@aon.at
Internet: www.sooss.at/schlager

Wenn im Heurigen von Gaby Schlager „Orpheus“, „Eurydike“ oder „Cupido“ auftreten, handelt es sich nicht um große Oper, sondern um dichte, stoffige Rotweine, die ebenso viel Trinkspaß bereiten wie Neuburger, Chardonnay & Co.

WEITERE EMPFEHLENSWERTE BETRIEBE

Weingut Schwertführer „47er“

2500 Sooß, Hauptstraße 47
Tel.+Fax: 02252/871 91
Internet: www.sooss.at/schwertfuehrer47

Weingut Johann Schwertführer „35“

2500 Sooß, Hauptstraße 35
Tel. 02252/871 03, Fax 20 67 90
Internet: www.schwertfuehrer.at

TATTENDORF

Familie Auer

2523 Tattendorf, Pottendorferstraße 14
Tel. 02253/812 51, Fax–4
E-Mail: office@weingutauer.at
Internet: www.weingutauer.at

Pinot noir und St. Laurent von Leopold Auer zählen zu den Spitzen der Thermenregion – doch auf der Weinkarte des urgemütlichen Heurigen findet man auch weniger elaborierte Tropfen, die gleichwohl großes Trinkvergnügen bereiten.

Reinisch (Johanneshof)

2523 Tattendorf, Im Weingarten 1
Tel.0 22 53/81 42-3, Fax -4
E-Mail: office@j-r.at
Internet: www.j-r.at

Das Tattendorfer Musterweingut repräsentiert die ganze Bandbreite der Thermenregion-Weine. Von Lagen in Gumpoldskirchen und Tattendorf stammen einerseits kräftig-vollmundige Weine wie St. Laurent, Merlot oder Pinot noir, aber auch echte Südbahnklassiker wie die Reserven von Zierfandler und Rotgipfler.

Weingut Schneider

2523 Tattendorf, Badner Straße 3
Tel. 02253/810 20
E-Mail: office@weingut-schneider.co.at
Internet: www.weingut-schneider.co.at

Der junge Georg Schneider meint es ernst mit der Qualität und entlockt insbesondere St. Laurent und Pinot noir, die solo oder als Bestandteil von Cuvées auftreten, alle erdenklichen Facetten.

Winzerhof Landauer-Gisperg

2523 Tattendorf, Badner Straße 32
Tel. 02253/812 72
E-Mail: winzerhof@tattendorf.at
Internet: www.tattendorf.at/winzerhof

Immer wieder landen die Weine dieses Betriebes bei Verkostungen auf den vorderen Rängen – insbesondere, wenn auch das Preis-Leistungs-Verhältnis Berücksichtigung findet. St. Laurent, Pinot noir und Zweigelt gelingen am besten – und harren auch im eigenen Heurigen der Verkostung.

TEESDORF

Johann Gisperg

2524 Teesdorf, Hauptstraße 14
Tel. 02253/814 64, Fax -50
E-Mail: wein@weingut-gisperg.at
Internet: www.weingut-gisperg.at

Johann Gispergs Rotweine verbinden die Kraft und Reife der Thermenregion mit guter Struktur und animierendem, feingliedrigem Gerbstoff zu einem harmonischen Ganzen. Ein Steckenpferd des Winzers, der auch einmal jährlich im Heurigen aussteckt, ist der traditionelle Neuburger.

TRAISKIRCHEN

Karl Alphart

2514 Traiskirchen, Wiener Straße 46
Tel. 02252/523 28, Fax -4
E-Mail: weingut@alphart.com
Internet: www.alphart.com

Karl Alphart ist der Großmeister des Rotgipflers, den er meist in vier verschiedenen Spielarten keltert, und die „Rotgipfler Rodauner Top-Selektion" ist wohl das Beste, das diese Sorte hervorbringen kann. Nicht übersehen sollte man daneben aber auch andere Wein-Preziosen vom klassischen Neuburger über den sanft vom Holz geküssten Chardonnay bis hin zum fruchtig-eleganten, samtigen Pinot noir.

Schaflerhof

2514 Traiskirchen, Wiener Straße 9–11
Tel. 02252/523 78-0, Fax -8
E-Mail: wein@schaflerhof.at
Internet: www.schaflerhof.at

Der Schaflerhof gehört seit Generationen zu den Fixpunkten in der Weinlandschaft der Thermenregion. Im gemütlichen Heurigen genießt man Zierfandler, Rotgipfler & Co. von leicht und trocken bis zum Hochprädikat.

Johann Stadlmann

2514 Traiskirchen, Wiener Straße 41
Tel. 02252/523 43, Fax: 563 32
E-Mail: kontakt@stadlmann-wein.at
Internet: www.stadlmann-wein.at

Wer den Zierfandler in bester Qualität und allen erdenklichen Spielarten genießen will, ist im wunderschönen Heurigen dieses traditionsreichen Hauerhauses an der richtigen Adresse. Angeführt wird die Phalanx vom Zierfandler „Mandl-Höh" und einer mächtigen Reserve im lieblichen Bereich, trockene Vertreter und Hochprädikate runden das Sortiment ab.

TRIBUSWINKEL

Leopold Aumann

2512 Tribuswinkel
Oberwaltersdorfer Straße 105
Tel. 02252/805 02, Fax -50
E-Mail: weingut@aumann.at
Internet: www.aumann.at

Leo Aumann hat sich mit seinen mächtigen Rotweinen wie der Cuvée „Harterberg" und den Reserven von Merlot, St. Laurent und Zweigelt als Spitzenproduzent etabliert. Nicht vergessen sollte man darüber die ebenfalls hochkärtigen Weißen wie Zierfandler und Rotgipfler – nachzukosten im Heurigen der Familie bei Tribuswinkel.

Essen

BAD VÖSLAU

Weingasthof Hawlik's Schlemmereck

2540 Bad Vöslau, Hauptstraße 1
Tel.+Fax 02252/753 88
E-Mail: hawlik.schlemmereck@aon.at
Internet: www.schlemmereck.at

Alpenlachs, Schneeberg-Lamm, Wild, Pilze und andere hochwertige Grundprodukte bilden die Basis für Walter Hawliks regional und saisonal orientierte Küche. Die passenden Weine dazu findet man in der hauseigenen Gebietsvinothek.

BERNDORF

Waldgasthof Schimanszky

2560 Berndorf III-Ödlitz, Rosenstraße 18
Tel: 02672/823 20, Fax: 841 40
Internet: www.schimanszky.com

Für seine Backhendln wurde der idyllisch gelegene Gasthof bekannt, doch inzwischen findet man hier auch eine eigene Genuss-Manufaktur, eine Brennerei und eine Vinothek mit 250 Positionen.

GUNTRAMSDORF

Jagdhof

2353 Guntramsdorf, Hauptstraße 41
Tel. 02236/522 25, Fax -40
E-Mail: info@jagdhof.cc
Internet: www.jagdhof.cc

Der Jagdhof ist ein wahres Schlemmer-Eldorado, das aber keinerlei abgehobene Gourmettempel-Allüren aufweist. Zu bodenständiger Küche trinkt man hier das Beste aus der Thermenregion und von überall sonst. Tipp: die regelmäßig stattfindenden Wein-Verkostungen mit Genießer-Menüs.

Das Rathaus von Mödling.

HINTERBRÜHL

Hexensitz

2371 Hinterbrühl
Johannesstraße 35
Tel. 02236/229 37, Fax -10
E-Mail: restaurant@hexensitz.at
Internet: www.hexensitz.at

Nicht nur Hexen genießen in diesem Knusperhäuschen gerne eine elaborierte Gourmetküche und die tolle Weinauswahl

.MAYERLING

Hanner

2534 Mayerling 1
Tel. 02258/23 78, Fax -41
E-mail: hanner@hanner.cc
Internet: www.hanner.cc

Mitten im Wienerwald betreibt Meisterkoch Heinz Hanner eine Art Zukunfts-Werkstatt der Gourmandisen. Ob Schäumchen, Espumas oder Molekularküche: Hanner ist immer vorne mit dabei und macht's besser als die meisten anderen.

MÖDLING

A.N.O.U.

2340 Mödling, Neudorfer Straße 68
Tel. 02236/89 24 54, Fax -11
E-Mail: restaurant@anou.at
Internet: www.anou.at

Nanu? Aus Florians wurde A.N.O.U. Feine Küche und eine prima Weinauswahl gibt es hier aber unter der Führung von Olivier Hirschmüller nach wie vor.

PERCHTOLDSDORF

Alexander – Das Restaurant

2380 Perchtoldsdorf, Marktplatz 10
Tel: 01/865 97 59, Fax: -22
E-Mail: alexander@dasrestaurant.at
Internet: www.dasrestaurant.at

Modernes Ambiente und leichte, regional-internationale Küche im historischen Gemäuer des alten Rathauses.

Über Nacht

Jagdhof

Guntramsdorf, s. Essen

Hanner

Mayerling, s. Essen

Hotel Turmhof

Gumpoldskirchen, Josef-Schöffel-Straße 9
Tel. 02252/60 73 33
Internet: www.hotel-turmhof.at

Komfortabel Wohnen – neben den Reben.

Winzerhotel Vöhringer

Gumpoldskirchen, Wienerstraße 26
Tel. 02252/60 74 00
Internet: www.winzerhotel.at

Stilvoll und komfortabel wohnen in einem modern adaptierten Weinhauerhaus mitten in Gumpoldskirchen.

Genusstipps

Vinothek WeinKult

2500 Baden, Pfarrgasse 7
Tel. 0699/128 065 46
Internet: www.weinkult.at

Bar & Vinothek mit 250 Weinen im Sortiment.

Badener Hauervinothek

2500 Sooß, Brusattiplatz 2
Tel. 02252/456 40, Fax 803 82
E-Mail: badener.hauervinothek@aon.at
Internet: www.hauervinothek.at

Gebietsvinothek Weinwelt

2511 Pfaffstätten
Rudolf-Kasper-Gasse 25
Tel. 02252/876 26, Fax 826 77

Heuriger Eduard Ceidl

2500 Baden, Vöslauer Straße 15
Tel. 02252/44 4 93, Internet: www.ceidl.at

Heuriger Streiterhof, Anton Märzweiler

2500 Baden
Leesdorfer Hauptstraße 64
Tel. 02252/802 53
Internet: www.streiterhof.at

Hoch hinaus: die mächtige Burg Liechtenstein in Maria Enzersdorf.

Gut Dornau

2544 Leobersdorf
Tel. 02256/626 66
Internet: www.gutdornau.at

Süßwasserfische

Café Konditorei L. Heiner

2380 Perchtoldsdorf, Wiener Gasse 16
Tel. 01/869 01 07
Internet: www.heiner.co.at

Süßes mit Tradition

Lebzelterei Metzger

2380 Perchtoldsdorf, Marktplatz 7
Tel. 01/865 97 15
Internet: www.lebzelterei.at

Feinste Lebkuchen und Kerzen

Bio-Fruchtsäfte Schäfer

2523 Tattendorf, Badnerstr. 18
Tel. 02253/812 49

Obst- und Gemüsesäfte

Badner Biobauernmarkt

Biobauern am Marktstand
2500 Baden
Ecke Friedrichstraße/Albrechtgasse
Jeden 3. Sa im Monat, 8.30 12 Uhr

Bauernmarkt Baden

Bauernmarkt in der Fußgängerzone
2500 Baden, Untere Wassergasse
Tel. 02252/226 00
Do, Fr, Sa 9 12 Uhr

Kultur&Natur

Rolettmuseum Baden

Präsentiert die Geschichte des Kurortes von der Jungsteinzeit bis heute, täglich außer Dienstag geöffnet. *Weikersdorfer Platz 1, Baden, Tel. 0222/48255*

Stift Heiligenkreuz

Zisterzienserabtei, die seit dem Jahr 1133 ohne Unterbrechung besteht, ist die größte kulturelle und geistliche Attraktion des Wienerwaldes, Heiligenkreuz im Wienerwald, täglich Führungen. *Tel. 02258/87 03-0, www.stift-heiligenkreuz.at*

Rosarium

Österreichs größter Rosengarten im Badener Doblhoffpark mit mehr als 600 Rosensorten, im Juni und im Oktober blühen die königlichen Blumen, *Doblhofpark, Baden bei Wien*

Seegrotte Hinterbrühl

Hier befindet sich der größte unterirdische See Europas, Führung mit Bootsfahrt. *HinterbrühlTel. 02236/263 64, www.seegrotte.at*

Schneckenreservat „Hansybach“

keineswegs zum Verzehr gedacht sind die Schnecken in Bad Vöslau, sie sind Relikte aus dem Tertiär und kommen nur im warmen Thermalwasser vor. Im Schneckensalettl, ein Pavillon findet man eine Beschreibung der Tiere. *Kreuzung Banderstraße/Bahnstraße, Bad Vöslau*

TERMINE

Weinfestival Thermenregion, Baden (Juni)
Mödlinger Weinfest (Juli, Aug)
Weinfest Gumpoldskirchen (Aug)
Weinlesefest Tattendorf (Sept)
Badener Weintaufe (Nov)

Von der Donau zur March

Des Weinviertels Süden

Am nördlichen Rand des Marchfeldes gibt es mehr Ölquellen als Spitzenwinzer. Doch die hügelige Landschaft mit Rapsfeldern, Äckern und Weingärten hat einen speziellen Reiz und die vielen Kellergassen der Gegend sind nach wie vor besonders ursprünglich.

Diese Tour führt uns von Korneuburg im Westen bis nach Mannersdorf an der March. Wer damit aber schon in Klosterneuburg beginnen will, kann sie sogar mit einer kleinen Schiffsreise kombinieren: mit der Rollfähre von Klosterneuburg nach Korneuburg, die hier bereits seit dem Jahr 1935 ihren Dienst versieht. Und zwar wochentags von 6.30 Uhr und an Samstagen, Sonntagen und Feiertagen von 8 Uhr jeweils bis Sonnenuntergang. Aber den wollen wir ja bereits in einer der vielen netten Kellergassen erleben, die unseren Weg kreuzen werden.

Besuchenswert ist Klosterneuburg allemal und ein weinbauliches Zentrum des Landes obendrein. Von der hiesigen Weinbauschule haben Sie als Besucher zwar nichts, doch das Stift Klosterneuburg ist sowohl in kultureller als auch in historischer und vinophiler Hinsicht ein Highlight. Eine Führung im vierstöckigen Riesenkeller unter dem Stift vermittelt einen imposanten Eindruck vom hiesigen Weinschaffen und anschließend vertieft man diesen in der modernen Vinothek unter alten Gewölben mit den entsprechenden Kostproben. Auch das Wein-Gedächtnis dieses im Jahr 1114 gegründeten Weingutes reicht weit zurück: Im Altweinkeller lagern Traminer, Rieslinge & Co. bis zum Jahr 1956, die nach wie vor erworben werden können.

Doch jetzt genug vom Hauch der Geschichte und hinüber ins Weinviertel, ins südliche, genau genommen. Dies ist nicht unbedingt das Land der elaboriertesten Weine und unser Weg wird nicht von architektonischen Meisterwerken und den darin befindlichen High-Tech-Weinmaschinerien gesäumt sein. Eher geht es hier noch gemütlich, ursprünglich und bodenständig zu. Dennoch ist der Wein wichtig und allgegenwärtig: Die vielen Kellergassen mit den einfachen Presshäusern und ein paar Tischen im Freien laden herzlich dazu ein, sich ihm genussvoll anzunähern.

Auf dieser Tour von Korneuburg nach Mannersdorf an der March streifen wir den Heurigenort Bisamberg, bewegen uns

Erstrahlt in neuem Glanz: Schloss Hof.

Stift Klosterneuburg ist ein Zentrum der Kultur und des Weinbaus, Letzteres seit dem Jahr 1114.

durch ein eher profilloses Hügelland auf die Brünner Straße zu und fahren dann entlang der Schnittlinie zwischen Marchfeld im Süden sowie Hochleithenwald und später, weiter östlich, Matzner Wald im Norden. Dieser Übergang zwischen Flachland und sanften Erhebungen wird weit gereiste und einigermaßen phantasiebegabte Weinfreunde vielleicht an die Côte de Beaune in Burgund erinnern, während Mannersdorf mit seiner Lage an den March-Auen Assoziationen an Tokaj weckt, was sich ja auch in den Weinen des Ortes in gewissem Maße widerspiegelt.

Kellergassen und Autobahnen

Nachdem wir nun nach Korneuburg übergesetzt haben, wenden wir uns nach Süden und erreichen bald den kleinen Heurigenort Bisamberg. In den ehemaligen Stallungen des Schlosses haben Irene Langes und Josef Kainz, zwei Quereinsteiger, die ihre Trauben großteils aus Wiener Lagen beziehen, ihr Quartier aufgeschlagen. Mehrmals im Jahr wird hier in den stilvoll renovierten Räumen „ausg'steckt" – die große Fangemeinde weiß es zu schätzen. Mehr Übersicht bietet der Bergheurige von Leonhard Langer, ganz oben auf dem Bisamberg; vom Parkplatz Gamshöhe aus geht man ein Stück durch den Wald und wird dafür auf der Terrasse der kleinen, einfachen Buschenschank mit einem schönen Blick über Klosterneuburg und Wien belohnt.

Unser nächstes Fernziel ist die wunderbare **„Schüller-Kellergasse"** in Enzersfeld. Um dorthin zu kommen gibt es zwei Routen: Die erste führt uns über Stetten, wo wir dem Paradebetrieb der Familie **Pfaffl** einen längeren Besuch abstatten. Länger deshalb, weil es hier so viel Gutes zu kosten gibt, wobei der Grüne Veltliner natürlich die Hauptrolle spielt. Nebenbei kann man hier auch einen Abstecher in die „Fossilienwelt" machen, die einen guten Einblick vermittelt, warum die Weine hier so schmecken, wie sie schmecken. Route zwei verläuft über Hagenbrunn, quasi ein Heurigenvorort von Wien. Empfehlenswert ist hier der **Wannemacher** und natürlich das Weingut der Familie **Schwarzböck**. Die haben zwar keinen Heurigen, aber exzellente Weine und einen modernen Kostraum. Außerdem hat man die Heurigenfrage hier anders und auf durchaus elegante Weise gelöst. Ebenso wie die Weingüter Pfaffl, Fischer und Haller bestückt man den Weinkeller des Heurigen Heilig in Hagenbrunn: ein ungewöhnliches Heurigenkonzept, das sich auch im modern gestylten Ambiente dieses Betriebes ausdrückt.

Von Enzersfeld heißt es jetzt wieder übersetzen – aber nicht über die Donau, sondern unter der neuen Nordautobahn durch, die den dichten Verkehr kanalisiert und aus der Brünner Straße wieder eine ganz normale Straße gemacht hat. So gelangen wir über Eibesbrunn nach Pillichsdorf, wo eine andere Variation zum Thema Kellergasse wartet: Diese verläuft zweizeilig, mit einem begrünten Mittelstreifen und zwei Abzweigungen, wohl fast einen Kilometer weit in die Weinberge hinauf. Zahlreiche Heurigenbetriebe, die in zum Teil recht stattlichen Presshäusern untergebracht sind, säumen die Kopfsteinpflasterstraßen, und die Chancen, dass gerade der eine oder andere davon geöffnet ist, stehen in der schönen Jahreszeit recht gut. Sehenswert ist in Pillichsdorf auch die etwas überdimensioniert wirkende Kirche, die deshalb scherzhaft auch als „Dom vom Marchfeldrand" bezeichnet wird und deren Kern auf das 13. Jahrhundert zurückgeht.

Winzer und Ölscheichs

Auch Bockfließ, unser nächstes Ziel, hat kulturhistorisch einiges anzubieten, was bereits bei einer ersten Ortsdurchfahrt ins Auge sticht, wie etwa den Pranger aus dem Jahr 1417, an den bis zum Jahr 1783 während der Marktzeiten die Spitzbuben gekettet wurden, oder das denkmalgeschützte alte Fachwerkhaus direkt an der Straße. Etwas versteckt liegt linker Hand das Schloss Bockfließ mit dem für uns relevanten Schlosskeller und natürlich dem von der Familie Pfaffl bewirtschafteten Schlossweingut, das nicht nur über einen imposanten Keller und zwei mächtige Baumpressen aus dem Jahr 1698, sondern auch über erstklassige Weine verfügt. Der schattige Gar-

Weinviertler Idyllen: Schloss Matzen (oben) und die malerische Kellergasse von Pillichsdorf (unten).

Öl und Wein in trauter Zweisamkeit: „Pferdekopfpumpen" in den Weingärten bei Prottes.

Blick nach oben: Von da kommt der Segen.

ten des Schlosskellers wäre zwar ein Grund, hier noch weiter zu verweilen, doch auf uns warten bereits die Ölfelder des Weinviertels. Das ist kein Scherz, denn tatsächlich haben die nun folgenden Orte Auersthal, Matzen und Prottes in den vergangenen Jahrzehnten von ihren unterirdischen Öl- und Gasvorkommen sicherlich mehr profitiert als vom Weinbau. Ölbohrtürme wird man hier zwar vergeblich suchen, doch die typischen sogenannten „Pferdekopfpumpen", die oft mitten in den Weingärten ihren einförmigen Dienst verrichten, gehören seit langem zum Landschaftsbild.

Gute Orientierungshilfen zur Auffindung interessanter Weinbaubetriebe und kostenschonender Geheimtipps in diesem Gebiet bildet die Vinothek in Auersthal, in der man sich bequem durch das regionale Angebot kosten kann. Etwas Besonderes hat man sich im Gasthof und Hotel Sommer – übrigens eine komfortable Bleibe mitten im Weinland – einfallen lassen: Im wunderschönen, teilweise 450 Jahre alten Weinkeller findet man nicht nur die Weine von 15 Winzern der Region, sondern kann sich für seine eigenen guten Tropfen ein „Wein-Apartment" mieten.

Während Matzen selbst mit Kellergassen nicht eben gesegnet ist, findet man in Raggendorf einen hübschen, kleinen Kellerberg, in Großengersdorf ein ganzes Kellerviertel, in dem während des Sommers immer mehrere Betriebe ausg'steckt haben, und auch in Prottes braucht man nach Kellergassen und Buschenschänken nicht lange zu suchen; die eigentliche Attraktion dieses Ortes ist freilich nicht etwa ein Wein-, sondern ein Erdöllehrpfad, an dem allerlei Bohrer, Pumpen, Bagger und Fahrzeuge inmitten einer idyllischen Landschaft besichtigt werden können. Auch das „Barbarakreuz", das weithin sichtbar über Prottes ragt und im Andenken an die Erdölarbeiter aus Teilen eines Bohrturmes gefertigt wurde, weist auf die Bedeutung hin, die das schwarze Gold für die Region hatte und hat.

Tokaj im Weinviertel

Wir wollen uns damit vom Brennstoff abwenden und vorbei an Ollersdorf – die dortigen, wahrhaft idyllischen Kellergassen weisen teilweise großartige Sonnenuntergangs-Qualitäten auf – und Angern schließlich nach Mannersdorf an der March

Stürmische Zeiten: Sturm- und Traubenverkauf in der Kellergasse von Großengersdorf.

vorstoßen. Die Nähe der March und die damit verbundenen Frühnebel bescheren den Weintrauben hier einen regelmäßigen Botrytisbefall; dadurch ist es oft möglich, Hochprädikatsweine bis hin zur Trockenbeerenauslese zu keltern, was im Weinviertel eine absolute Rarität darstellt. Spezialist in dieser Disziplin ist seit langem Roland **Minkowitsch**, der hier herrliche Prädikatsweine vom Gewürztraminer und Riesling keltert. Unbedingt besichtigen sollte man die Rochuskapelle, im Volksmund „Wutzelburg" genannt, nicht nur wegen ihrer schönen Lage ganz oben auf dem Rochusberg oder ihrer historischen Bedeutung – immerhin stammt sie aus dem Jahr 1648 –, sondern auch wegen des ausgedehnten Kellerberges, der hier angelegt wurde.

Wer diese Expedition auf eigene Faust noch fortsetzen möchte, sei hier zumindest mit einem kleinen Tipp versorgt: Fährt man von Mannersdorf oder Ollersdorf nach Norden, so durchquert man nicht nur die ausgedehnten Weinberge dieser Orte, sondern kommt irgendwann nach Ebenthal, wo mit Herbert **Zillinger** einer der Aufsteiger dieser Region am Werke ist. Von hier geht es weiter in Richtung Norden nach Waldendorf und dann über Velm-Götzendorf, Spannberg und Hohenruppersdorf, wo sich eine Einkehr beim Weingut **Diem** empfiehlt, zurück auf die Brünner Straße. Doch das ist nun wirklich eine ganz andere Geschichte.

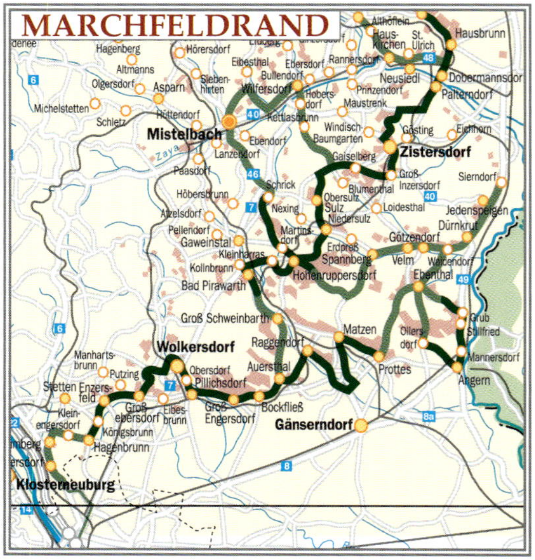

Weine&Winzer

Während man auf der Korneuburger Seite, also westlich der Brünner Straße, eher den klassischen Weinviertler oder auch „Brünnerstraßler" Weintypus mit frischer Frucht und knackiger Säure vorfindet, erreichen die Weine entlang des Hochleithenwaldes und des Matzner Waldes, bedingt durch pannonische Klimaeinflüsse, eine höhere Reife und wirken daher kraftvoller und stoffiger. Eine Ausnahmestellung kommt den Weinen aus der Gegend um Mannersdorf an der March zu, wo – bedingt durch regelmäßige Edelfäule (Botrytis) – immer wieder schöne Prädikatsweine möglich sind.

BISAMBERG

Weingut Langes

A-2102 Bisamberg, Josef-Dabsch-Straße 2
Tel. 0664/413 68 69
E-Mail: info@weingut-langes.at
Internet: www.weingut-langes.at

Würzige grüne Veltliner, elegante Rieslinge und stoffiger Zweigelt haben der Quereinsteigerin schon zu mancher schöner Auszeichnung verholfen. Tipp: den Heurigen besuchen.

Weingut und Bergheuriger Leonhard Langer

Weingut: Bundesstraße 102
2103 Bisamberg
Tel. 02262/634 10
Heuriger: Obere Innerthalen 19

Prima Aussicht über das Donautal – einziger Nachteil: die etwas unorthodoxen Öffnungszeiten, nur von Di–Fr und im Sommer gar nicht. Hier gibt es die Details: http://www.10vorwien.at/goto/essen_trinken/heurigenkalender/1117875182

BOCKFLIESS

Schlossweingut Bockfließ

Vertrieb im Weingut R & A Pfaffl, s. Stetten
Internet: www.schlossweingutbockfliess.at

Das von der Familie Pfaffl betriebene Weingut Schloss Bockfließ verfügt über einen sehenswerten Keller mit zwei mächtigen, alten Baumpressen. Interessant sind hier vor allem die Weißburgunder und Grünen Veltliner.

Weingut Falk

2213 Bockfließ, Engersdorferstraße 19
Tel. 02288/22 71, Fax 02288/65 59
E-Mail: office@weingut-falk.at
Internet: www.weingut-falk.at

Würzige, regionstypische Veltliner sind sicherlich die Stärke dieses kleinen Familienbetriebes.

EBENTHAL

Herbert Zillinger

2251 Ebenthal, Hauptstraße 17
Tel. 0676/724 29 60, Fax 02538/853 95
E-Mail: info@zillingerwein.at
Internet: www.zillinger.at

Grüner Veltliner ist und bleibt die Spezialität von Herbert Zillinger, doch mit Weinen wie dem mächtigen Traminer „Profund" beweist er auch seine Bandbreite in Sachen Weinstile.

HAGENBRUNN

Rudolf Schwarzböck

2102 Hagenbrunn, Hauptstraße 58
Tel. 02262/67 27 40, Fax 67 22 57
E-Mail: weingut@schwarzboeck.at
Internet: www.schwarzboeck.at

Frische Frucht, mineralische Struktur und animierendes Trinkvergnügen – das ist das Markenzeichen der Weine von Anita und Rudi Schwarzböck. Daneben haben sie in ihrem Sortiment aber auch stoffig-tiefgründige Kaliber wie den Grauburgunder oder den Merlot – Weine für Fortgeschrittene. Ebenfalls zu loben: die glasklar-fruchtigen Sekte vom Riesling und vom Zweigelt (Rosé).

Wannemacher

2102 Hagenbrunn, Hauptstraße 41
Tel.+Fax 02262/67 27 95
E-Mail: wannemacher@aon.at
Internet: www.weingut-wannemacher.at

Die ausgezeichneten Qualitätsweine des Hauses kostet man am besten im – auch bei Gästen aus Wien äußerst beliebten – Heurigen in Hagenbrunn.

HOHENRUPPERSDORF

Diem

2223 Hohenruppersdorf
Obere Hauptstraße 28
Tel. 02574/82 92, Fax 89 04
E-Mail: info@wein-diem.at
Internet: www.wein-diem.at

Ewald Diem packt in seine Veltliner – leicht erkennbar am signifikanten Flaschenetikett – Würze und Mineralik, aber auch Frucht und animierende Säure. Tipp: der Neuburger und die samtigen Rotweine.

KLEIN-ENGERSDORF

Weinbau & Heuriger Lackner

2102 Klein-Engersdorf, Hauptstraße 43
Tel. 02262/749 82, Fax 630 39
E-Mail: weinbau.lackner@aon.at
Internet: www.lackner-der-heurige.com

Ein Heuriger der etwas anderen Art: hell und modern, mit viel Holz und Glas – und feine Weine gibt es hier natürlich auch.

KLOSTERNEUBURG

Stift Klosterneuburg

3400 Klosterneuburg, Stiftsplatz 1
Tel. 02243/41 15-22, Fax 41 15 50
E-Mail: weingut@stift-klosterneuburg.at
Internet: www.stift-klosterneuburg.at

Das Weinschaffen im imposanten Weingut des Stifts Klosterneuburg ist so vielfältig wie die Lagen, die man in Klosterneuburg, Wien und der Thermenregion bewirtschaftet. Das Sortenspektrum reicht dabei vom würzig-knackigen Grünen Veltliner über nussig-aromatische Weißburgunder bis hin zu stoffigen, vollmundigen Rotweinen mit der Paradesorte St. Laurent. Sehenswert ist

Hier kostet man die Weine vom Weingut Schwarzböck – trinken kann man sie beim „Heilig" (oben). Linke Seite: Erinnert an die im Erdölfeld verunglückten Arbeiter: das Barbarakreuz in Prottes.

die moderne Vinothek des Weinguts im alten Gewölbekeller, in der man auch noch ältere Jahrgänge aus dem Weinarchiv, Obstsäfte und kleine, feine Köstlichkeiten erwerben kann.

MANNERSDORF AN DER MARCH

Roland Minkowitsch

2261 Mannersdorf an der March
Kirchengasse 64
Tel. 02283/36 39, Fax 25 83
E-Mail: weingut@roland-minkowitsch.at
Internet: www.roland-minkowitsch.at

Hier entstehen neben trockenen Weißweinen wie dem eleganten Riesling „De Vite" ausgezeichnete, langlebige Prädikatsweine wie Spätauslesen und Auslesen von Riesling sowie Gewürztraminer.

Gerhard Lobner

2261 Mannersdorf an der March
Hauptstraße 62
Tel. 02283/23 91
E-Mail: info@weingut-lobner.at
Internet: www.weingut-lobner.at

Fruchtig, aromatisch und manchmal auch ein wenig süß – so präsentieren sich Riesling, Vetliner, Chardonnay oder Traminer aus dem Weingut Lobner.

STETTEN

R & A Pfaffl

2100 Stetten, Hauptstraße 24
Tel. 02262/67 34 23, Fax 67 36 61
E-Mail: wein@pfaffl.at
Internet: www.pfaffl.at

Der Familienbetrieb der Pfaffls ist das Weinviertler Vorzeige-Weingut. Dementsprechend spielt hier natürlich auch der Grüne Veltliner alle Stückln und zeigt als Lagenwein etwa von Goldjoch, Hundsleithen und Zeiseneck das Potenzial dieser Sorte und die Vielfalt der Lagen-Charakteristika. Damit erschöpft sich das Programm der Pfaffls aber noch längst nicht: Mineralischer Riesling, stoffiger Chardonnay und Rotweine, deren Herkunft in der Blindprobe wohl nur schwer zu erraten wäre, warten hier ebenfalls auf eine genussvolle Verkostung.

Essen

Hotel-Gasthof-Vinothek Sommer

2214 Auersthal, Hauptstraße 112
Tel. 02288/22 53-0, Fax -144
Mobil 0676/502 39 38
E-Mail: office@hotel-sommer.at
Internet: www.hotel-sommer.at
www.wein-apartements.at

Landgasthof

2103 Bisamberg/Schloss, Schlossgasse 1
Tel. 02262/631 02
Internet: www.landgasthof-bisamberg.com

Schlosskeller Bockfließ

2213 Bockfließ, Schlossplatz 5
Tel. 02288/22 68
Internet: www.schlosskeller.at

In der schönen Jahreszeit wird im weitläufigen Gastgarten gegrillt, ansonsten bietet man in den hübsch adaptierten historischen Gemäuern gute regionale Küche.

Marchfelderhof

2232 Deutsch-Wagram
Tel. 02247/22 43 oder 28 60-0, Fax 22 36 13
E-Mail: office@marchfelderhof.at
Internet: www.marchfelderhof.at

Zu Gast im gastronomischen „K. u. K.-Nostalgie-Museum": Die Promi-Feten des Hauses sind „legendäry" ...

Donaurestaurant Tuttendörfl

2100 Korneuburg, Tuttendörfl 6
Tel. 02262/72 48 50, Fax 61 5 35
E-Mail: restaurant@tuttendoerfl.com
Internet: www.donaurestaurant.com

Ausgezeichnete Küche direkt an der Donau mit Blick auf Klosterneuburg – und dazu Weine von der mit viel Liebe zusammengestellten Weinkarte.

Schurlwirt im Schloss Pillichsdorf

2211 Pillichsdorf, Hauptplatz 1
Tel. 02245/32 45
Internet: www.schurlwirt.at

Gasthaus Schödl – Kellervinothek

2011 Sierndorf, Unterparschenbrunn 19
Tel. 02267/27 77, Fax: 02267/30 0 64
E-Mail: gh.schoedl@aon.at
Internet: www.tiscover.at/gasthausschoedl

Über Nacht

Gasthaus Sommer

Auersthal, s. Essen

Gasthof Scheiterer

2202 Enzersfeld, Hauptstraße 37-39
Postfach 2202
Tel. 02262/67 33 29, Fax 02262/67 24 47
E-Mail: scheiterer@aon.at
Internet: www.scheiterer.at

Gasthof Pension Schweinberger

2100 Stetten, Hauptstraße 6
Tel. 02262/67 34 88, Fax 02262/67 34 30
E-Mail: schweinberger@surfeu.at
Internet: www.tiscover.at/gasthof-schweinberger

Genusstipps

Heuriger Heilig

2102 Hagenbrunn
Stammersdorferstraße 11
Tel. 0664/100 27 50
E-Mail: heuriger@heuriger-heilig.at
Internet: www.heuriger-heilig.at

Ungewöhnliches Heurigenkonzept im modernen Ambiente. Vier Winzer des Ortes liefern die Weine, Familie Heilig kredenzt dazu eine klassische Heurigenjause sowie warme Schmankerl vom Blunz'ngröstl bis zum Kaiserschmarrn.

Vinothek Weinladen Auersthal

Hauptstraße 86 (unterhalb der Kirche, neben dem Feuerwehrhaus)
Fr, Sa vorm., So u. Fei vorm. u. nachm. geöffnet, Tel. 02288/67 37

Kartoffelladen Hellmer

Auersthal, Hauptstraße 141
Tel. 02288/23 93, tägl. 7–19 Uhr

Verschiedenste Kartoffelsorten.

Natur&Entdecken

Burg Kreuzenstein

Bis ins 12. Jh. gehen die Anfänge der imposanten Burg zurück, heute ist die Burg ein beliebtes Ausflugsziel im Umland und als Museum zu besichtigen. Bei Leobendorf, *www.kreuzenstein.com*

Rochuskapelle

Die Rundkapelle, „Wutzelburg" genannt, präsentiert sich als weithin sichtbarer frühbarocker Bau, der den im Norden des Ortes liegenden Kellerberg bekrönt; Mannersdorf an der March.

Kellergassen-Spaziergänge

sind in Großengersdorf, Prottes, Ollersdorf und Mannersdorf (Kellerberg) empfehlenswert.

Fossilienwelt Weinviertel

650 fossile Arten sind hier versammelt, der Sensationsfund von Stetten ist die größte fossile Perle der Welt. Diese Perle ist nicht nur der größte, sondern auch einer der ältesten „Muschelschätze"; Schürffelder für Kids. *Austernplatz 1, Stetten, Tel. 02262/624 09, www.fossilienwelt.at*

Essl Museum

Mit einer Gesamtfläche von 7200 m² zählt das Haus zu den bedeutenden Museumsbauten des ausgehenden 20. Jahrhunderts, es zeigt die Sammlung von Agnes und Karlheinz Essl, Kunst der Gegenwart, *An der Donau-Au 1, Klosterneuburg.*

Korneuburger Rattenfänger

Ein Held der Sagenwelt wurde auf dem Hauptplatz in Korneuburg verewigt; *Hauptplatz, Korneuburg.*

Stift Klosterneuburg

Seit 1133 bis heute von den Augustiner-Chorherren bewohnt und bewirtschaftet, Themenwege wie zum Beispiel der Weinkultur-Weg, der die fast 900-jährige Geschichte der Weinproduktion beleuchtet, führen durch das Stift, auch die prunkvollen Kaiserappartements sind zu besichtigen; Kinderatelier, Workshops, Führungen. Online-Tickets erhältlich auf *www.stift-klosterneuburg.at*

Schloss Hof

Das „Kaiserliche Festschloss" wurde aufwändig restauriert und ist ebenso sehenswert wie die Gartenanlagen und der Meierhof mit rund 200 verschiedenen Tierarten. *Tel. 02285/20 000*

ARCHITEKTUR

Essl Museum, Klosterneuburg. *Architekt: Heinz Tesar*
Weinkeller Pfaffl in Stetten

TERMINE

Ortsweinkost Prottes (Mai)
Tag der offenen Kellertür, Ollersdorf (Mai)
Weinherbst-Auftakt am Mannersdorfer Rochusberg (Sept)
Klosterneuburger Leopoldifest (Nov)

Karriere mit DAC

Die Brünner Straße ist wohl alles andere als eine klassische Weinstraße. Aber sie gab einem allseits bekannten Weintyp seinen Namen und führt mitten durch das nördliche Weinviertel, wo eine junge Generation von Winzern diesem „Brünnerstraßler" ein neues Gesicht gibt.

Es war ein langer Weg von der berühmten Bernsteinstraße, dem ältesten Handelsweg Europas, die von der Ostsee ans Mittelmeer und auch durch das Weinviertel führte, bis zur Autobahn A 5, die heute schon zur Hälfte dem Verkehr übergeben ist und in wenigen Jahren von Wien bis zur tschechischen Grenze führen und die Brünner Straße stark entlasten wird. Diese folgt weitgehend der Trasse der alten Bernsteinstraße und sie hat im Laufe ihrer langen Geschichte viel gesehen. Napoleon marschierte hier durch, die kaiserliche „Fahrpost" verkehrte auf der damals „Kaiserstraße" genannten Route zwischen Wien und Brünn und die Weinfuhrwerker versorgten die Hauptstadt mit jenen reschen Tropfen, die schließlich nach der geschichtsträchtigen Straße benannt wurden: den Brünnerstraßlern. Der Begriff wurde zum Synonym für einen leichten, spritzigen und säurebetonten Grünen Veltliner, der nicht zuletzt den Vorteil hat, dass man unbeschadet auch größere Mengen davon trinken kann. Das logische Gebinde dafür war der „Doppler", eine Zweiliter-Flasche, hierzulande auch liebevoll als „Austro-Magnum" bezeichnet. Heute, da sich die allgemeinen Qualitätsbestrebungen auch in der Verwendung von 0,75-Liter-Bouteillen dokumentieren, ist seine Bedeutung jedoch im Schwinden begriffen.

Der Riese erwacht

„Schlummernder Riese", „Reich des Dopplers" und ähnliche Begriffe wurden lange Zeit – auch von mir! – verwendet, um das Weinviertel zu charakterisieren. Tatsächlich dauerte es lange, bis dieses eher strukturschwache, weite Land aus seinem vinophilen Dornröschenschlaf erwachte. Entscheidend dafür war schließlich die Einführung der ersten „DAC" Österreichs (s. Kasten). Damit wurde ein gebietstypischer Wein gekennzeichnet – eben der Grüne Veltliner –, dessen Qualität auch regelmäßig kontrolliert wird. Das Weinviertel und seine Grünen Veltliner erlebten dadurch

Zeugen der Wein-Vergangenheit: alte Baumpresse in Hermann Bauchs „Himmelskeller" in Kronberg.

Weinkeller altbelassen und renoviert: Was mag sich wohl hinter den verschwiegenen Kellertüren befinden …?

einen enormen Image-Schub und gerade die junge Winzergeneration in den vielen kleinen Weinbauorten entlang der Brünner Straße verfiel in eine noch nie da gewesene Aufbruchsstimmung. Die Chance, seine Weine auch überregional vermarkten zu können, war ein erstrebenswertes Ziel und das Thema Weinviertel DAC – ebenso wie der Wein selbst – bald in aller Munde. Seither entstehen auch hier schmucke Verkostungsräume und es wird fleißig in Keller und Qualität investiert. Das heißt jedoch nicht, dass die altbekannte Weinviertler-Weinidylle damit schlagartig verschwunden wäre. Es gibt sie nach wie vor, die schattigen Kellergassen und die älteren Herren, die mit dem Viertel-Glaserl in der Hand auf dem Bankerl vor dem Haus sitzen und den Herrgott einen guten Mann sein lassen.

Ich selbst finde gerade dieses Nebeneinander von önologischen High-Tech-Schmieden und verträumten, alten Presshäusern, von modernen Weintypen und klassisch-reschen Brünnerstraßlern besonders reizvoll, wobei ich gar nichts dagegen habe, wenn diese Brünnerstraßler immer öfter sauber und reintönig ins Glas kommen.

Abgesehen davon, gibt es natürlich auch nach wie vor einen großen Markt für einfache, aber saubere Qualitätsweine – auch im Doppler. Schließlich ist es nicht jedermanns Sache, täglich einen „Brummer" mit 14 Prozent Alkohol zu trinken, und abgesehen davon gehen solch edle Kreszenzen inzwischen ja auch ganz schön ins Geld. Außerdem ist noch zu erwähnen, dass ein beachtlicher Teil der Trauben, die entlang der Brünner Straße wachsen, gar nicht zu

Stillwein, sondern zu Sekt verarbeitet wird. Für die großen Wiener Sektkellereien ist das Weinviertel diesbezüglich der wichtigste Lieferant, da für Sekt gerade die frischen, fruchtigen und säurebetonten Weine das beste Grundmaterial darstellen.

Entlang der Brünner Straße

Die Brünner Straße beginnt bereits in Wien, dem wir ein eigenes Kapitel widmen werden, und führt durch Stammersdorf hinaus ins Weinviertel. Will man etwas von dieser Landschaft in sich aufnehmen, genügt es allerdings nicht, einfach durchzubrettern. Das Weinviertel will erlebt, erfahren (im wahrsten Sinne des Wortes), aber auch einfach ersessen werden. Man muss sich hier einmal einige Zeit aufhalten, einige Viertel des Brünnerstraßlers mit Bedacht zu sich nehmen und Land und Leute auf sich wirken lassen, ohne gleich mit einer generalstabsmäßigen und gezielten „Landnahme" zu beginnen. Nimmt man sich die nötige Zeit, so bedarf es oft nur kurzer Stichfahrten von der Brünner Straße in die nahe gelegenen Dörfer und das dazugehörige Umland, um die eigenwillige Schönheit dieser Landschaft zu entdecken.
In der gewerblich-industriellen Peripherie von Wolkersdorf, dem wir uns nun nähern, ist davon auf den ersten Blick allerdings wenig zu sehen. Der alte Kern des Ortes präsentiert sich hingegen recht ansehnlich, mit einem Wasserschloss inklusive Taverne, in dem einst Napoleon kurz Rast machte. Jedes Jahr ist das Schloss Schauplatz des „Kultursommers" mit Musik, Theater, Kabarett und Kinderprogramm. Besuchenswerte Weinbaubetriebe in Wolkersdorf sind unter anderem das **Weingut Pleil** und das **Weingut Faber-Klöchl**. Wer wirklich gute Regionalküche sucht, besucht entweder das **„Stadtwirtshaus Wolkersdorf"**, wo das bewährte Team des inzwischen geschlossenen Kronberghofs werkt, oder fährt noch ein Stück hinaus, nach Riedenthal ob Wolkersdorf. In der alten Dorfschule hat dort der langjährige Küchenchef des Wiener Hotels Intercontinental, **Manfred Buchinger**, seine Kochtöpfe aufgestellt und erfreut die Gäste mit regionalen Spezialitäten und so mancher Wein-Überraschung. Das gelingt ihm so gut, dass viele Gäste extra aus Wien hierherpilgern.
Doch das Weinviertel hat nicht nur in Sachen Wein und Kulinarik einiges zu bieten, sondern auch an Museen, und daher nutzen wir jetzt die Gelegenheit, unter Beweis zu stellen, dass wir nicht nur immer an die leiblichen Genüsse denken. Eines dieser Museen befindet sich nahe Wolkersdorf in **Groß-Schweinbarth**. Es nennt sich „Niederösterreichisches Museum für Volkskultur" und beinhaltet neben einem Sammelsurium von volkskundlichen Objekten aus ganz Österreich ein Hirtenmuseum mit Hirtenstäben aus aller Welt. Außerdem zeichnet sich Groß-Schweinbarth durch ein Schloss und natürlich durch den allgegenwärtigen Weinbau aus, der hier unter anderem zum jährlichen Weinfest bei den malerischen Kellern des nahen Zeiseltals führt.
Am Weg in Richtung Gaweinstal streifen wir auch **Bad Pirawath**, das aufgrund seiner heilkräftigen Quellen schon im vergangenen Jahrhundert ein weithin bekannter und sogar recht mondäner Kurort war. In den 1980er-Jahren wurde freilich der Kurbetrieb eingestellt – ein typisches Weinviertler Schicksal – und erst seit 1997 wird das Heilwasser wieder für ein Rehabilitationszentrum genutzt; von der einstigen Weltläufigkeit und dem Flair der Kurstätte ist heute freilich nicht mehr viel zu sehen.

Brünnerstraßler in der Wein-Lodge

Bewegt man sich von Wolkersdorf in nordwestlicher Richtung – also links – weiter durch die Gegend, so wird man gleich auf eine Reihe von Weinviertler Attraktionen und Kuriositäten stoßen. Im **Kreuttal**, von Ulrichskirchen aufwärts, fädelt sich entlang des Rußbachs eine Kette von sehenswerten, historischen Mühlen auf. Und in **Unterolberndorf** befindet sich eine geschichtlich bemerkenswerte Gaststätte: Im Gasthof „Zum Grünen Jäger" hat der damals im Exil lebende spätere Präsident von Uganda, Museveni, sein künftiges Regierungskonzept, das „Unterolberndorfer Programm", ausgearbeitet, das Jahre später auch tatsächlich umgesetzt wurde. Außerdem wartet Unterolberndorf noch mit einem Geheimtipp in Sachen Wein auf, dem kleinen Weingut samt Heurigenbetrieb von **Hannes Sauer**. Eine Empfehlung, die ich meinem geschätzten Fotografen Gerhard Trumler verdanke und die ich gerne weitergebe.
Unweit von hier befindet sich in Kronberg der bekannte „Himmelkeller" des Künstlers Hermann Bauch. Bauch, der unter anderem mit seinen Mosaikarbeiten international bekannt wurde, hat sich seine eigene kleine Welt mit Kunstwerken, Antiquitäten und Versatzstücken – das Spektrum reicht

vom unterirdischen Kultraum der Templer bis zum Weinmuseum – eingerichtet.

Wer sich für Industriearchitektur interessiert, dem sei noch das ehemalige Ziegelwerk mit sehenswertem altem Ziegelofen in Neubau-Kreuzstetten empfohlen, wir hingegen sind bereits in Gaweinstal eingelangt und halten nun auf Osten zu, wo Wein und Kultur auf uns warten. Erste Station ist das **Weingut von Else Zuschmann-Schöfmann und Peter Schöfmann** in Martinsdorf, die ihrem Betrieb komfortable Appartements und eine moderne „Wein-Lodge" angeschlossen haben. Es könnte hier also etwas länger dauern, ehe es weitergeht zum **Diem** in Hohenruppersdorf, der ebenfalls zu den besten Winzern der Region zählt. Nach so viel Wein ist jetzt Zeit für ein bisschen Geschichte-Unterricht, und zwar im Freilichtmuseum von Niedersulz. Alle Häuser, die hier stehen, stammen aus der Region und wurden mehr oder minder von einem einzigen Mann, dem inzwischen zum Professor geadelten Restaurator und „Dorfbaumeister" Josef Geissler, gebaut. Damit die Geschichte nicht zu trocken wird, gibt es hier auch ein „Dorfwirtshaus" und eine Vinothek.

Nördlich von Gaweinstal heißt es, die Aufmerksamkeit wieder auf die linke Seite der Straße zu richten; nicht etwa auf Mistelbach, das zwar Bezirkshauptstadt, aber weinmäßig relativ unbedeutend ist, sondern in Richtung des winzigen Nestes Höbersbrunn, wo der Winzer mit dem erdigen Namen **Leberwurst** seine typischen, reschen Brünnerstraßler keltert. Vor Wilfersdorf schwärmen wir wieder einmal aus, denn die interessanten Landmarken tun sich zu beiden Seiten des Weges auf. Rechter Hand geht es in Richtung **Neusiedl an der Zaya**, wo so manche Pionierleistung des heimischen Ölbohrwesens vollbracht wurde und die vielen Ölbohrtürme der Landschaft ein texanisch anmutendes Gepräge geben. Das allein würde uns freilich nicht hierherlocken, schließlich sind wir ja hier, um zu genießen, und da bieten sich gleich zwei Möglichkeiten: Erstens der **Heurige Martinshof** in Neusiedl an der Zaya, der mit einigen der besten Weine der Region lockt, und zweitens das nicht unkuriose **Restaurant am Steinberg** bei Zistersdorf, das neben Niederösterreichs größter Puppen- und Teddybärensammlung ordentliche Steaks und einen unerwartet schönen Ausblick über das weite Land des Marchfeldes bis zu den kleinen Karpaten bietet.

Schloss Liechtenstein in Wilfersdorf: Verwaltungszentrum der fürstlichen Weingüter.

Vom Fürstenschloss zum Berggericht

Ein Land übrigens, von dem früher beträchtliche – und heute etwas weniger beträchtliche – Teile der Fürstenfamilie von Liechtenstein gehörten, die hier große landwirtschaftliche Güter ihr Eigen nennt. Im Schloss von Wilfersdorf war und ist auch das Verwaltungszentrum für die fürstlichen Weingüter, die ihre Weingärten noch weiter nördlich in Herrnbaumgarten haben und neben ausgezeichneten Weißweinen auch einige der besten Roten des Weinviertels keltern. Freilich sind die heutigen Besitzungen der Liechtensteiner geradezu unbedeutend, wenn man bedenkt, dass sie früher außerdem die herrlichen Schlösser **Feldsberg (Valtice)** und **Eisgrub (Lednice)** ihr Eigen nannten, die heute unmittelbar über

Die Luisenmühle in Kreuttal: Der Zahn der Zeit nagt, doch der Mensch hält dagegen.

der Grenze auf tschechischem Staatsgebiet liegen. Allein für diese zwei Bauwerke, die durch eine schnurgerade, sechs Kilometer lange Allee verbunden sind und zu denen auch das ehemalige Liechtensteinische Weingut mit dem größten Gewölbekeller Europas gehört, lohnt es sich, einen kleinen Abstecher auf die tschechische Seite der Grenze zu machen.

Allerdings haben wir jetzt vorgegriffen, wir sind ja noch gar nicht so weit im Norden, denn da liegt noch **Poysdorf**, eines der großen Weinbauzentren des Weinviertels, zu beiden Seiten der Brünner Straße und damit direkt vor uns. Der Weinbau hat hier eine jahrhundertelange Tradition und alles scheint sich um den Rebensaft zu drehen. Man findet eine „Weinviertler Erlebnisstraße", die von Keller zu Keller führt, einen Weinmarkt, in dem die Weine von 29 Poysdorfer Winzern versammelt sind, und natürlich äußert sich die önologische Omnipräsenz in zahlreichen Weinfesten und -präsentationen, von der „Weintaufe" über die „Poysdorfer Weinparade" zu Pfingsten bis zum immerhin vier Tage dauernden Bezirksweinfest im September. Neben einigen arrivierten Weingütern wie dem **Taubenschuss** sind hier in den vergangenen Jahren vor allem junge Winzer und Winzerinnen mit enormem Drive zur Sache gegangen und haben die Poysdorfer Weinszene richtig mit Leben erfüllt. Dazu zählen die **Schuckerts**, die auch beachtliche Rotweine keltern, das Senkrechtstarter-Winzerpaar **Ebner-Ebenauer**, das **Weingut Hirtl** sowie die quirlige **Susanne Bernatz** mit **Max Riegelhofer** vom gleichnamigen Weingut, die gemeinsam mit dem Haus Schlumberger eine sehenswerte „Sektwelt" im alten Gewölbekeller eingerichtet haben.

Hier hat man also jede Menge zu besichtigen und zu kosten, und weil das in einem Tag eigentlich gar nicht zu bewältigen ist, gibt es das Hotel Veltlin vor den Toren der Stadt, wo man gut wohnen, essen und trinken, aber auch wunderbar Golf spielen kann.

Wer so wie ich dieser hohen Kunst nicht mächtig ist, wird anderntags weiterziehen und noch den äußersten Norden des Weinviertels inspizieren. Herrnbaumgarten ist ein guter Boden für Rotweine und Falkenstein, etwas weiter westlich, eine wahre Perle des Weinviertels. Einst war Falkenstein Sitz eines eigenen „Berggerichts" und das Zentrum des Weinbaus zwischen Brünn und Wien. Heute gibt man es in dem wunderschön zwischen sanften Hügeln und steil aufragenden Kalkklippen eingebetteten Weinort etwas bescheidener. Doch in den 185 Hektaren Weingärten von Falkenstein schlummert nach wie vor ein großes Potenzial. Ein Schatz, den Quereinsteiger wie Christoph Körner vom **Weingut Dürnberg**, vormals Vinothekar zu Wien, oder alte Hasen wie **Josef Salomon** und **Leo Jauk** durchaus zu heben imstande sind. Wer den Bogen zwischen Geschichte und Gegenwart so richtig spüren will, sollte diese Tour mit zwei Heurigenbesuchen abschließen. Bei Leo Jauk sitzt man in einem imposanten Natursteingewölbe aus dem 14. Jahrhundert, während man im komplett neu gebauten **Weingut Stadler** ganz auf helles Holz, Glas und moderne Architektur setzt. Gut schmeckt's freilich da wie dort.

Weinviertel DAC:
Da, wo der Pfeffer wächst ...

Das Weinviertel ist seit dem Jahr 2003 Österreichs erste Weinbauregion mit der geschützten Herkunftsbezeichnung „DAC“ (Districtus Austria Controllatus). Die Bezeichnung „Weinviertel DAC“ steht dabei für sorten- und regionstypischen Grünen Veltliner, der rund 50 % der gesamten Rebfläche des Weinviertels ausmacht. Es muss sich dabei um Qualitätswein handeln, der zusätzlich von einer Kostkommission geprüft wird. So wird ein gleichmäßig hohes Qualitätsniveau gesichert und überprüft, ob die Weine den typischen Gebiets- und Sortencharakter – pfeffrig-würziger, zartfruchtiger Geschmack und hellgelbe bis grüngelbe Farbe – aufweisen. Ab dem Jahrgang 2009 wurde für kräftigere Weine eine eigene „Reserve“-Kategorie geschaffen. Für den „normalen“ Weinviertel DAC müssen die Weine nun einen Mindest-Alkoholgehalt von 12 Prozent, für die Reserve von 13 Prozent aufweisen.
Info: www.weinvierteldac.at

Winzer&Weine

Der vorherrschende Weintyp entlang der Brünner Straße sind resche, würzige Weißweine mit knackiger Säure – ein animierendes Trinkvergnügen. Allerdings gibt es auch hier große Unterschiede zwischen den einzelnen Regionen und sogar zwischen den Weinlagen. Spitzenproduzenten keltern kraftvolle und langlebige Weißweine; gute Rotweine aus dieser Region bleiben aber zweifellos auch in Zukunft die Ausnahme.

FALKENSTEIN

Dürnberg

2162 Falkenstein, Neuer Weg 84
Tel. 02554/855 35, Fax -30
E-Mail: weingut@duernberg.at
Internet: www.duernberg.at

Die Adresse dieses von Christoph Körner und Matthias Marchesani geführten Weinguts ist als Programm zu verstehen. Nachdem er hier schon längere Zeit an seinem Weinprojekt gewerkt hat, brachte ein Investor die nötigen Mittel und neuen Schwung in die Sache. Seither lotet man das Falkensteiner Terroir in allen Fassetten aus, vom leichten Spaß-Wein bis zum edlen Lagen-Gewächs.

L. Jauk

2162 Falkenstein 54
Tel. 02554/85 21-7, Fax -6
E-Mail: weingut.jauk@aon.at
Internet: www.weingut-jauk.at

Längst ist Leo Jauk, ebenso wie sein Heuriger, ein Falkensteiner Klassiker. Reife, konzentrierte Weißburgunder gehören ebenso zu den Highlights wie die ausgezeichneten Rotweine.

WEITERE EMPFEHLENSWERTE BETRIEBE

Weingut Salomon

2162 Falkenstein 24, Tel. 02554/854 37
Internet: www.weingut-salomon.at

Weingut Stadler

2162 Falkenstein, Stürzenbühel 104
Tel. 02554/854 17
Internet: www.weingut-stadler.com

Feine Weine und köstliche Schmankerln in einem Heurigen der neuen Art.

HERRNBAUMGARTEN

Weingut Frank

2171 Herrnbaumgarten, Kellergasse 5
Tel. 02555/23 00, Fax-4
E-Mail: frank@weingutfrank.at
Internet: www.weingutfrank.at

Der Betrieb steht auf zwei gleichwertigen Beinen. Die Hälfte der Produktion machen Weißweine aus, allen voran der Grüne Veltliner; beachtlich sind aber auch die animierenden Roten vom Zweigelt bis zur „Bordeaux-Cuvée“ aus Merlot und Cabernet Sauvignon.

HÖBERSBRUNN

Josef Leberwurst

2191 Höbersbrunn, Obere Landstraße 27
Tel. 02574/22 51, Fax 35 92

E-Mail: winzerhof.leberwurst@gmail.com
Josef Leberwurst ist einer der Pioniere des Weinviertler Weinbaus und keltert neben dem typisch reschen Grünen Veltliner auch recht beachtliche Rotweine von hoher Reife.

KLEINHADERSDORF

Weinrieder

2170 Kleinhadersdorf, Untere Ortsstraße 44
Tel. 02552/22 41, Fax 37 08
E-Mail: weinrieder@netway.at
Internet: www.weinrieder.at

Weil Fritz Rieder, bekannt als „Weinrieder“, mit seinen hervorragenden Hochprädikats-

Eine Koproduktion zwischen Künstler Hermann Nitsch und Winzer Michael Martin, in dessen Keller die alte Baumpresse (unten) steht: der „Nitsch-Doppler“, gefüllt mit einem Gemischten Satz.
Seite 154: Die Kirche von Groß-Schweinbarth, wo sich das Museum für Volkskultur befindet.

Im modernen Weingut Zuschmann-Schöfmann in Martinsdorf ist nicht nur gut Wein kosten, sondern in der neuen „Wein-Lodge" läßt es sich auch ausgezeichnet genießen und übernachten.

weinen so erfolgreich ist, könnte man glatt vergessen, dass er auch das trockene Fach bestens beherrscht. Sollte man aber nicht.

MARTINSDORF

Zuschmann-Schöfmann

2223 Martinsdorf, Winzergasse 52
Tel: 02574/84 28, Fax 851 14
E-Mail: office@zuschmann.at
Internet: www.zuschmann.at

In diesem jungen, weltoffenen Betrieb wird ganz bewusst auch ein echter „Brünnerstraßler" gekeltert – Tradition verpflichtet. Daneben gibt es aber auch elaboriertere Tropfen wie den mächtigen Veltliner „Opal" oder den eleganten Pinot noir. Das Sortiment ist breit aufgestellt, darum stehen für eingehende und genussvolle Kost-Studien eine moderne Wein-Lodge und für geruhsamen Schlaf gediegene Appartements zur Verfügung.

NEUSIEDL AN DER ZAYA

Martinshof

2183 St.Ulrich-Neusiedl an der Zaya
Hauptstraße 28
Tel. 02533/897 77, Fax -4
E-Mail: weingut@martinshof.at
Internet: www.martinshof.at

Michael Martin entlockt dem Weinviertel Fassetten, die man hier gar nicht vermutet hätte. Das gilt für burgundische Veltliner ebenso wie für den eleganten und animierenden Pinot noir. Nicht zu vergessen der „Nitsch-Wein", ein Edel-Doppler, der einfach nur Trinkfreude bereitet. Nachzukosten im modernen Heurigen des Hauses, unbedingt!

POYSDORF

Ebner-Ebenauer

2170 Poysdorf, Laaer Straße 5
Tel. 02552/26 53
E-Mail: office@ebner-ebenauer.at
Inernet: www.ebner-ebenauer.at

Jenseits des Brünnestraßlers kreieren Marion und Manfred Ebner-Ebenauer Weine von edlem Geblüt: einen Veltliner von alten Reben, vom Holz geküsst, einen mächtigen Chardonnay, eleganten Pinot noir. Das alles in noble Flaschen gefüllt, insbesondere die „Black Edition" – so kann Weinviertel auch schmecken und aussehen!

Hirtl

2170 Poysdorf, Brunngasse 72
Tel.+Fax: 02552/21 82
E-Mail: weingut.hirtl@utanet.at
Internet: www.weingut-hirtl.at

Bei einem Gründungsjahr 1729 ist Tradition natürlich wichtig – und die heißt: Grüner Veltliner. Die Moderne heißt Chardonnay, in leicht und kräftig. Auch super!

Karl Neustifter

2170 Poysdorf, Laaerstraße 10
Tel.+Fax: 02552/34 35
E-Mail: wein-neustifter@aon.at
Internet: www.weingut-neustifter.at

Im 100 Meter langen und aus 80.000 Ziegeln neu gebauten Gewölbekeller keltert Karl Neustifter neben den regionstypischen trockenen Weißweinen auch eine breite Palette von beachtlichen Roten, die rund 40 Prozent der gesamten Produktion des Weinguts ausmachen.

Prickelndes Vergnügen en gros: der Frizzante vom Weingut Sauer in Unterolberndorf.

Riegelhofer

2170 Poysdorf, Hindenburgstraße 10
Tel. 02552/24 23, Fax -4
Mobil 0664/402 65 22,
E-Mail: post@riegelhofer.at
Internet: www.riegelhofer.at

Ein Weingut der neuen Generation. Moderne Weine – auch wenn sie teilweise aus sehr alten Reben stammen, flotte Aufmachung, kommunikative Winzersleut. Gemeinsam mit dem Traditionshaus Schlumberger betreibt man auch die „Sektwelt" im alten Gewölbekeller.

Rainer Schuckert

2170 Poysdorf, Wilhelmsdorferstraße 40
Tel. 02552/23 89, Fax: 293 89
E-Mail: weingut@schuckert.com
Internet: www.schuckert.com

Dass man im gemütlichen Koststüberl der Familie Schuckert einen guten Grünen Veltliner vorgesetzt bekommt, wird niemanden wundern. Die ausgezeichnete Qualität von Merlot, Pinot noir und sogar Cabernet Sauvignon hingegen schon.

Helmut Taubenschuss

2170 Poysdorf, Körnergasse 2
Tel. 02552/25 89, Fax: -4
E-Mail: weingut@taubenschuss.at
Internet: www.taubenschuss.at

Vor allem mit Grünen Veltlinern in allen Spielarten schießt man in diesem 1670 gegründeten Betrieb den Vogel ab. Kein Wunder, denn Helmut Taubenschuss war in Poysdorf einer der Ersten, die konsequent auf hohe Qualität gesetzt haben.

SCHRATTENBERG

Weingut Schwarz

2172 Schrattenberg, Kleine Zeile 8
Tel. 02555/25 44, Fax -4
E-Mail: office@schwarzwines.com
Internet: www.schwarzwines.com

Alois und Reinhold Schwarz schaffen es, mit strengster Ertragsbegrenzung Rotweine zu keltern, die man hier gar nicht vermuten würde. Die „Grande Reserve" hat zwar ihren Preis – aber auch ihren Wert.

UNTEROLBERNDORF

Weingut Sauer

2123 Unterolberndorf, Mittelgasse 6
Tel. 02245/893 96
E-Mail: weingut.sauer@utanet.at
Internet: www.kreuttal.at/Heurigenschank/Heuriger_Sauer

Klein, aber oho ist dieser engagiert geführte Betrieb, wo man im gemütlichen Buschenschank unter anderem einen herrlichen Müller-Thurgau (Riesling x Sylvaner) genießen kann.

WILFERSDORF

Hofkellerei Stiftung Fürst Liechtenstein
2193 Wilfersdorf, Brünner Straße 8
Tel. 02573/22 19-27, Fax: 22 19 47
E-Mail: hofkellerei@sfl.at
Internet: www.hofkellerei.at

In der fürstlichen Kellerei trägt man der Tatsache Rechnung, dass Herrnbaumgarten eine gute Ecke für Rotwein ist. Mehr als die Hälfte der Flächen ist mit Rotweinreben bestockt, aus denen beachtliche, elegante Weine wie der Merlot „Amberola" und der Zweigelt „Profundo" entstehen.

Essen

Gasthaus Frank

2201 Gerasdorf bei Wien, Hauptstraße 4,
Tel. 02246/22 20
Internet: www.gasthausfrank.at

Der junge Andreas Frank bietet seinen Gästen Wirtshausküche vom Feinsten – aber auch immer wieder vielgängige Gourmet-Menüs.

Stadtwirtshaus Wolkersdorf

2120 Wolkersdorf, Hauptstraße 41
Tel. 02245/43 04
Internet: www.stadtwirtshaus-wolkersdorf.at

Unter den Gewölben eines der ältesten Häuser von Wolkersdorf wird leicht und bodenständig mit Produkten der Region aufgekocht.

Der Magister als Jäger: der Gasthof zum grünen Jäger in Unterolberndorf.

Buchingers Gasthaus „Zur alten Schule"

2122 Riedenthal ob Wolkersdorf
Wolkersdorfer Straße 6
Tel. 02245/825 00, Fax 837 02
E-Mail: manfred@buchingers.at
Internet: www.buchingers.at

Im witzigen Ambiente einer alten Dorfschule genießt man die kreative Regionalküche eines der einfallsreichsten Köche Österreichs und macht dazu in der hauseigenen Garagen-Vinothek immer wieder interessante Entdeckungen. Zitat Buchinger: „Und wia kochn wia di teifln fir eich ..."

Hotel Restaurant „Zur Linde"

2130 Mistelbach, Bahnstraße 49
Tel. 02572/24 09
E-Mail: fam.polak@zur-linde.at
Internet: www.zur-linde.at

Zu Mittag gibt man sich in diesem nun von der dritten Generation geführten Haus bewusst wirtshäuslich-bodenständig. Abends darf es dann schon auch einmal ein Gourmet-Menü, begleitet von den Weinen der eigenen Vinothek, sein.

Gasthof Mewald

2151 Olgersdorf 48
Tel. 02577/82 26, Fax -4

Mehr als 200 Sorten Kürbisse kultivieren die Mewalds – und servieren sie in allen Variationen.

Gasthof Weiler

2136 Laa an der Thaya
Staatsbahnstraße 60
Tel.+Fax 02522/23 79
E-Mail: martin.weiler@direkt.at
Internet: www.weilerlaa.at

Der langjährige Toni-Mörwald-Mitstreiter Martin Weiler leistet sich den „Luxus der einfachen Küche" – das heißt: regional orientiert, aber auf hohem Niveau verfeinert. Als „Takeaway" kauft man hier eingelegte Köstlichkeiten aus der Region.

Gasthof-Pension Zum Grünen Jäger

2123 Unterolberndorf, Hauptplatz 4
Tel. 02245/893 18, Fax. 02245/890 05
E-Mail: gasthof.magister@kreuttal.at

Restaurant „Am Steinberg"

2225 Zistersdorf, Tel. 02532/27 03
E-Mail: office@hotel-steinberg.at
Internet: www.hotel-steinberg.at

Bekannt für die schöne Aussicht und die guten Steaks.

Zum grünen Baum

2225 Zistersdorf, Landstraße 1
Tel. 02532/815 55
Internet: www.gasthauszumgruenenbaum.at

Gemütlicher Landgasthof mit klassischer und moderner Wirtshausküche – ein Platz zum Wohlfühlen und Genießen.

Gastwirtschaft Neunläuf

2193 Wilfersdorf/Hobersdorf
Wiener Straße 4
Tel. 02573/259 99, Fax: 02573/259 00
E-Mail: neunlaeuf@aon.at
Internet: www.neunlaeuf.at

Regional und saisonal, so wie es sich für ein Wirtshaus gehört, ist hier die Küche. Schöner Garten und gut sortierte Vinothek.

Über Nacht

Hotel Veltlin

2170 Poysdorf, Am Golfplatz 9
Tel. 02552/206 06
E-Mail: info@hotelveltlin.at
Internet: www.hotelveltlin.at

Komfortables 4-Sterne-Hotel mitten in den Weingärten mit Wellness-Bereich, Restaurant und Golfplatz.

Weingut Zuschmann-Schöffmann

Martinsdorf, s. Winzer

Hotel-Restaurant Auhof

2134 Staatz-Kautendorf, Wultendorf 127
Tel. 02524/24 67-0, Fax -8
E-Mail auhof-wultendorf@aon.at
Internet: www.tiscover.at/auhof-hotel

Kleines, modernes und ruhig gelegenes Landhotel bei Staatz mit Swimmingpool.

Franz Zesch

2172 Schrattenberg, Kirchenplatz 6
Tel. 02555/23 34

Wild, Bauernspeck, Weißwurst, Hauswürstl

Restaurant „Am Steinberg"

Zistersdorf; s. Essen

Zimmer mit Aussicht!

Genusstipps

Vinothek im Liechtenstein-Schloss Wilfersdorf

2193 Wilfersdorf, Hauptstraße 1
Tel. 02573/33 56-15
Internet: www.liechtenstein-schloss-wilfersdorf.at

Weine von 14 Winzern der Umgebung, die auch im Schlossheurigen ausgeschenkt werden.

Weinmarkt und Informationsbüro im Reichensteinhof

2170 Poysdorf
Tel. 02552/203 71, Fax 02252/37 15
E-Mail: weinmarkt@poysdorf.at
Internet: www.weinmarkt-poysdorf.at

Gebietsvinothek mit Weinen von rund 30 Winzern.

Wino Vinothek & Weinbar

2170 Poysdorf, Brünner Straße 20 c
Tel. 02552/201 05, Mobil: 0664/990 32 40
E-Mail: office@wino.at
Internet: www.wino.at

Rund 220 Weine aus der Region, Österreich und dem Ausland liegen im Keller, 15–20 davon werden abwechselnd offen ausgeschenkt.

Hauervinothek im Dorfwirtshaus

2130 Eibesthal, Am Schenkberg 2
Tel. 02572/28 53, Mobil 0664/185 81 73
E-Mail: faber.koechl@nanet.at

GebietsVinothek im Weinviertler Schiff

2130 Siebenhirten, Kulturzentrum
Tel. 0676/518 30 84, Fax 02572/206 74-4
E-Mail: josef.gemeiner@aon.at
Internet: www.7hirten.at

Bauernarnt – Vinothek

2130 Mistelbach, Winzerschulgasse 50
Tel. 02572/200 48-5, Fax -4
E-Mail: schrederv@lfs-mistelbach.ac.at
Internet: www.bauernarnt.at

Bauernladen und Vinothek

Weinmarkt Laa

2136 Laa an der Thaya, Stadtplatz 17
Tel. 02522/842 30

Lucky Pig Freilandschwein

2144 Altlichtenwarth, Bahnzeile 434
Tel. 02533/80 15 10
Internet: www.lucky-pig.at

Freilandschweine und Schweinefleisch-Produkte

Biohof Kraft

2126 Herrnleis 8, Tel. 02575/27 22
Internet: www.biokraft.at.tt

Fleisch, Kartoffeln, Getreide aus biologischer Produktion

R. Schmid – Spezi-Fleischer

2126 Ladendorf, Hauptstraße 80
Tel. 02575/22 57
Internet: www.spezifleischer.at

Wild aus dem Weinviertel

Hynek Confiserie Collection

2130 Mistelbach, Hafnerstraße 7
Tel. 02572/23 71

Veltlinertrüffel & anderes Konfekt

Stöger

2164 Neuruppersdorf 65
Tel. 02523/82 77
Internet: www.stoeger-oel.at

Distel-, Lein- und andere Öle

Kräuterdorf Neuruppersdorf

2164 Neuruppersdorf 12
Tel. 02523/200 24
Internet: www.kraeuterdorf-neuruppersdorf.at

Kräuterapotheke, Wildkräutergarten etc.

Traun'sche Forstverwaltung

2120 Wolkersdorf, Rudolfgasse 1
Tel. 02245/220 60
Internet: www.atf.at

Weinviertler Wild

Natur&Kultur

Weinstadt-Museum Poysdorf

Dargestellt werden die Weinmythologie und die Geschichte des Weines in jeder Epoche; das Freigelände zeigt die Arbeit des Winzers, archäologisch interessant, von Ende März bis Ende Oktober geöffnet.
Brünner Straße 9, Poysdorf
Tel. 02552/203 71

Museumszentrum Mistelbach

Zeigt im Jahr 2010 den einmaligen „Barbarenschatz", den größten römerzeitlichen Metallfund, zusätzlich gibt es im MZM Hermann Nitsch Museum eine Privatsammlung seiner Werke zu besichtigen, von Februar bis November geöffnet, *Waldstraße 44–46, Mistelbach, Tel. 02572/207 19, www.mzmistelbach.at*

Liechtenstein Schloss Wilfersdorf

Ist die Wiege des Fürstenhauses Liechtenstein, Dauerausstellung im Hauptgebäude, Heimatmuseum im Nebentrakt, Führungen, jeden 2. Samstag im Monat Kinderprogramm, von 1. April bis 1. November geöffnet;
Hauptstraße 1, Wilfersdorf, Tel. 02573/33 56, www.liechtenstein-schloss-wilfersdorf.at

Museumsdorf Niedersulz

Das größte Freilichtmuseum Niederösterreichs ist ein Museum der besonderen Art, Querschnitt der Volkskultur des Weinviertels und Einblick in die Arbeit der Handwerker, zu besichtigen gibt es unter anderem eine Weinpressensammlung, eine Textilsammlung und Blumenraritäten;
Niedersulz 250, Tel. 02534/333
www.museumsdorf.at

Nonseum

Präsentiert skurille und kuriose Erfindungen und Einfälle; zu den erstaunlichen Exponaten zählen ausrollbare Zebrastreifen, Schlafsackkolonien für Fledermäuse, eine Schäfchenzählmaschine oder ein Dreirad für Zwillinge; geöffnet von März bis Oktober; *Poysbrunner Straße 9, Herrnbaumgarten, Tel. 02555/27 37, www.nonseum.at*

Urgeschichtemuseum Nieder - österreich Asparn/Zaya

Eine eindrucksvolle Präsentationsstätte für die Kulturgeschichte der Menschheit in Österreich vom Zeitalter der Mammutjäger bis zur Kultur der Kelten. Archäologisches Freigelände mit Nachbauten prähistorischer Behausungen zum Begehen, Kinder-Führungen jeden dritten Sonntag im Monat; *Dr.-Franz-Hampl-Platz 1, Asparn an der Zaya, Tel. 02577/841 80.*
www.urgeschichte.at

Tierpark Ernstbrunn (ca. 15 km entfernt)
Großmugl: größter Grabhügel Mitteleuropas der Hallstattzeit (ca. 20 km entfernt)
Oberleiserberg: germanischer Königssitz, Tafelberg mit Aussichtswarte (ca. 10 km entfernt)

Oldtimermuseum Poysdorf

zu den Prunkstücken des Museums zählen ein Steyr-Opel, ein Porsche Cabrio, mehrere Tatras und ein Puch 500, von Ostern bis Ende Oktober an Sonn- und Feiertagen geöffnet, *Liechtensteinstraße 68, Poysdorf,*
Tel. 0664/562 26 74

Himmelkeller

2123 Kronberg, Tel. 0699/174 422 65
E-Mail: office@himmelkeller.at
Internet: www.himmelkeller.at

Burgruine Falkenstein

Die Wallburg steht auf einer 80 Meter hohen Felsklippe und ist für Sonnenunter-

Handwerkskunst im Weinland: kunstvoll getischlerte Weinkellertüren in Kronberg.

gänge empfehlenswert, Burgführungen, Weinlehrpfadführungen, *Falkenstein 60, Tel. 02554/853 40*

WELLNESS

Therme Laa

2136 Laa an der Thaya, Thermenplatz 3
Tel. 02522/847 00-0, Fax: -755
E-Mail: hotel.reservierung@therme-laa.at
Internet: www.therme-laa.at

Ideal für die ganze Familie und das Schlechtwetterprogramm bei Weintouren. Umfassendes Wellness-Angebot und komfortables Wohlfühl-Hotel.

TERMINE

Poysdorfer Weinparade (Pfingsten)
Schindergassenfest, Herrnbaumgarten (Juni)
Herbstfest im Museumsdorf, Sulz (Okt)
Winzerfest Poysdorf, Poysdorf (Sept)
Wein, Kunst & Kultur, Falkenstein (Sept)
Weintaufe, Poysdorf (Nov)
Weintaufe und Jungweinverkostung, Falkenstein (Nov)

INFORMATION

Weinviertel Tourismus GmbH

2170 Poysdorf, Kolpingstraße 7
Tel. 02552/35 15, Fax-Klappe 4
E-Mail: info@weinviertel.at
Internet: www.weinviertel.at

Im Reich der Kellergassen

Das Pulkautal nimmt im Weinviertel eine Sonderstellung ein. Es ist eine der trockensten Regionen Österreichs und verfügt – am Rande des Weißweinlandes – über eine richtige „Rotwein-Meile". Außerdem findet man hier einige der schönsten und längsten Kellergassen im ganzen Land.

Das Pulkautal, das sich im nördlichsten Weinviertel praktisch entlang der österreichisch-tschechischen Grenze erstreckt, ist eine beschauliche und mit landschaftlichem Liebreiz gesegnete Ecke von Österreich. Ruhe ist hier die Grundstimmung, grün und gelb sind die Farben, heiß und trocken die Befindlichkeit. Träge liegt der Landstrich da und in der sommerlichen Mittagshitze scheinen die wenigen Dörfer, deren Ortsbild von den einstöckigen niederösterreichischen Straßenhäusern gekennzeichnet ist, wie im tiefen Schlaf. Strukturschwäche und die Grenzlage haben lange Zeit zu einer starken Abwanderung geführt, was die Wirtschaftskraft weiter vermindert, dafür aber auch viele Bausünden verhindert hat.

Einzig der hässliche und stark befahrene Straßenkorridor, der sich durch Haugsdorf zum gleichnamigen Grenzübergang hinaufwindet, zieht hier eine isolierte, völlig unzugehörig wirkende Schneise lärmender Betriebsamkeit durch das Land. Glücklicherweise merkt man abseits dieser Straße rein gar nichts von Lärm oder Hektik; im Gegenteil ist die Ruhe in den zahlreichen wunderschönen Kellergassen, die hier „Triften" genannt werden, oft fast unheimlich.

Retz von unten und von oben

Das Pulkautal beginnt zwar eigentlich in Pulkau, doch ist die traditionsreiche Weinhandelsstadt Retz mit ihren unterirdischen Kellerlabyrinthen, ihrem wunderschönen Hauptplatz und dem fashionablen **„Weinquartier"** der logische Ausgangspunkt für diese Tour. Mit diesem Weinzentrum wurde Retz in weinbaulicher Hinsicht wieder stark aufgewertet. Es beherbergt die größte Gebietsvinothek Niederösterreichs mit rund 250 Weinen der 50 wichtigsten Winzer des Weinviertels sowie eine Wein & Cafébar und ist permanent Schauplatz von Wein- und Kulturveranstaltungen. Zudem verfügt das Weinquartier auch über eine Dependance in Wien, wo man statischen Städtern die besten Weinviertler Weine quasi vor die Haustüre trägt (1010 Wien, Hanuschgase 3, Tel. 01/513 43 19). Unbedingt sehenswert sind in Retz die ausgedehnten Weinkelleranlagen, die unter der Stadt eine größere Länge aufweisen als die oberirdischen Verkehrswege. Sie gehen auf die Zeit zurück, als jeder Retzer Bürger das Privileg hatte, mit Wein zu handeln, und die umliegenden Orte verpflichtet waren, ihre Weine nach Retz zu liefern. Dann findet man im unteren Teil des Ortes das **Retzer Weinschlössl**, das um die Jahrhundertwende als „Kaiser-Franz-Josef-Jubiläumsbad" erbaut worden ist und heute ein Restaurant und eine gut sortierte Regionalvinothek enthält. Der **Althof Retz** schließlich beherbergt ein modernes, komfortables Hotel, ein Restaurant und eine Vinothek unter einem historischen Dach. Hier ist auch die „Endstelle" der rund einen Kilometer langen Führung durch das unterirdische Retz; wer gerne weitere Strecken wandert, sollte der oberhalb von Retz stehenden, einzigen funktionierenden Windmühle Österreichs einen Besuch abstatten. Sie ist das Wahrzeichen der Stadt und vom gleich daneben befindlichen **Windmühlen-Heurigen** genießt man einen herrlichen Ausblick über das

Das Wahrzeichen von Retz: die einzige Windmühle Österreichs, die auch noch funktioniert.

Retzer Land. Und weil Wandern durstig macht, kehrt man schließlich ein im „Windmühl-Heurigen“ der Familie Bergmann, der auch die Mühle bereits seit sechs Generationen gehört. Wer sich hier allerdings Wagenrad- und Föhrenbuschen-Romantik erwartet, sollte rasch umschalten: Nach einem kompletten „Refurbishing“ stellt der helle und mit viel Holz und Glas gestaltete Heurige ein architektonisches Kontrastprogramm zur alten Mühle dar. Wen es mehr nach richtig guter Regionalküche als nach Heurigenjause gelüstet, der sollte die Stadt durch das Znaimer Tor in nördlicher Richtung verlassen und ein kurzes Stück in Richtung der ehemaligen „Gurken-Metropole“ der k. u. k. Monarchie fahren. In Unterretzbach kocht Harald Pollak im liebevoll restaurierten **„Retzbacherhof“** das Beste aus regionalen Produkten. Und wenn gerade einmal Ruhetag ist, lässt man sich einfach in **„Pollaks Einkehr“** bei den Weingärten nieder und bekommt ein paar kalte und warme Speisen, ein kühles Bier oder ein Gläschen Wein.

Dem Rotwein entgegen

Doch nun zurück nach Süden, wo sich wenige Kilometer unterhalb von Retz, an den Hängen des Manhartsberges, **Schrattenthal**, die kleinste Weinbaugemeinde und zweitkleinste Stadt Österreichs, befindet. In dem beschaulichen Städtchen, das immerhin über eine Burg und ein Schloss verfügt, geht es freilich alles andere als urban zu. Vinophiles Highlight ist das **Weingut Zull**, nicht nur wegen des futuristisch anmutenden Verkostungsraumes – Käptn Kirk lässt grüßen –, sondern wegen der knackigen

Der Löwe auf dem Retzer Stadtbrunnen bewacht das pittoreske Sgraffitohaus im Hintergrund.

Rieslinge und der eleganten Roten, allen voran ein exzellenter Pinot noir.

Hinunter geht es, zur Weinstadt **Pulkau**, die außer Wein auch einen berühmten holzgeschnitzten Flügelaltar aus dem 16. Jahrhundert beherbergt. Ehe man nun das Pulkautal entlangfährt, lohnt sich noch ein Abstecher nach Süden, in die Veltliner-Hochburg **Röschitz**. Hier sollte man sich nicht nur durch das schier unüberblickbare Angebot der Weinviertler „Nationalrebe“ kosten, was mehrere Tage dauern kann, sondern auch dem berühmten „Weberkeller“ mit seinen „Löss-Schnitzereien“ einen Besuch abstatten.

So, nun aber zurück nach Pulkau und hinein ins Pulkautal, vorbei an Bildstöcken und alten Häusern nach Zellerndorf, zur – gewählten – schönsten Kellergasse des Bezirkes Hollabrunn, während sich die längste Kellergasse Österreichs (immerhin 1,6 Kilometer!) in Hadres befindet. Dazwischen freilich liegen noch Haugsdorf und Jetzelsdorf, in deren heißen Kessellagen besonders die Rotweintrauben zu erstaunlicher Reife gelangen. Einst war hier der Blaue Portugieser tonangebend, doch heutzutage ist der milde Rote mit der weichen Textur ziemlich aus der Mode gekommen. Winzer wie **Christoph Bauer**, **Norbert Bauer** oder **Anton Schöfmann** setzen heute mehr auf die Kraft von Zweigelt, Cabernet Sauvignon oder Merlot. Weiter geht es nun nach Seefeld-Kadolz, das zwar etwas abseits der geschlossenen Rebflächen liegt, aber mit dem mustergültig restaurierten Schloss eine der wenigen Sehenswürdigkeiten und mit dem dazugehörigen Weingut Graf Hardegg einen der besten Weinbaubetriebe der Region aufzuweisen hat. Bei einer Verkostung im sehenswerten modernen Keller – mit Schlossblick! – spannt sich der Bogen vom typischen Weinviertler Veltliner bis zu echten Exoten wie dem Syrah oder dem Viognier, die hier, im nördlichsten Weinviertel, tolle Ergebnisse bringen.

Wohnen im Valley

Ein Großteil der Weingärten des Guts befindet sich etwas weiter südlich im „Mailberg Valley“, so der Name der Qualitätsvereinigung der besten Winzer von **Mailberg**. Die geschützte Kessellage bildet hier optimale Voraussetzungen für den Weinbau, was die Malteser Kreuzritter bereits im

„Mailberg Valley": Schon im zwölften Jahrhundert betrieb der Malteser Ritterorden – links im Bild das Schloss – hier Weinbau; aus und auf gutem Grund.

12. Jahrhundert erkannt haben. Zum Schloss des **Malteser Ritterordens** gehört ein Weingut mit ausgedehnten Weingärten, die seit Jahrzehnten von der Weinkellerei Lenz Moser bewirtschaftet werden und einige der besten Weiß-, aber vor allem auch Rotweine des Weinviertels hervorbringen. Kosten und kaufen kann man diese und die Weine der anderen Mailberg-Valley-Mitglieder in der sehenswerten Vinothek im Gewölbekeller des Schlosses. Übernachten lässt sich's hinter den dicken Mauern des Schlosses ebenfalls sehr komfortabel und stilvoll; wer es dagegen gern modern und gestylt hat, wird im neuen **Weindomizil** des Weinguts Hagn fündig. Wohnen, Essen und Weingenuss stehen hier auf dem Programm und das in einem architektonisch bemerkenswerten, luftig durchlässigen Ambiente. Es leben die Kontraste!

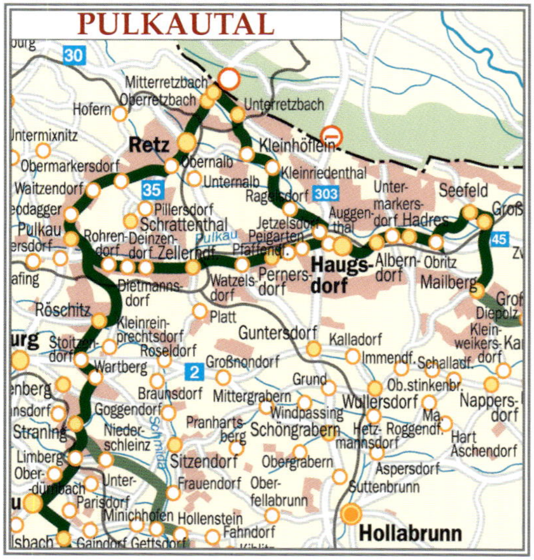

Winzer&Weine

Die klimatischen Gegensätze liegen hier dicht beieinander. Während Röschitz eindeutig besser für den Weißwein geeignet und eines der großen Veltliner-Zentren des Landes ist, finden in Retz, Haugsdorf, Jetzelsdorf und Mailberg auch Rotweine wie der Zweigelt und internationale Sorten wie Merlot, Pinot noir und teilweise sogar Cabernet Sauvignon gute Bedingungen vor.

HAUGSDORF

Anton Schöfmann

2054 Haugsdorf, Kellerstraße 17
Tel.+Fax: 02944/271 63
E-Mail: anton@schoefmann.at
Internet: www.schoefmann.at

Früher war er ein Geheimtipp – dafür hat Anton Schöfmann jetzt einen wunderbaren, modernen Verkostungsraum. Saftige, kraftvolle Rotweine sind seine Domäne und die Cuvée „Hutberg Reserve“ zählt sicher zu den besten Rotweinen des Weinviertels.

JETZELSDORF

Christoph Bauer

2053 Jetzelsdorf 49
Tel. 02944/23 04, Fax: 264 94
E-Mail: office@bauerwein.at
Internet: www.bauerwein.at

Christoph Bauer hat eine große stilistische Bandbreite, die vom kühl-eleganten Pinot noir über eine strukturierte Cabernet-Merlot-Cuvée bis zum dichtfruchtigen Musterschüler „Zweigelt Reserve“ reicht.

Norbert Bauer

2053 Jetzelsdorf 180,
Tel. 02944/25 65, Fax -20
E-Mail: office@bauer-wein.com
Internet: www.bauer-wein.com

Norbert Bauer setzt in diesem traditionsreichen Weingut schon seit langem großteils auf Rotweine und hält auch dem Blauen Portugieser noch die Treue. Aber einen ausgezeichneten Grünen Veltliner findet man hier doch auch.

MAILBERG

Josef Zens

2024 Mailberg, Holzgasse 66
Tel. 02943/35 57, Fax 28 03
E-Mail: office@weingutzens.at
Internet: www.weingutzens.at

Josef Zens ist ein Traditionalist und keltert auf erfreuliche Weise unaufgeregte Weißweine vom Veltliner, Weißburgunder, Traminer oder Chardonnay, die gerne auch etwas länger im Keller liegen. Sehenswert: die Fossilien in Zens’ Naturkeller.

Schlossweingut Malteser Ritterorden

2024 Mailberg, Schaflerhof 199

Vertrieb und Kontakt:
Weinkellerei Lenz Moser
3495 Rohrendorf bei Krems
Lenz-Moser-Straße 1
Tel. 02732/855 41, Fax: 859 00
E-Mail: office@lenzmoser.at
Internet: www.lenzmoser.at

Neben dem Grünen Veltliner vom „Hundschupfen" sind vor allem die Rotweine von alten Anlagen – Lenz Moser pflanzte hier bereits ab dem Jahr 1969 Cabernet-Sauvignon-Stöcke – bemerkenswert: Premium-Wein ist die fruchtcharmante, elegante Cuvée „Kommende Mailberg" aus Cabernet Sauvignon und Merlot.

Weingut Hagn

2024 Mailberg 154
Tel. 02943/22 56, Fax-72
E-Mail: info@hagn.at
Internet: www.hagn-weingut.at

Das Weingut Hagn ist ein großer, traditionsreicher und seit langem qualitätsorientierter Weinbaubetrieb, aus dessen breiter Palette die reifen Veltliner wie „Hundschupfen" und „Premium Mailberg" herausragen.

OBERMARKERSDORF

Manfred Bannert

2073 Obermarkersdorf 198
Tel. 02942/82 37, Fax-6
E-Mail: office@weingutbannert.com
Internet: www.weingutbannert.com

Frische, fruchtige Weißweine vom Grünen Veltliner, von Muskateller, Riesling, Sauvignon & Co sind das Markenzeichen von Manfred Bannert.

Hier probiert man Rotwein: moderner Kostraum im Weingut Schöfmann mit Lehmwand (oben).
Was lange ruht, wird endlich gut: Christoph Bauers Weine haben es gerne kühl (unten).
Linke Seite: Kunstvolle Löss-Schnitzereien im berühmten „Weber-Keller" in Röschitz.

Herbert Studeny

2073 Obermarkersdorf 174
Tel. 02942/82 52, Fax-20
E-Mail: office@studeny.at
Internet: www.studeny.at

Herbert Studeny setzt stark auf die Weißweine und bringt mit seinem Weinviertel DAC „Atschbach" einen Top-Veltliner heraus; doch auch die anderen Veltliner, Chardonnay, Riesling & Co machen bei einem sehr fairen Preis-Leistungs-Verhältnis viel Spaß.

PLATT

Weingut Fidesser

2051 Platt, Am Anger 39
Tel.+Fax 02945/25 92
E-Mail: weingut@fidesser.at
Internet: www.fidesser.at

Bunt ist das Farbenspektrum der Weißweine hier: Grüner Veltliner, Roter Veltliner, Gelber Muskateller, Weißer Traminer – und das alles in sehr feiner Qualität.

RÖSCHITZ

Weingut Stift Altenburg

3743 Röschitz, Winzerstraße 46
Tel. 02984/27 65, Fax-25
E-Mail: weingut@stiftaltenburg.com
Internet: www.stiftaltenburg.com

Seit dem Jahr 2007 werden die historischen Weinlagen des Stiftes Altenburg in Limberg am Manhartsberg von Ewald und Maria Gruber betreut. Ein schmeckbarer Qualitätsaufschwung ist die Folge: Komplexe, mineralische Veltliner und kraftvoll-beerige Rotweine wie der Merlot überzeugen.

Weinhof Edlinger

3473 Röschitz, Granitzstraße 15
Tel. 02984/27 96, Fax-4
E-Mail: office@edlinger-wein.at
Internet: www.edlinger-wein.at

Grüne Veltliner und Rieslinge in einer angenehm trinkfreudigen und animierenden Stilistik sind im Weinhof Edlinger das Leitmotiv.

Ewald Gruber

3743 Röschitz, Winzerstraße 46
Tel. 02984/27 65, Fax-25
E-Mail: office@gruberwein.at
Internet: www.gruberwein.at

Groß, aber gut – das Weingut Ewald Gruber. Die Hauptrolle spielt natürlich der Grüne Veltliner, flankiert von Riesling, Chardonnay und bemerkenswerten Rotweinen. Gemeinsam mit dem Weinexperten Josef Schuster vom Wiener Weinhandelshaus Del Fabro keltert Ewald Gruber auch die Weine vom Weingut Schloss Maissau (www.weingutschlossmaissau.com).

Weingut Gschweicher

3743 Röschitz, Winzerstraße 29
Tel. 02984/38 00, Fax-4
E-Mail: weingut.stift@gschweicher.at
Internet: www.gschweicher.at

Alte Rebstöcke mit teilweise schon mehr als 70 Jahren auf dem Buckel und karge Urgesteinsböden sind das Geheimnis der Mineralik und Eleganz der Veltliner und Rieslinge vom Weingut Gschweicher.

Der Pollerhof

3743 Röschitz, Winzerstraße 48
Tel.+Fax 02984/39 95
E-Mail: weingut@pollerhof.at
Internet: www.pollerhof.at

Der Grüne Veltliner „frau mayer" vom Weingarten der verstorbenen Nachbarin ist ein persönlicher Liebling des Autors: gute Geschichte, schönes Etikett, fairer Preis, toll zu trinken. Was will man mehr? Hier gibt's noch einiges ...

Winzerhof Stift

3743 Röschitz, Lange Zeile 6
Tel.+Fax: 0 29 84/31 44
E-Mail: office@winzerhof-stift.at
Internet: www.winzerhof-stift.at

Herr Stift ist nun wirklich kein „Methusalem", keltert aber einen von exotischer Frucht und tiefer Würze geprägten Wein dieses Namens. Wer es gern weniger schwer nimmt, wird bei Riesling, Veltliner vom Urgestein, Muskateller & Co fündig.

SEEFELD-KADOLZ

Schlossweingut Graf Hardegg

2062 Seefeld-Kadolz
Tel. 02943/22 03, Fax -10
E-Mail: office@hardegg.at
Internet: www.grafhardegg.at

Das Weingut von Maximilian Hardegg hat sich zum Vorzeigebetrieb entwickelt. Hier gibt es ganz Konventionelles wie den Grünen Veltliner und den Riesling „Vom Schloss", aber auch Extravagantes wie die elegante Pinot noir Reserve oder den singulären (und leider nicht ganz billigen) Viognier „V".

SCHRATTENTHAL

Weingut Zull

2073 Schrattenthal 9
Tel. 0 29 46/82 17, Fax -4
E-Mail: office@winezull.at
Internet: www.winezull.at

Pulkauer Impressionen: barocker Getreidekasten (links) und kunstvoll gestaltetes Hoftor (rechts).

Werner Zull hat in der Region nicht nur mit seinen eleganten Rieslingen, sondern auch mit den Roten Pionierarbeit geleistet. Mit Junior Philipp als Kellermeister geht man diesen Weg – unter anderem mit einem sehr feinen Pinot noir – konsequent weiter.

ZELLERNDORF

Franz Prechtl

2051 Zellerndorf 12
Tel. 02945/22 97, Fax-Klappe 40
E-Mail: weingut@prechtl.at
Internet: www.prechtl.at

So wie sein bester Grüner Veltliner benannt ist, so ist auch Franz Prechtl selbst trotz seiner relativ jungen Jahre schon ein Weinviertler Urgestein. Das liegt vor allem an der verlässlich hohen Qualität seiner Weine.

Essen

Gasthaus an der Kreuzung

Manfred und Martina Hausgnost
2042 Guntersdorf 110
Tel.: 02951/22 29, Fax-4
E-Mail: info@hausgnost.at
Internet: www.hausgnost.at

Der engagiert geführte Gasthof ist einer der raren kulinarischen Lichtblicke der Region und wartet außerdem mit einer guten Auswahl regionaler Weine auf.

Retzer Weinschlössl

2070 Retz, Wallstraße 13
Tel.+Fax 02942/32 24
E-Mail: weinschloessl@aon.at
http://www.niederoesterreich.at/axenkopf

Regionale Küche und dazu die besten Weine aus Retz und Umgebung.

Althof Retz

2070 Retz, Althofgasse 14
Tel. 02942/37 11-0, Fax-55
E-Mail: reservierung@althof.at
Internet: www.althof.at

In der Küche des Restaurants ist man redlich und nicht ohne Erfolg bemüht, dem Standard dieses 4-Sterne-Hotels zu entsprechen. Hauseigene Vinothek.

Retzbacherhof

2074 Unterretzbach, Bahnstraße 1
Tel: 0 29 42/201 71, Fax -10
E-Mail: pollak@retzbacherhof.at
Internet: www.retzbacherhof.at

Das engagiert geführte Wirtshaus stellt eine schöne kulinarische Bereicherung im Umland von Retz dar. Regionale Küche auf hohem Niveau.

Bsteh

2064 Wulzeshofen 57-58
Tel. 02527/203, Fax 20 34
E-Mail: bsteh@aon.at
Internet: www.bsteh.at

Man hält sich in diesem typischen Landgasthof zwar hauptsächlich an Regionales, zeigt aber in der Küche ein weit über dem Durchschnitt liegendes Engagement. Dazu trinkt man – unter anderem – Weine aus eigener Produktion.

Über Nacht

Althof Retz

Retz, s. Essen

Bsteh

Wulzeshofen, s. Essen

Schloss Mailberg

2024 Mailberg
Tel. 02943/22 51-0, Fax -14
E-Mail: reservierung@schloss-mailberg.at
Internet: www.schloss-mailberg.at/wohnen.html

Komfortable, große Zimmer im Schloss – auf modernstem Standard.

Weindomizil Hagn

2024 Mailberg 154
Tel. 02943/22 56, Mobil: 0676/84 90 15 51
E-Mail: info@hagn-weingut.at
Internet: www.hagn-weingut.at/weindomizil

Modernes Wein-Hotel mit Restaurant.

WOHNEN AM WINZERHOF BEI

Norbert Bauer, Jetzelsdorf, s. Winzer

Genusstipps

Weinquartier Retz

2072 Retz, Hauptplatz 4–5
Tel. 02942/204 88, Fax 201 88
Internet: www.weinquartier.at
E-Mail: office@weinquartier.at

Umfassende Weinviertel-Vinothek mit Gastronomie und vielen Veranstaltungen.

Vinothek im Althof Retz, *s. Wohnen*

Pulkautaler Weinkeller

3741 Pulkau, Schottengasse 1
Tel. 02946/29 57, Mobil 0664/380 38 69
E-Mail: office@vinothek-pulkau.at
Internet: www.vinothek-pulkau.at

Schlossvinothek Mailberg

2024 Mailberg, Schloss 1
Tel.+Fax 02943/38 21
E-Mail: vinothe@mailbergvalley.at
Internet: www.mailbergvalley.at

Stimmungsvolle Vinothek im alten Schlosskeller.

Euregio Vinothek Seefeld Kadolz

2062 Seefeld-Kadolz, Seefeld Nr. 39
Tel. 02943/22 01
E-Mail: gemeinde@seefeld-kadolz.at
Internet: www.seefeld-kadolz.at

Über 100 Weine der Region.

Windmühlheuriger

2072 Retz, Am Anger 3
E-Mail: office@windmuehle.at
Internet: www.windmuehle.at

Retzer Delikatessen – Franz Neubauer

2070 Retz, Josef Missionsiedlung 1
Tel. 02942/23 87
Internet: www.retzer.at

Essiggurken, Sauerkraut und viele, viele Sauergemüse.

Bauernladen Retzer Land

2070 Retz, Kremser Straße 2
Tel. 02942/200 93

Bio-Produkte der Region.

Retzbacher Bauernshop

2070 Mitterretzbach, Hauptstraße 4
Tel. 02942/20 994

Produkte und Gemüse aus der Region.

Bauernladen Mattes

2042 Guntersdorf, Grund 1
Tel. 02951/33 93
Tägl. 9–19 Uhr

Säfte, Erdäpfel, Kürbis, Freilandeier, eingelegte Gemüse und mehr.

Kultur&Erleben

Museum Retz & Südmährische Galerie

Schwerpunkte sind die große Musikinstrumente-Sammlung mit dem „Liszt-Flügel“, das Bürgertum und die Zünfte, aber auch die Stadtgeschichte von Retz. Im Hof des Bürgerspitals wachsen die ältesten Weinstöcke des Weinviertels (gepflanzt 1856); *Znaimer Straße 7, Retz, Tel. 02942/2250.*

Retzer Windmühle

Eine der letzten funktionierenden Windmühlen Österreichs, die Retzer Windmühle, liegt auf einer Anhöhe an der alten Straße von Retz nach Hofern.

Pulkautaler Bienenmuseum

Ein kleines Tier mit großem Nutzen.
Pernersdorf, Tel. 02944/8561

Schloss Seefeld-Kadolz

Das von Fischer von Erlach erbaute Barockschloss war Sitz bedeutender Geschlechter und wird heute von der Familie Hardegg bewohnt; nur für exklusive Veranstaltungen geöffnet.

Schloss Mailberg

Der älteste Besitz des Malteser Ritterordens. Mailberg ging auch durch die berühmte Schlacht bei Mailberg in die Geschichte ein, in der am 12. Mai 1082 Böhmen und Österreicher in einer Reiterschlacht zusammenprallten und die Babenberger eine schwere Niederlage erlitten, Schlossführung, Kellergassen- oder Weinbergführungen auf Anfrage;
Mailberg 1, Tel. 02943/2251-0
www.schloss-mailberg.at.

Einstmals Sitz des Berggerichts: die imposante Burgruine von Falkenstein.

Retzer Erlebniskeller

Das gesamte Kellerlabyrinth erstreckt sich in einer Länge von ca. 20 km unter dem Stadtkern und ist damit länger als das oberirdische Straßennetz. Die Keller sind bis zu 20 m tief in bloßen Meeressand gegraben und teilweise dreigeschossig angelegt, Führungen (warm anziehen!); *Hauptplatz 30, Tel. 02942/27 00, www.erlebniskeller.at.*

Weinbaumuseum Untermarkersdorf

Besuch nach Voranmeldung
Eduard Himmelbauer
Hadres, Untermarkersdorf 56
Tel. 02943/23 50

Keramikwerkstatt Renate Slama

In der ehemaligen Schule gleich neben der Kirche von Mitterretzbach erzeugen und verkaufen Renate Slama und ihre Mitarbeiterinnen eine Vielzahl von Keramikprodukten. Jedes Jahr gibt es für die ständige Verkaufsausstellung ein eigenes Thema und im Advent einen stimmungsvollen Adventmarkt im Haus und im Garten.

TERMINE

Retzer Weinwoche, westliches Weinviertel (Juni)
Kellergassenfest, Mailberg (Juni)
Peregrinifest, Pernersdorf (Juli)
Kunst und Wein, Haugsdorf (Aug)
Kellerkirtag, Hadres (Aug)
Retzer Weinlesefest, Retz (Sept)

INFORMATION

Informationen über Buschenschank-Öffnungszeiten, Tage der offenen Kellertür, Kürbisfest, Weinwanderwege, Weinmuseen etc. gibt es bei:

Initiative Pulkautal

2054 Haugsdorf, Hauptplatz 1/1
Tel. 02944/26 0 66, Fax 02944/26 3 66
E-Mail: initiative@pulkautal.com
Internet: www.pulkautal.com

Weinstraße Weinviertel/Westliches Weinviertel

2070 Retz, Seeweg 2
Tel. 02942/22 02 – 31, Fax-Klappe 30
E-Mail: office@weinstrasse.co.at
Internet: www.weinstrasse.co.at

Löss, Veltliner, Kellergassen

Der Wagram ist ein schönes Stück Weinland, ruhig, aber nicht abgeschieden, mit herrlichen Kellergassen und einer Besonderheit, die Landschaft und Weine prägt: den mächtigen Lössböden. Tief versinken die Kellergassen darin und der Grüne Veltliner zieht aus ihnen seine besondere Würze.

Früher eher willkürlich in das Weinbaugebiet Donauland-Carnuntum integriert, haben es die wackeren Wagramer Winzer (www!) nach langem Kampf geschafft, auch legistisch in die Selbständigkeit entlassen zu werden: Der Wagram ist seit dem Jahr 2007 ein eigenständiges Weinbaugebiet. Was absolut Sinn ergibt, denn die Region ist landschaftlich kompakt und die Weine verfügen, weil die Böden sehr homogen sind, über einen zwar nicht einheitlichen, aber durchaus vergleichbaren und wiedererkennbaren Charakter. Noch dazu dominiert klar der Grüne Veltliner, was den Wagram zu einer Art „natürlicher DAC" macht. Die eigentliche Besonderheit ist aber der Löss, ein sandiger Lehm, der hier den felsigen Untergrund bis zu zwanzig Meter hoch bedeckt – nirgendwo sonst in Europa erreichen diese Formationen eine solche Mächtigkeit. Durch die Festigkeit des Materials bot sich den Winzern die Möglichkeit, ihre Keller einfach ohne Abstützung in den Boden zu graben. Noch heute findet man in der Region viele solche „Naturkeller" und ihre Wände sind – für den, der es zu lesen versteht – wie ein aufgeschlagenes Geschichtsbuch. Zahlreiche Einschlüsse von Muscheln und Meeresgetier erinnern an die feuchte Vergangenheit des Gebietes. Als das Urmeer schließlich zurückwich, verfrachtete der Wind den Sand von seinen austrocknenden Ufern bis zur Geländestufe des Wagrams und gab der Landschaft ihr heutiges Gesicht.

Letzteres ragt markant in die Gegend, und wer den Blick darauf in Ruhe und sozusagen erste Reihe fußfrei genießen will, der setzt sich am besten in den Zug von Wien nach Krems. Ab dem Bahnhof Absdorf-Hippersdorf heißt es dann „Blick nach rechts", denn hier markiert das von Norden nach Süden verlaufende Schmidatal den Beginn des Wagrams. In unmittelbarer Nähe passiert man nun die Weingärten und -dörfer, die sich in rascher Abfolge an den Hang schmiegen. Hier ein weißer Kirchturm, da

Wandmalerei im Festsaal des Schlosses Juliusburg in Stetteldorf.

ein Schloss und schon kommt man nach Feuersbrunn und Engabrunn und hat damit das Ende des Wagrams erreicht. Apropos Bahnfahren: Eine nähere Erkundung dieser überschaubaren Weinregion *per pedes* hat durchaus ihre Reize – und in Hinblick auf die drastische Promillegrenze sogar handfeste Vorteile. Dennoch wollen wir uns vorerst motorisiert an die Sache heranpirschen, denn ein Auto hat, wenn es sich nicht gerade um einen Ferrari handelt, den sich Weinfreaks aber ohnehin nie leisten können, da ihre Ersparnisse eher im Keller liegen als in der Garage stehen, meistens einen Kofferraum. Und den könnte man im Laufe des Tages vielleicht noch brauchen ...

Neues im Alten: kunstvoll eingepasste Stahltanks in Leopold Blauensteiners Gewölbekeller.

In vino WERITAS

Wir kommen also auf der inzwischen bereits zur Autobahn gediehenen Schnellstraße S 5 von Richtung Wien, fahren bei Absdorf ab und steuern schnurgerade übers Feld auf den Wagram zu. In Absdorf biegen wir rechts ab und fahren über Stetteldorf mit dem sehenswerten Schloss Juliusburg nach Absberg, das vor allem für seine hübschen Kellergassen bekannt ist. Rechts geht es jetzt ins Schmidatal hinein, wo **Josef Fritz** in Zaußenberg und **Josef Ehmoser**, weiter oben in Großweikersdorf, mit feinen Weinen aufwarten. Fährt man geradeaus, so kann man sich in gerader Linie bis nach Feuersbrunn vorarbeiten, wobei sich kurze Abstecher nach Norden und damit hinauf auf die Geländekante rechter Hand immer wieder lohnen. Der erste davon ist geradezu verpflichtend, führt er doch hinauf nach Kirchberg am Wagram, seit jeher das geistliche und weltliche Zentrum der Region. Kirchberg war bereits im Mittelalter als Urpfarre des Bistums Passau einer der wichtigsten Vorposten der Passauer im Osten, und zwar nicht nur in religiöser, sondern auch in wirtschaftlicher Hinsicht. Ein Indiz dafür ist das im Jahr 1980 in einem zugemauerten Kellergewölbe des nahe gelegenen Guts Oberstockstall entdeckte mittelalterliche Alchemistenlabor, das als chemie- und kulturgeschichtliche Sensation gilt. Die Keller hier bergen jedoch nicht nur historische Funde. Top-Winzer **Karl Fritsch** beweist hier Kompetenz in Sachen Weiß- und Rotwein, **Bernhard Ecker** brilliert vor allem mit seinen Grünen Veltlinern. Ein wahres Wein-Kompetenz-Zentrum ist das neue **„WERITAS"**, ein Kristallisationspunkt für den Weinbau am Wagram. In wunderschöner und an Aussicht reicher Lage wurde mitten in Kirchberg eine modern gestaltete Regionalvinothek eingerichtet, die vom langjährigen Oberstockstall-Sommelier Gerhard Hintermayer mit viel Weinkompetenz und Engagement auch gastronomisch „bespielt" wird. Sitzt man mit einem guten Glas Wein auf der Terrasse, kann man schon einmal die Zeit übersehen; macht nichts, unmittelbar daneben befindet sich der **„Alte Winzerkeller"** von Maler und Mentor Ernst Vogel: Schöner und romantischer kann man nicht übernachten! Das fand übrigens auch der ehemalige französische Staatspräsident Valéry Giscard d'Estaing, der hier auf seinen Jagdausflügen mehrmals Quartier bezogen hat.

Am nächsten Tag geht unsere Tour entlang des Wagrams und wir passieren das Schloss Thürnthal, das zwar besichtigt werden kann, aber seines kostbaren Inventars

Die Kellergasse von Feuersbrunn ist hübsch herausgeputzt und eine der längsten überhaupt: Wer sich hier durchtrinken will, braucht Zeit ...

großteils beraubt wurde. Dennoch ist es ebenso wie Schloss Stetteldorf oder die Kirchen von Kirchberg, Großriedenthal und Feuersbrunn ein steinerner Zeuge des ehemaligen Reichtums der Region und des Wirkens bedeutender Künstler. Der berühmte Barockbaumeister Fischer von Erlach und der in Grafenwörth geborene Barockmaler Martin Johann Schmidt, bekannt als „Kremser Schmidt", haben hier einige ihrer schönsten Arbeiten geschaffen.

Etwas weiter westlich, in Fels am Wagram, wartet das **Weingut Leth** sowohl mit ausgezeichneten Weinen als auch mit einem Weingarten auf, der mit rund 150 raren und teilweise fast ausgestorbenen heimischen Rebsorten eine Art „lebendes Rebsortenmuseum" darstellt. Nördlich von Fels und Feuersbrunn findet man die größten geschlossenen Weingartenflächen der Region und wer sich davon ein (Luft-)Bild machen will, fährt oder geht am besten zur mitten in den Weingärten gelegenen „Felser Warte". Sehenswert sind hier auch die langen, tief in den Löss gegrabenen Kellergassen, an deren Rändern die Akazie, eines der „Wahrzeichen" der Gegend, besonders gut gedeiht. Sie liefert ausgesprochen langlebiges Holz für die Weinfässer und verwandelt den Wagram im Frühjahr in ein weißes, süß duftendes und vom Gesumm der Bienen erfülltes Blütenmeer.

Eine der längsten und schönsten Kellergas-

Vino im WERITAS: das neue Weinbauzentrum in Kirchberg am Wagram mit Speis, Trank und Vinothek.

sen ist die am Rosenberg, aber die gehört bereits zu **Feuersbrunn**, das in Kreisen von Genießern und Weinfreunden wohlbekannt ist. Toni Mörwald, überregional berühmter Gastro-Zampano, Marketing-Genie und Hans-Dampf in allen Küchen betreibt hier mit dem **Gasthaus zur Traube** das Stammhaus seines Imperiums und gleich vis-a-vis das schmucke Hotel Villa Katharina. Wein-und-Genuss-Barock-Mensch Bernhard Ott wurde schon in jungen Jahren zum Veltliner-Monument, das auf keiner Weinkarte fehlen darf, und „Export-Kaiser" Toni Bauer hat es mit seinen Weiß- und Rotweinen geschafft, dass auch amerikanische Weinfreaks nun den Begriff „Wagram" kennen.

Rot, süß und ökologisch

Weiter geht unsere Tour vorbei an Top-Lagen wie Fumberg und Welfel, die durchaus auch Rotwein-Tauglichkeit haben, was etwa die Cuvée „Fumberg" von Leopold Blauensteiner beweist, in Richtung Gösing am Wagram. Der „Marterlwanderweg" bietet die Gelegenheit, sich vorbei an Wegkreuzen, Kapellen und Bildstöcken die sanft hügelige Landschaft bei einem kleinen Rundgang zu erschließen, und auch die zum Glück nicht „behübschten" historischen Häuser im Ortskern sind einen zweiten Blick wert. Durch Weingärten, Felder, Wald und Äcker führt der Weg nun nach Großriedenthal, wo die sogenannten „Lössmandln", die wie mächtige Finger aus der Landschaft ragen, auch für weniger weininteressierte Besucher ein schönes Fotomotiv abgeben. Sehenswert ist auch die hervorragende Lage „Wadenthal", mit ihrer Kesselform und ihren terrassierten Weingärten eine der eindrucksvollsten des Landes. Die Weinorte Großriedenthal und Neudegg sind vielen ökologisch gesinnten Weinfreunden seit langem ein Begriff, befindet sich hier doch eine der Keimzellen des naturnahen Weinbaus in Österreich. Früher als anderswo hat man auf breiter Basis begonnen, mit umwelt- und nützlingsschonenden Methoden Weinbau zu betreiben, und wurde dafür bereits im Jahr 1990 mit dem Niederösterreichischen Umweltpreis ausgezeichnet. Schließlich hat sich Großriedenthal auch als heimisches Eisweinmekka profiliert; schon seit Ende der 1980er-Jahre nutzen die Winzer das frostige Winterklima zur Produktion dieser edelsüßen Spezialität. Profilierte Winzer sind **Karl Diwald** mit seinen vollmundig-würzigen Veltlinern, **Josef Bauer**, Markenzeichen: Eiswein, und die Bio-Winzerfamilie **Mehofer** vom historischen Neudeggerhof.

Über den Umweg nach Oberstockstall – anders geht es nämlich nicht – erreichen wir Ruppersthal, das natürlich ebenfalls ein Weinbauort ist, aber speziell unter Musikfreunden in einem anderen Zusammenhang als *point of interest* gilt: Im Pleyel-

Spezialität der Region: Roter Veltliner.

Alte Mauern, neuer Style: das historische Gut Oberstockstall, von glücklichen Gänsen belagert (links), und Toni Bauers Kostraum in Feuersbrunn (rechts).

Museum in **Ruppersthal** stehen zwei gelegentlich noch bespielte Flügel aus der Produktion der Komponisten- und Klavierbauerfamilie Pleyel. Der 1757 in Ruppersthal geborene Joseph-Haydn-Schüler Ignaz Joseph Pleyel hatte es in Paris nicht zuletzt als Erbauer weithin gepriesener Flügel zu großem Ruhm gebracht und wird von manchen Musikhistorikern sogar als der Komponist der „Marseillaise" angesehen.

Von Ruppersthal aus bieten sich nun drei Möglichkeiten, die Wagram-Tour fortzusetzen oder zu beenden. Entweder man fährt noch ein Stück weiter nach Norden und besucht den mystisch-kuriosen **„Heldenberg"**, das Mausoleum des legendären Feldmarschalls Radetzky, oder man biegt ins malerische Schmidatal ein und fährt dem Flusslauf folgend wieder zurück zum Ausgangspunkt der Exkursion in Absdorf. Möglichkeit drei schließlich bietet in Sachen Wein und Genuss die vielversprechendsten Aussichten: die Rückfahrt in Richtung Kirchberg und den Besuch von **Gut Oberstockstall**. Auch ganz ohne Alchemie ist das einer der magischsten und zauberhaftesten Plätze des österreichischen Weinlandes. Dazu trägt die einzigartige Atmosphäre ebenso bei wie Hausherrin Eva Salomons fest mit der Region verwurzelte Küche und die delikaten Weine des Hauses – als Abrundung dieses Gesamtkunstwerks des Genießens.

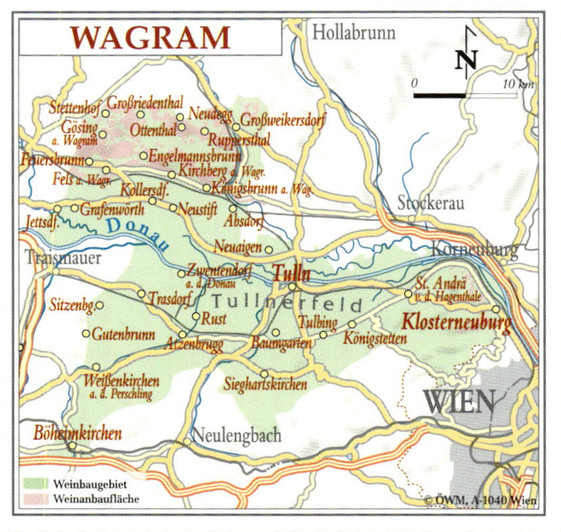

Winzer&Weine

Rund 90 Prozent der Böden am Wagram sind tiefgründiger, wasserspeichernder Löss, der den Charakter der Weine wesentlich mitbestimmt. Daher findet man am Wagram – wie in kaum einer anderen österreichischen Weinbauregion – einen klar definierten, wiedererkennbaren Weintyp: Pfeffrige Würze und exotisch-feine Frucht sind seine Charakteristika. Der Begriff des „Terroir“ ist hier durchaus angebracht, wobei neben dem Untergrund auch das Klima eine wichtige Rolle spielt. Die entscheidenden Faktoren sind dabei die Kühle des Weinviertels im Norden, die für ausgeprägte Aromen sorgt, die temperaturausgleichende Wirkung der Donau im Süden und die vom Osten her kommenden warmen pannonischen Winde. Sie sorgen ebenso für hohe Traubenreife wie die Tatsache, dass die meisten Lagen am Wagram direkt nach Süden ausgerichtet sind. Hauptrebsorte ist der Grüne Veltliner, der im Löss optimale Bedingungen vorfindet und vom fruchtigen Leichtwein bis zur langlebigen Granate alle seine Vorzüge ausspielen kann. Als regionale Spezialität gilt der Rote Veltliner, der am Wagram seine größte Verbreitung hat und auch die besten Qualitäten bringt. Neben weiteren Weißweinsorten wie dem Riesling oder Weißburgunder haben auch Rotweine wie der Zweigelt oder der Pinot noir ihre Berechtigung, denen die vielen Sonnenstunden und die Südhänge zur nötigen Wärme und Reife verhelfen.

FELS AM WAGRAM

Franz Leth

3481 Fels am Wagram, Kirchengasse 6
Tel. 02738/22 40, Fax -17
E-Mail: office@weingut-leth.at
Internet: www.weingut-leth.at

Franz Leth ist einer der Motoren und „Qualitätstreiber“ am Wagram und sein Weinangebot hat viele Stärken: Grüner Veltliner natürlich sowieso, aber auch Roter Veltliner und Sauvignon blanc sind von feinster Machart. Schließlich zählt Leth mit Top-Weinen wie dem Zweigelt „Gigama“ und der Pinot noir Reserve auch zu den profiliertesten Rotweinwinzern der Region.

Wimmer-Czerny

3481 Fels am Wagram, Obere Marktstraße 37, Tel. 02738/22 48, Fax- -4
E-Mail: weingut@wimmer-czerny.at
Internet: www.wimmer-czerny.at

Hans Czerny bewirtschaftet seine Weingartenflächen nach biodynamischen Prinzipen und keltert von besten Lagen rund um Fels vor allem Grüne Veltliner von stoffiger Textur und würziger Aromatik.

WEITERER EMPFEHLENSWERTER BETRIEB

Weinhof Grill

3481 Fels am Wagram
Untere Marktstraße 19
Tel. 02738/22 39, Fax -4
E-Mail: gudrun.grill@aon.at
Internet: www.weinhofgrill.at

FEUERSBRUNN

Toni Bauer

3483 Feuersbrunn, Neufang 42
Tel. 02738/25 56, Fax 77 0 75
E-Mail: office@antonbauer.at
Internet: www.antonbauer.at

Toni Bauer wurde über den Umweg USA, wohin er einen guten Teil seiner Weine exportiert, in Österreich richtig bekannt. Seine Weiß- und Rotweine begegnen sich auf Augenhöhe, wobei „Reserve“ und „Grande Reserve“ vom Veltliner sowie Cabernet Sauvignon, Pinot noir und die „Reserve Wagram“ die Top-Player sind.

Josef Bauer

3483 Feuersbrunn, Neufang 52
Tel.+Fax 02738/23 09
E-Mail: weingut@josefbauer.at
Internet: www.josefbauer.at

Würzig-opulenter Grüner Veltliner vom Löss und mineralisch-eleganter Riesling vom roten Schotter – die Weine von Josef „Joe“ Bauer spiegeln das Feuersbrunner Terroir exakt wider.

Mörwald

3483 Feuersbrunn, Winzerweg 6
Tel. 02738/85 49, Fax -4
E-Mail: buero@weinbau-moerwald-com
Internet: www.weinbau-moerwald.com

Fruchtig-duftige, saubere Grüne Veltliner und Rieslinge, aber auch ein sortentypischer Sauvignon blanc sind die trinkbaren Visitenkarten von Toni Mörwalds Bruder Erhard.

Bernhard Ott

3483 Feuersbrunn, Neufang 36
Tel. 02738/22 57, Fax -22
E-Mail: bernhard@ott.at
Internet: www.ott.at

Bernhard Ott macht keine halben Sachen und konzentriert sich darum fast ausschließlich auf den Grünen Veltliner, den er in allen erdenklichen Facetten ausbaut. Im Weingarten biologisch, im Keller penibel sauber. So entstehen Klassiker wie „Fass 4“, der archetypische „Grüne“ mit dem programmatischen Namen „Der Ott“ und Überflieger wie der „Rosenberg“.

In den Archiven des Weinguts Letz liegen auch exzellente Rotweine – gut Ding braucht eben Weile. Linke Seite: Umgeben von Wein: der Hausberg von Großriedenthal.

GÖSING AM WAGRAM

Weingut Söllner

3482 Gösing, Hauptstraße 34
Tel. 02738/32 01, Fax-Klappe 20
E-Mail: kontakt@weingut-soellner.at
Internet: www.weingut-soellner.at

Toni Söllner und Daniela Vigne setzten schon früh auf den Weg der Bio-Dynamik im Weinbau, dem jetzt viele folgen. Die Weine sind sehr eigenständig, leicht im Alkohol, frisch, animierend und nicht belastend.

Leopold Blauensteiner

3482 Gösing, Obere Zeile 12
Tel.+Fax 02738/21 16
E-Mail: leopold@blauensteiner.com
Internet: www.blauensteiner.com

Leopold Blauensteiner keltert ausgezeichnete Grüne Veltliner in allen Varianten, von leicht und fruchtig bis dicht und kraftvoll, beweist aber mit seiner Top-Cuvée „Fumberg“ auch sein Talent als Rotwein-Macher.

GROSSRIEDENTHAL

Josef Bauer – Naturnaher Weinbau

3471 Großriedenthal, Hauptstraße 68
Tel.+Fax 02279/72 04
E-Mail: info@familiebauer.at
Internet: www.familiebauer.at

Josef Bauer arbeitet nach ökologischen Grundprinzipien und das Markenzeichen des Hauses sind die fast jedes Jahr gekelterten Eisweine, darunter Raritäten wie der Eiswein vom Pinot noir. Ebenfalls kostenswert: die idealtypischen Rieslinge mit ihrer feinen, eleganten Frucht.

Karl Diwald

3471 Großriedenthal, Hauptstraße 33
Tel. 02279/72 18, Fax: 273 66
E-Mail: weinbau.karl.diwald@aon.at
Internet: www.weinbau-karl-diwald.at

Alles aus einer Hand: ein feinperliger Rosésekt, animierende Trinkweine wie der Rote Veltliner, stoffig-tiefgründige Veltliner-Granaten von der Spitzenlage Wadenthal und schließlich noch Rotweine wie die Zweigelt-Reserve oder die Cuvée „Terra Rubra", die zur Créme vom Wagram zählen. Die Hand gehört Karl Diwald, Juniorchef in diesem sympathischen Familienbetrieb.

WEITERE EMPFEHLENSWERTE BETRIEBE

Karl und Helga Schuster

3471 Großriedenthal, Hauptstraße 61
Tel.+Fax: 02279/72 03
E-Mail: office@weingut-schuster.at
Internet: www.weingut-schuster.at

Mehofer–Neudeggerhof

3471 Großriedenthal, Neudegg 14
Tel. 02279/72 47, Fax-4
E-Mail: neudeggerhof@mehofer.at
Internet: www.mehofer.at

Pioniere des Bio-Weinbaus.

GROSSWEIKERSDORF

Josef Ehmoser

3701 Großweikersdorf, Tiefenthal 9
Tel.+Fax 02955/704 42
E-Mail: office@weingut-ehmoser.at
Internet: www.weingut-ehmoser.at

Josef Ehmoser schafft jedes Jahr einige seiner typischen, vollreifen und kräftigen Weißweine vom Grünen Veltliner. Allen voran der „Aurum", ein wahres Goldtröpferl: stoffig, würzig und mit einem Schuss Exotik.

Im Keller von Bernhard Ott in Feuersbrunn blitzen die Stahltanks, im alten Kostraum geht es dagegen recht gemütlich zu. Es liegt aber auch an den Weinen, dass man hier gern ein bisschen länger sitzt.

GROSSWIESENDORF

Weingut Ernst

3701 Großwiesendorf 34
Tel. 0664/177 13 38, Fax 02955/703 25
E-Mail: weingut.ernst@aon.at
Internet: www.weingut-ernst.at

So sind sie, die Jungwinzer: von der Schule gleich in den Salon. In dem Fall in den SALON Österreichischer Wein, wo sich Harald Ernst mit seinen fruchtig-eleganten Weißweinen gleich als Stammgast eingenistet hat.

KIRCHBERG AM WAGRAM

Weingut Ecker–Eckhof

3470 Kirchberg am Wagram
Mitterstockstall 25
Tel. 02279/24 40, Fax-50
E-Mail: weingut@eckhof.at
Internet: www.eckhof.at

Bernhard Ecker brachte frischen Wind in den seit 400 Jahren bestehenden Familienbetrieb und schärfte vor allem das Profil in Sachen Grüner Veltliner, wo er sich als verlässlicher Spitzenproduzent etabliert hat.

Weinberghof Fritsch

3470 Kirchberg am Wagram
Oberstockstall 24
Tel. 02279/50 37-0, Fax-19
E-Mail: info@fritsch.cc
Internet: www.fritsch.c

Karl Fritschs Weine haben – so wie er selbst – große Statur. Die vollreifen Grünen Veltliner und Rieslinge vereinen Kraft und Eleganz und mit seinen Roten wie der Cuvée „Foggathal" oder dem Pinot noir „P" (wie Perfektion) hat er in der Region Maßstäbe gesetzt. Spannend auch sein Cross-over-Projekt mit dem Pfälzer Weinbroker Guido Gottwald, aus dem je 1000 Magnumflaschen „TausendWeiss" und „TausendRot" entstehen. Nicht billig, aber eben: groß.

Fritz Salomon – Gut Oberstockstall

3470 Kirchberg am Wagram
Oberstockstall 1
Tel. 02279/23 35-12, Fax-6
E-Mail: wein@gutoberstockstall.at
Internet: www.fritzsalomon.at
www.gutoberstockstall.at

Fritz Salomon keltert auf historischem Grund – die Familie betreibt hier seit 1863 Weinbau – eine breite Palette von Weiß- und Rotweinen, wobei der Spitzenveltliner „Maulbeerpark" mit seiner opulent-exotischen Fruchtigkeit als Prototyp gelten darf.

KÖNIGSBRUNN

Stefan Bauer

3465 Königsbrunn, Rathausplatz 19
Tel. 02278/27 71, Fax-10
E-Mail: stefan@weingutbauer.at
Internet: www.weingutbauer.at

Das typische Bild: Junger Winzer kommt von der Weinbauschule, Keller wird erneuert, dann noch die Prüfung zum Weinbau- und Kellermeister. Das Ergebnis sind ausgezeichnete Grüne und Rote Veltliner, die das Terroir am Wagram schön zum Ausdruck bringen, und eine gekonnt gemachte Rotweincuvée namens „Rainthal Reserve".

Winzerhof Franz Anton Mayer

3465 Königsbrunn, Kremser Straße 8
Tel. 02278/23 44, Fax-4
E-Mail: mail@franzantonmayer.at
Internet: www.franzantonmayer.at

Auch der junge Franz Anton Mayer zeigt, was in den Lagen rund um Königsbrunn steckt. Sein Grüner Veltliner „Zenit Rainmacher" ist ein Brummer mit exotischem Frucht-Touch, doch gibt es hier auch genug trinkfröhliche Weine wie den animierenden Veltliner „Hochrain".

ZAUSSENBERG

Weingut Fritz

3701 Zaußenberg, Ortsstraße 3
Tel. 02278/25 15, Fax-4
E-Mail: office@weingut-fritz.at
Internet: www.weingut-fritz.at

Die Grünen und Roten Veltliner von Josef Fritz vereinigen mineralische Frische und oft fast rieslingartige Fruchtigkeit. Immer ein Erlebnis: der Rote Traminer, der als „Grande Reserve" mit einem Schuss Holz aufgepeppt wird.

i Essen

Landgasthaus anno 1920 (Scheugl)

3492 Etsdorf am Kamp
Untere Marktstraße 1
Tel.+Fax 02735/30 03
E-Mail: landgasthaus@anno1920.at
Internet: www.anno1920.at

Ambitioniert geführtes Dorfwirtshaus mit bodenständiger Küche und einer Weinauswahl, die auch für den Kenner so manche Entdeckung parat hat.

Mörwald Zur Traube

3843 Feuersbrunn
Kleine Zeile 13–17
Tel. 02738/22 98-0, Fax -60
E-Mail: traube@moerwald.at
Internet: www.moerwald.at

Das Stammhaus des omnipräsenten Toni Mörwald ist zu einem multifunktionalen Wirtshaus samt Stammtisch für die Einheimischen, Gourmetstüberl (Toni M's Gourmetrestaurant), Vinothek und Terrassengrill geworden. Legendär sind die Kochkurse mit dem Meister himself.

Gut Oberstockstall

3470 Kirchberg am Wagram
Oberstockstall 1
Tel. 02279/23 35, Fax-6
E-Mail: restaurant@gutoberstockstall.at
Internet: www.gutoberstockstall.at

Der Name ist Programm: Hier ist gut sitzen, trinken und essen. Die Küche in diesem gediegenen Landhaus basiert auf besten Produkten aus eigener Herstellung oder von Produzenten der Region und präsentiert sich leicht, ideenreich und kräuterverliebt-aromatisch.

Landgasthof Mann

3465 Königsbrunn/Wagram
Rathausplatz 14
Tel. 02278/23 34, Fa -14
E-Mail: gasthaus@mann.co.at
Internet: www.mann.co.at

Zum gepflegten Landgasthof gehört auch eine Fleischhauerei – darum frönt man hier fleischlichen Genüssen und der klassischen Innereienküche besonders gern.

Über Nacht

Alter Winzerkeller

3470 Kirchberg am Wagram, Rossplatz 1
Tel. 02279/50 21-0, Fax -19
Internet: www.alterwinzerkeller.at

Mit viel Gefühl wurde dieses alte Presshaus revitalisiert. Die Zimmer im ersten Stock des alten Gemäuers sind mit jedem modernen Komfort ausgestattet, im Keller wartet die hauseigene Vinothek. Kombinierte Arrangements mit dem Gut Oberstockstall (Essen) sind möglich.

Villa Katharina

3843 Feuersbrunn, Kleine Zeile 10
Tel. 02738/22 98-0, Fax -60
E-Mail: rezeption@moerwald.at
Internet: www.moerwald.at
Hinter der alten Fassade warten hier zeitgeistig gestylte Zimmer auf müde Gäste von der vis-a-vis gelegenen „Traube".

Genusstipps

WERITAS Wagram

A-3470 Kirchberg am Wagram
Marktplatz 44
Tel. 02279/20 179 – 10
E-Mail: info@weritas.at oder gerhard.hintermayer@aon.at
Internet: www.weritas.at

Architektonisch ansprechendes Weinzentrum (Architektur: gerner°gerner plus architekten) mit bestens sortierter Vinothek und Weinlokal mit prima Aussichten.

Natur&Kultur

Löss schauen ☺

In der Felser Kellergasse mit insgesamt 7 Kellergräben, im Fumberggraben zwischen der Feuersbrunner Kellergasse und Gösing. Mächtige Lössaufschlüsse in Großriedenthal bei den Lösssäulen der „Neun Mauna" (Naturdenkmal) nördlich von Engelmannsbrunn sowie im Felser Dornergraben zu sehen weiters bei den Ortseinfahrten von Kirchberg am Wagram, Ruppersthal und Tiefenthal.

Wein- & Naturlehrpfad „Hammergraben" ☺

Der Hammergraben in Fels am Wagram ist eine idyllische Kellergasse, die durch rund 7 Meter hohe Lösswände begrenzt ist und als Wein- und Naturlehrpfad zur Felser Warte führt. Reiche Tier- und Pflanzenwelt, z. B. Steinkauz.

Schloss Fels

Das Felser Schloss zählt zu den Wahrzeichen der Marktgemeinde. Die Besichtigung der Räumlichkeiten ist gegen Voranmeldung möglich. Im Schloss befindet sich das Felser Heimatmuseum, das Arbeits- und Haushaltsgeräte aus der Vergangenheit zeigt. Die Fossiliensammlung aus der Paläontologie enthält einzigartige Funde; *Kremser Straße 3, Fels am Wagram.*

Alchemistenpark ☺

Die kulinarisch sinnliche Schaugartenanlage ist ganzjährig zugänglich, als verbindendes Element zum sensationellen Alchemistenfund von Gut Oberstockstall wurden im Park auf drei Säulen Fundstücke aus dem Alchemistenlabor von Gut Oberstockstall ausgestellt; *Kirchberg am Wagram.*

Der Heldenberg

Die historische Anlage „Heldenberg" – ein einmaliger Gedenk- und Gedächtnisort aus der ersten Hälfte des 19. Jahrhunderts – ist Ehrendenkmal für die Feldherren, Offiziere und Soldaten der k. u. k. Armee. Mittelpunkt des Pantheons ist Feldmarschall Radetzky, der hier seine letzte Ruhestätte fand; *Wimpffen-Gasse 5, Kleinwetzdorf, Tel. 02956/ 81240, www.derheldenberg.at.*

Schloss Thürnthal

Die „Hofburg Niederösterreichs", im Barock-Klassizismus auf einem Kraftplatz erbaut; *3481 Fels am Wagram, Tel: 02738/70 77, www.schlossthuernthal.at.*

Schloss Juliusburg

Ein architektonisches Kleinod der Spätrenaissance; der Hofgarten am Fuß des Wagrams, der bis zur Teichmühle an der Schmida reicht, wurde nach barocker Grundkonzeption um 1790 im Englischen Stil umgestaltet und wird derzeit wieder revitalisiert; *Stetteldorf am Wagram.*

Kellergassenspaziergänge

Rosenberg (schönste und längste Kellergasse am Wagram)
Absberg: Kellergasse mit 17 Weinkellern.

Pleyel-Museum

Das Pleyel-Museum ist weltweit die einzige Gedenkstätte, die sich dem Leben und Werk des Komponisten, Klavierbauers, Verlegers, Domkapellmeisters und Gründers

Die „Schlösserstraße" am Wagram: ein Nebentrakt von Schloss Thürntal, umrahmt von blühenden Bäumen (oben).
Architektonisches Juwel des Spätbarock: Schloss Juliusburg in Stetteldorf.

hder „Salle Pleyel", Ignaz Joseph Pleyel, widmet. Führungen mit Audio- und Videobeiträgen; *Pleyel-Museum, Ruppersthal, Tel. 02955/70645, www.pleyel.at.*

„Der Alchemist"

Permanente Ausstellung im Alten Rathaus von Kirchberg. Gezeigt werden zahlreiche Fundgegenstände aus dem komplett eingerichteten Alchemistenlabor aus dem 16. Jahrhundert, das 1980 durch Zufall im Gut Oberstockstall entdeckt wurde.

Frühlingserwachen

Kunstvolle Installationen in den Kellern und die Weine des neuen Jahrgangs locken an den Wagram.

TERMINE

Frühlingserwachen am Wagram, Stetteldorf (Apr/Mai)
Felser Kellergassenfest (Juni)
Kellergassenfest, Feuersbrunn (Juli)
Kellergassenfest, Königsbrunn am Wagram (Sept)
Weintaufe in der Eisweingemeinde, Großriedenthal (Nov)

INFORMATION

Verein Tourismus & Regionalentwicklung Region Wagram

3470 Kirchberg, Marktplatz 6
E-Mail: office@regionwagram.at
Internet: www.regionwagram.at
Tel. 0664/101 14 36
Öffnungszeiten: Auskünfte täglich von 8.30–16.30 Uhr

Das Herz von Niederösterreich

Mit der alten Weinbau-Stadt Krems in der Mitte bilden die drei Weinbaugebiete Traisental, Kremstal und Kamptal – gemeinsam mit der Wachau und dem Wagram – das Kernstück des niederösterreichischen Weinbaus. Grüner Veltliner und Riesling geben hier den Ton an – doch wir werden auch noch manch anderes finden, das uns schmeckt.

Wenn es so etwas wie ein Herz von „Wein-Niederösterreich" gibt, dann ist es die Region rund um Krems mit den Weinbaugebieten Traisen-, Krems- und Kamptal, wobei wir der angrenzenden Wachau und dem Wagram eigene Kapitel widmen. Mit der alten Wein- und Handelsstadt Krems hat das Gebiet ein lebendiges, urbanes Zentrum und mit Langenlois befindet sich hier auch die größte Weinbaugemeinde des Landes. Doch nicht Superlative sind es, die den besonderen Reiz dieser Region ausmachen, sondern die Vielfalt: der Landschaft, des kulinarischen Angebotes und natürlich der Weine. Es steht uns jedenfalls wieder eine spannende Expedition bevor, die freilich nicht mehr als einen kursorischen Überblick geben kann. Allein schon aus Platzgründen muss so manches unerwähnt bleiben, das durchaus sehens- und kostenswert wäre – doch erstens ist das Angebot hier so dicht gedrängt, dass man ohnehin auf Schritt und Tritt seine eigenen Entdeckungen macht, und zweitens müsste man sich mehrere Wochen hier niederlassen, um die Gegend einigermaßen vollständig erkunden zu können.

Da wir so viel Zeit nicht haben, wollen wir unverzüglich ans Werk gehen und zuerst die Reiseroute abstecken. Wir beginnen, auf der Schnellstraße 33 von St. Pölten kommend, in Herzogenburg, durchqueren das Traisental und setzen bei Krems, dem wir einen Kurzbesuch abstatten, über die Donau. Nach einem Abstecher ins Kremstal wenden wir uns nach Langenlois, fahren ein Stück das Kamptal hinauf und hoffen, dort eine adäquate Labestation für einen würdigen Abschluss unserer Tour zu finden.

Nicht zuletzt dadurch, dass es jahrelang mit dem „Donauland" und sogar mit dem fernen „Carnuntum" zu einem Weinbaugebiet zusammengefasst wurde, aber auch aufgrund der mit dem Kremstal nahe ver-

Monumentales Wahrzeichen: das von Steven Holl entworfene Loisium in Langenlois.

wandten Weinstilistik war es für das Weinbaugebiet Traisental zunächst schwierig, ein eigenständiges Profil zu entwickeln. Viele interessierte Weinfreunde sind oft in Richtung Wachau oder Langenlois achtlos daran vorbeigefahren, ohne zu ahnen, dass es in diesem überschaubaren und dadurch besonders „handlichen" Gebiet allerhand zu sehen und zu kosten gibt.

Auch als das Traisental im Jahr 1995 ein eigenes Weinbaugebiet wurde und später seine offizielle Weinstraße dazubekam, bewegte sich noch nicht allzu viel. Mit Ludwig Neumayer gab es einen einzigen Spitzenwinzer und dessen komplexe Weine – von denen es auch keine Riesenmengen gibt – sind eher Stoff für Fortgeschrittene, weshalb auch er eher in Insiderkreisen bekannt war. Ab Anfang der 2000er-Jahre tauchte dann mit Markus Huber ein neuer Stern am Traisentaler Weinhimmel auf. Jung und unbekümmert werkte der dahin, heimste rasch nationale und bald auch internationale Verkostungserfolge ein und baute binnen weniger Jahre ein Weingut von beachtlicher Größe samt neuer Weinkellerei auf. „Geht doch!", haben sich darauf offensichtlich einige andere junge Betriebsführer der Region wie **Thomas Dockner** gedacht und seither ist hier eine deutliche Belebung zu erkennen. Was einmal mehr beweist, dass es für eine Region wichtig ist, mehrere Leitbetriebe zu haben und so eine Art „kritische Masse" zu erreichen, durch die Entwicklungen dann fast von selbst weiterlaufen.

Die Weinberge, die sich zwischen Herzogenburg und Hollenburg westlich der Traisen die sanften Hügel hinaufziehen, erinnern an die Côte d'Or in Burgund und ähnlich wie dort liegen auch hier die kleinen Weindörfer wie Inzersdorf, Nußdorf oder Wagram ob der Traisen fast ein wenig versteckt, idyllisch inmitten der Weingärten. Die besten Qualitäten bringen die trockenen Weißweine, doch gelingen auch immer wieder schöne Prädikate bis hin zu den begehrten Eisweinen. Übrigens bewegen wir uns auf historischem Boden, wie die zahlreichen Ausgrabungen – viele davon sind im sehenswerten Urzeitmuseum von Nußdorf ob der Traisen zu bewundern – aus verschiedenen Zeitaltern belegen. Gegraben wurden freilich auch seit Jahrhunderten Weinkeller; besonders östlich von Traismauer auf dem „Venusberg" und auf der schmalen Straße von Traismauer nach Hollenburg findet man hübsche Kellergassen mit ursprünglicher Atmosphäre und oft auch einem schönen Rundblick ins Traisen- oder Donautal. Wer noch besser sehen will und eine halbe Stunde Zeit erübrigen kann, sollte von Hollenburg auf der schmalen, aber gut beschilderten Straße, die mitten durch die Terrassenweingärten führt, zum sogenannten „Wetterkreuz" hinauffahren. Die auf eine Kapelle aus dem Jahr 1651 zurückgehende Kirche bietet nicht nur Gelegenheit zur stillen Andacht, sondern auch einen herrlichen Ausblick über die Donau und weite Teile des Weinbaugebietes Kremstal.

Zurück auf ebener Erde wollen wir, noch ehe wir die Donau überqueren, noch dem **Weingut Malat** in Furth die Referenz erweisen. Wer es nicht ohnehin weiß, wird vielleicht überrascht sein, dass man hier nicht nur tolle Weißweine, sondern auch höchst elegante Rote verkosten kann, die für die Region Maßstäbe setzen.

Wein findet Stadt

Nun aber hinüber nach Krems, in eine der ältesten Städte Österreichs, die bereits im Mittelalter ein Zentrum des Salz- und Weinhandels war. Auch heute prägt der Weinbau den Ort, der eigentlich aus den drei Teilen Krems, Stein und Und besteht. Vom Weinkolleg im Kloster Und über die Kremser Weinakademie oder die Niederösterreichische Weinmesse bis zum „WEINSTADTmuseum" – alles steht im Zeichen des Rebensaftes, der von landschaftlich sehenswerten Rieden rund um Krems wie Kögl, Wachtberg oder Pfaffenberg gekeltert wird. Auch an guten Winzern fehlt es hier nicht. Zu den ersten Adressen zählen das **Weingut der Stadt Krems** mit sehenswertem Verkostungsraum und Keller mitten in der Stadt, das ebenso traditionsreiche wie architektonisch moderne **Weingut Aigner** und die Genossenschaft der **Winzer Krems**: Sie verfügt über einen der bemerkenswertesten Altweinkeller des Landes und bietet in ihrer Wein-Erlebniswelt „Wein.sinn" tiefe Einblicke in die Kremser Unterwelt und das Werden des Weines.

Darüber hinaus ist Krems aber auch kulturhistorisch eine Fundgrube ersten Ranges; zahlreiche restaurierte Bürger- und Sgraffitohäuser, Kirchen und Klöster, aber auch Museen legen Zeugnis von der reichen Vergangenheit des Ortes ab, in dem der weithin als „Kremser Schmidt" bekannte Maler Johann Martin Schmidt eine Fülle von Zeugnissen seines umfangreichen Schaffens in Form von Wand- und Deckenfresken hinterlassen hat. Doch die Kremser Kulturszene blickt nicht nur in die Vergangenheit: Mit der „Kunstmeile" und der modernen

Brüchige Reminiszenz an wehrhafte Zeiten: Burgruine Senftenberg im unteren Kremstal (links). Aus Stein, in Stein: Die Frauenkirche in Kremst/Stein (rechts)

Kunsthalle samt Karikaturmuseum sowie dem dazu passenden Mörwald-Restaurant „m.kunst.genuss" wurde hier viel Raum für die Präsentation zeitgemäßer bildender Künste geschaffen. Wenn man schon einmal hier ist, sollte man übrigens nicht verabsäumen, dem bereits seit dem Jahr 1792 bestehenden **Undhof** der **Familie Salomon** einen Besuch abzustatten. Im modernen Verkostungsraum des historischen Gemäuers warten prototypische Kremser Weine vom Feinsten und dazu ein paar leckere Cabernets und Shiraz' von Bertold Salomons „Zweit-Weingut" in Australien. Will man sich abschließend einen Überblick über Krems, hinüber nach Göttweig und weit hinein ins Donautal und ins Tullnerfeld verschaffen, so empfiehlt sich die auf dem Kremser Kögl gelegene „Starhembergwarte"; die kurze Auffahrt wird mit einer traumhaften Aussicht belohnt.

Bergauf und bergab

Aussichten auf kulinarische Genüsse in Verbindung mit edlen Weinen tun sich nun auf; und zwar nicht auf dem Berg, sondern im Tal. Denn **Martin Nigl**, dessen Weinkeller im kleinen „Bergnest" Priel steht, ist den Fans seiner guten Tropfen entgegengekommen. Zu Füßen der imposanten Burgruine von Senftenberg hat er mit großem Aufwand einen fast verfallenen, 800 Jahre alten Lesehof restauriert und dort seine Verkaufs- und Präsentationsräume, ein gemütliches Restaurant und einige stilvolle Gästezimmer untergebracht. Frisch ausgeruht heißt es aber jetzt wieder die Pferde anspannen und hinauf nach Droß. Dort holte man sich früher im **Vorspannhof** ein paar zusätzliche PS, bevor es weiterging ins Waldviertel, und eine Stärkung natürlich auch. **Silke Mayr** keltert hier heute wunderbar mineralische Rieslinge und Veltliner, die zu den besten der Region zählen. Am Wochenende gibt es dazu in den alten Wirtsstuben des Vorspannhofs auch die passende kulinarische Begleitung.

Nun sind wir an sich nicht mehr weit von Langenlois entfernt, wir wählen aber nicht den direkten Weg, sondern fahren das kurze Stück nach Krems zurück und wenden uns dann westlich nach Rohrendorf, wo die stattlichen Anwesen der **Lenz-Moser**-Dynastie fast direkt an der Straße liegen und zu einem Besuch einladen. Prof. Lenz Moser der Dritte, unbestritten einer der

Farbenspiele in den Weingärten am Fuße des Heiligensteins (links), historisches Barock-Ensemble am malerischen Kornplatz von Langenlois (rechts).

größten Weinbaupioniere des Landes, hat einst die Hochkultur entwickelt, die von hier aus ihren Siegeszug rund um die Welt angetreten und den Weinbau revolutioniert hat. Vorbei an mächtigen Lössformationen, den ersten Vorboten des Wagrams, und langgestreckten Weinbauorten mit einigen empfehlenswerten Adressen, wie dem schönen **Wein- und „Wohngut" Rosenberger** oder dem Weingut von **Hermann Moser** mit großartigem Weingarten-Blick, geht es nun in Richtung Osten. Wir passieren Brunn im Felde mit dem traditionsreichen **Weingut Mantlerhof** und erreichen unweit von dort bei Grafenegg das im Tudor-Stil erbaute prächtige Schloss der Familie Metternich-Sandor. Seit langem durch den Grafenegger Advent bekannt, ist hier in den vergangenen Jahren ein regelrechtes Kulturzentrum mit Open-Air-Bühne und Konzertsaal entstanden, das laufend Schauplatz von Musik und Kulturveranstaltungen sowie im Sommer des „Musik-Festivals Grafenegg" ist.

Auf dem weiteren Weg nach Langenlois begegnen uns die kleinen Kamp-Dörfer Etsdorf, Engabrunn, Walkersdorf und Hadersdorf, die allesamt nach wie vor recht idyllisch und naturbelassen sind. Ruhige Plätzchen, wo man in hübschen Kellergassen ein gutes Glas Wein trinken kann. Besonders schön ist etwa jene von Etsdorf, und dass im oberen Teil die Bundesstraße die tiefer gelegene Kellergasse überquert, ist mehr kurios als störend. Ehe wir uns nun endgültig Langenlois zuwenden, muss ungedingt noch Gobelsburg erwähnt werden. Das Wahrzeichen des kleinen Weinortes ist **Schloss Gobelsburg**, das Weingut des Zisterzienserstiftes Zwettl im Waldviertel. Unter der Leitung von Michael Moosbrugger, der das traditionsreiche Weingut gemeinsam mit Willi Bründlmayer gepachtet hat, haben die Gobelsburger Weine wieder zu ihrem alten Glanz zurückgefunden. Neben köstlichen Heiligensteiner Rieslingen und Veltlinern sind hier auch der schöne Gewölbe-Keller, das beachtliche Altwein-Archiv und die höchst eleganten Rotweine bemerkenswert.

Als letzten önophilen Vorposten auf dem Weg nach Langenlois gilt es nun noch Straß im Straßertal zu nehmen. Der direkt am Fuße des legendären Heiligensteins gelegene Weinbauort hat sich noch viel Unverfälschtheit – wie etwa den nicht regulierten Dorfbach – bewahrt und wirkt meist ein wenig verschlafen. Tatsächlich vollbringt hier aber eine ganze Reihe von ausgezeichneten Winzern und Winzerinnen wie **Hans Topf** oder **Birgit Eichinger** ihr segensreiches Tagewerk; und vielleicht ist es in Straß nur deshalb so ruhig, weil diese sich permanent im Weingarten oder im Keller aufhalten.

Langenlois: Wein gelebt und inszeniert

Es ist sicherlich keine Übertreibung, wenn man Langenlois als das Zentrum des Weinbaus der Region bezeichnet. Gleichzeitig markiert der langgezogen in einer Mulde dahingestreckte Ort bereits die Weinbaugrenze in Richtung Waldviertel. Auch abseits des Weines wäre Langenlois mit seinen mächtigen, teilweise mit Arkadenhöfen ausgestatteten Bürgerhäusern, seinen Sgraffito-Fassaden und historischen Weinhöfen sehenswert; da man hier aber an allen Ecken und Enden geradezu über den Wein stolpert, sehen wir uns all das natürlich noch viel lieber an. Eine Langenloiser Besonderheit ist übrigens nicht auf den ersten Blick sichtbar: Fast jedes Weingut verfügt über einen besonders imposanten Gewölbekeller, wobei jener des **Weinguts Jurtschitsch** sicherlich zu den sehenswertesten zählt. Einen tiefen, für jedermann zugänglichen Einblick in diese unterirdischen Welten gewährt die weithin sichtbare neue Attraktion des Weinortes: das **Loisium**. Der mächtige, vom amerikanischen Star-Architekten Steven Holl entworfene, silberglänzende Kubus, in dem sich das Besucherzentrum befindet, wurde zu einem modernen Wahrzeichen des alten Weinortes. Wenige Meter davon entfernt, befindet sich das Tor zu einer eindrucksvollen Wein-Erlebniswelt. Auf dem Weg durch leer stehende und nach wie vor benutzte Keller erlebt man durch fantasievolle Inszenierungen die Weinwerdung, um nach der Rückkehr ins Loisium bei einer Verkostung gleich zur Praxis überzugehen.

Zu Verkosten gibt es in Langenlois natürlich eine Menge, und neben Starwinzern wie den Brüdern **Jurtschitsch, Ludwig Hiedler, Fred Loimer** oder „Weinzauberer" **Willi Bründlmayer** sind es auch viele kleinere Weingüter, die immer wieder bemerkenswerte Weine keltern. Davon kann man sich etwa beim jährlichen Kellergassenfest am Sauberg – auch während des Jahres ist diese naturbelassene Kellergasse ein empfehlenswerter Platz – oder in der Ortsvinothek im Ursinhaus, die stets eine breite Palette von Langenloiser Weinen zur Verkostung anbietet, überzeugen. Ganz in der Nähe dieser praktischen und mit viel Engagement betriebenen Einrichtung liegt in der Walterstraße der **Heurigenhof Bründlmayer**, ein ausgezeichneter Qualitätsheuriger mit köstlichen Schmankerln, in dem der Verkauf der Bründlmayer-Weine abgewickelt wird.

Vom Weinen und Beißen

Von Langenlois aus fahren wir wieder Richtung Kamp und statten dabei am „Haindorfer Vögerlweg" einem weiteren modernen Wein-Wahrzeichen einen Besuch ab: dem Weingut von **Fred Loimer**. Der ließ sich auf einen mächtigen historischen Gewölbekeller ein schwarzes, loftartiges Weingut bauen, das mit seiner schlichten Form und dem modernen Design in reizvollem Widerspruch zum einen Stock tiefer liegenden Schlosskeller steht. Natürlich wollen wir hier nicht nur schauen, sondern auch Loimers feine Tropfen kosten, ehe wir noch ein Stück den Kamp hinauf nach Zöbing fahren. Dieser malerische Weinort liegt direkt unter dem Heiligenstein, von hier aus bietet sich eine Fahrt oder Wanderung zur Heiligensteinwarte hinauf an, von der aus man nicht nur Langenlois und die umliegenden Dörfer überschauen kann, sondern auch einen herrlichen Fernblick genießt. Wir schlagen diese kleine Bergtour freilich nicht nur wegen der landschaftlichen Schönheiten vor. Ausflüge machen bekanntlich hungrig und durstig. Um dagegen etwas zu unternehmen, bieten sich nun den Kamp aufwärts gleich einige Möglichkeiten. In Zöbing selbst ist es das direkt am Kamp gelegene pittoreske Gasthaus Gutmann, dessen schattiger Terrassengarten ein nur schwer überwindbares Hindernis für das weitere Fortkommen darstellt. Doch damit nicht genug: Die **„Alte Schmiede"** in Schönberg am Kamp lockt mit Kunst und einer gut sortierten Regionalvinothek und die **„Weingärtnerei Aichinger"** im selben Ort bietet zum Wein köstliche Schmankerln mit Gourmet-Qualitäten. Und wenn wir schon dabei sind: Auf der anderen Seite des Kamps finden wir noch etwas Gutes. Die **„Weinbeißerei"** des Winzers Matthias Hager ist ein lichtdurchflutetes Holz-Glas-Konstrukt, das nicht nur Einblicke, sondern auch einen herrlichen Ausblick auf das Rebenmeer am Kamp bietet. Wie der Name schon sagt, gibt's hier zu den spannenden Weinen des Hauses auch was zum Beißen – und der Sonnenuntergang auf der Terrasse wird mitgeliefert.

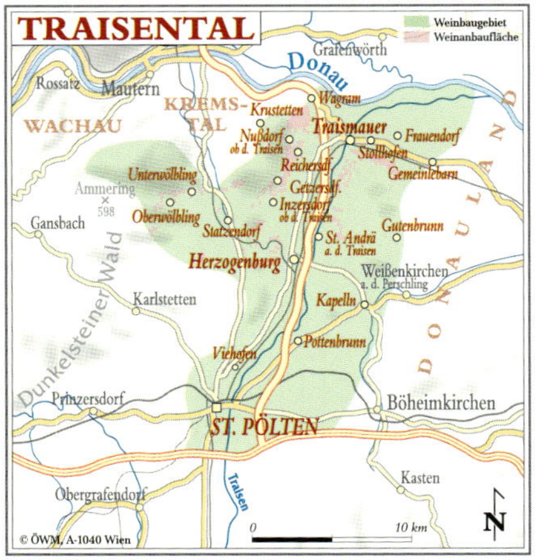

TRAISENTAL

Winzer&Weine

Die Traisen gab dem Tal seine heutige Form mit den beiderseits des Flusses ansteigenden Terrassen. Die vorherrschende Bodenstruktur ist Löss, der in Verbindung mit dem ausgeprägten Kleinklima ausgezeichnete Voraussetzungen für den Weinbau bietet. Teilweise findet man jedoch auch kalkhältige, mineralische Böden, auf denen vor allem fruchtige Weine wie der Riesling oder der Sauvignon blanc besonders gut gedeihen.

INZERSDORF

Ludwig Neumayer

3130 Inzersdorf ob der Traisen 22
Tel.+Fax 02782/829 85
Mobil 0664/256 30 10
E-Mail: neumayer@weinvomstein.at
Internet: www.weinvomstein.at

Von kargen Hängen – Stichwort „Der Wein vom Stein“ – keltert der Pionier des Traisentals komplexe, tiefgründige Weißweine, die selten mit vordergründigem Fruchtcharme aufwarten, aber nach längerer Reifezeit mit enormer Vielschichtigkeit verblüffen.

NUSSDORF OB DER TRAISEN

Familienweingut Pernikl AWP

3133 Nußdorf ob der Traisen 38
Tel. 02783/62 90, Mobil 0676/359 51 24
E-Mail: awp@pernikl.at
Internet: www.pernikl.at

Nur drei Hektar ist dieses Weingut groß, doch die Devise von Walter Pernikl lautet: klein, aber fein. Neben den trockenen Weißen keltert Pernikl auch eine kleine Menge Rotwein und, wenn es der Jahrgang erlaubt, Hochprädikatsweine.

Weingut Holzer

3133 Nußdorf ob der Traisen 4
Tel.+Fax 02783/84 26
E-Mail: wein@winzerhof-holzer.at
Internet: www.winzerhof-holzer.at

Das Weingut Holzer, in dem sich Alfred und Junior Andreas die Verantwortung für die Kellerwirtschaft teilen, zählt zu den renommierten Betrieben im Traisental. Veltliner und Riesling stehen im Vordergrund, von frisch und knackig bis kräftig-exotisch.

WEITERER EMPFEHLENSWERTER BETRIEB

Weingut Herzinger

3133 Nußdorf ob der Traisen 33
Tel. 02783/86 48, Fax -4
E-Mail: weingut@herzinger.at
Internet: www.herzinger.at

REICHERSDORF

Weingut Huber

3134 Reichersdorf, Weinriedenweg 13
Tel. 02783/829 99, Fax -4
E-Mail: office@weingut-huber.at
Internet: www.weingut-huber.at

Der Senkrechtstarter Markus Huber hat innerhalb eines Jahrzehnts einen Spitzenbetrieb aufgebaut und wesentlich zum Image und zur Verbreitung der Weine aus dem

Traisental beigetragen. Von unterschiedlichen Böden keltert er vielschichtige, mineralische Veltliner und Rieslinge, die sich mit den besten des Landes auf Augenhöhe messen.

THEYERN

Weingut Dockner

3134 Theyern, Traminerweg 3
Tel. 02783/72 78, Fax -4
E-Mail: tom@weindockner.at
Internet: www.weindockner.at

Der junge Thomas „Tom" Dockner, der im Familienbetrieb für die Kellerwirtschaft verantwortlich ist, zählt zu den hoffnungsvollen Nachwuchstalenten im Traisental. Der Grüne Veltliner „Konglomerat" ist ein Musterbeispiel dafür, wie man Dichte, Komplexität und Trinkvergnügen in eine Flasche bringen kann.

TRAISMAUER

Weingut Haimel

3133 Traismauer, St. Georgengasse 5
Tel. 02783/597, Mobil 0664/822 64 77
E-Mail: info@weingut-haimel.at
Internet: www.weingut-haimel.at

Der Betrieb mit dem Motto „Verkosten-Genießen-Essen-Schlafen" würde hier in jede Kategorie passen. Und weil sich hier alles auf einem hohen Qualitätsniveau abspielt, ist das Haus auf jeden Fall eine gute Empfehlung. Zu den von Kellermeisterin Renate Haimel gekelterten Weinen gibt's unter anderem Gerichte mit Fischen aus der eigenen Zucht. Weiters ein modernes „Weinforum", den gemütlichen „Dorfheurigen" und moderne, gemütliche Zimmer.

Rudolf Hofmann

3133 Traismauer, Oberndorferstraße 41
Tel. 0676/313 35 66
E-Mail: office@weingut-hofmann.at
Internet: www.weingut-hofmann.at

Der ehemalige Vinothekar hat sich einen blitzsauberen Betrieb aufgebaut, in dem er sich ganz auf die Sorten Veltliner, Riesling und Sauvignon blanc konzentriert.

Hans Schöller

3133 Traismauer, Wagram 10
Tel. 02783/535, Fax -44
E-Mail: winzerhaus@weinschoeller.at
Internet: www.weinschoeller.at

Von seinen Lagen am Wetterkreuzberg keltert Hans Schöller vor allem feinfruchtige, duftige Grüne Veltliner, die man am besten im mitten in Wein- und Obstgärten gelegenen Buschenschank des Hauses verkostet.

Essen

Gasthaus Nährer

3141 Kapelln an der Perschling
Rassing 11
Tel. 02784/22 24

Eigentlich ein „ganz normales Wirtshaus", doch auf Vorbestellung kocht der Juniorchef, der sich seine Sporen bei vielen Größen der Branche verdient hat, auch Gourmetmenüs vom Feinsten.

Zum Jägerwirt

3133 Traismauer-Gemeinlebarn
Tullner Straße 24
Tel.+Fax 02276/22 89
Internet: www.zumjaegerwirt.at/home.html

Regionale Küche mit – was sonst: Wildschwerpunkt!

Museum of modern art? Nein, der Verksostungsraum von Markus Huber in Reichersdorf. © Huber

Zur Weintraube/Nibelungenhof

3133 Traismauer, Wiener Straße 23
Tel. 02783/63 49, Fax -6
E-Mail: office@nibelungenhof.at
Internet: www.succowell.at

Rainer Melichars Bandbreite reicht von herzhaft-bodenständiger Küche bis zu einer ebenso leichten wie fein-aromatischen Gourmetküche, die auf der von ihm entwickelten „Succowell-Methode" zur Gewinnung aromatischer Frucht- und Gemüsesäfte basiert.

Über Nacht

Weingut Haimel

Traismauer, s. Weine & Winzer

Zur Weintraube/Nibelungenhof

Traismauer, s. Essen

Gasthof Zur Linde

3130 Herzogenburg, Auring 10
Tel. 02782/8 3422, Fax: 02782/8 3422

Genusstipps

Vinothek im Reiterhaus

3130 Herzogenburg, Rathausplatz 22
Tel. 02782/833 21, Fax 02782/834 90
E-Mail: tourist-offic@gde.herzogenburg.at
Internt: www.traisental.info

Schlossvinothek Traismauer

3133 Traismauer, Hauptplatz 1
Tel. 02783/85 55, Mobil: 0676/951 98 13
E-Mail: traisental@weingut-hauleitner.net
Internet: www.traisentalerwein.at

Weine und Edelbrände aller Winzer der Vereinigung „Regio Tragisana"

Es grünt schon im frühlingshaften Weingarten (oben). Blick über die Donau auf Stein (rechts). © Huber

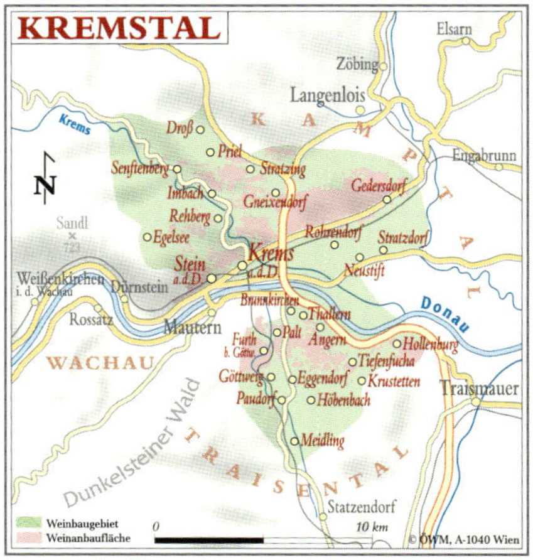

KREMSTAL

Winzer&Weine

Insgesamt verfügt das Weinbaugebiet Kremstal über ein ausgesprochen mildes Klima, wobei hier – noch stärker als in der Wachau – warme, pannonische Einflüsse mit den kühlen Luftmassen des Waldviertels zusammentreffen. Durch diese Klimaverzahnung, aber auch durch die deutlich unterschiedlichen Bodenbeschaffenheiten findet man auf engstem Raum völlig unterschiedliche Weintypen. Die dominierenden Sorten sind der Grüne Veltliner und der Riesling, in geringeren Mengen findet man auch andere Weißwein-Rebsorten wie Muskateller, Weißburgunder & Co. Rotweine sind hier eher Mangelware, das Potenzial dafür wäre aber, wie einige wenige Produzenten zeigen, durchaus vorhanden.

DROSS BEI KREMS

Mayr-Vorspannhof

3552 Droß bei Krems , Herrngasse 48
Tel. 02719/23 42, Fax -4
E-Mail: vorspannhof-mayr@aon.at
Internet: www.vorspannhof-mayr.at

Aparter Gegensatz: Der 500 Jahre alte Vorspannhof, in dem es am Wochenende „Essen und Trinken“ gibt, und der hochmoderne Keller, der mit dem Bauherrenpreis für vorbildliches Bauen vom Land Niederösterreich ausgezeichnet wurde. Hier keltert Silke Mayer Grüne Veltliner und Rieslinge, die auch in kräftigeren Kategorien mit Mineralität und Frische überzeugen.

Walter Buchegger

3552 Droß 300
Tel. 02719/300 56, Fax 780 56
Tel.+Fax 02735/89 69
E-Mail: weingut@buchegger.at
Internet: www.buchegger.at

Wein-Olympionike Walter Buchegger (seine Weine begleiten die heimischen Athleten seit langem zu den Olympischen Spielen) produziert seine Weine jetzt im gemeinsam mit Silke Mayr gebauten Keller in Droß. Seine feinwürzigen Veltliner und aromatischen Rieslinge stammen aber nach wie vor von besten Lagen in Gedersdorf.

FURTH-PALT

Weingut Geyerhof

3511 Furth bei Göttweig, Oberfucha 1
Tel. 02739/22 59, Fax -4
E-Mail: weingut@geyerhof.at
Internet: www.geyerhof.at

Ilse Maier ist eine Pionierin des Bio-Weinbaus in Österreich und es kann wohl keine Einbildung sein, dass man in ihren Weinen die Kraft der Natur, den Saft der Trauben und die Würze des Bodens so besonders zu spüren meint. Prädikat: eigenständig und hervorragend!

Weingut Stift Göttweig

3511 Furth, Göttweig 1
Tel. 02732/801 44-0, Fax -2
E-Mail: office@weingutstiftgoettweig.at
Internet: www.weingutstiftgoettweig.at

Das Ziel von Weingutsleiter Fritz Miesbauer und Kellermeister Leopold Figl ist es, von den hervorragenden Lagen um den Göttweiger Berg fruchtige, mineralische und animierende Weine zu keltern, die vor allem Trinkvergnügen bereiten: Das gilt für den leichten, frischen Messwein genauso wie für die konzentrierten, präzise gearbeiteten Reserven vom Riesling und vom Grünen Veltliner.

Gerald Malat

3511 Furth-Palt/Krems, Lindengasse 27
Tel. 02732/829 34, Fax -13
E-Mail: weingut@malat.at
Internet: www.malat.at

Gerald Malat ist ein Alleskönner und seinen Sohn Michael, inzwischen für den Keller verantwortlich, ließ er in die Welt hinausziehen, um nochmals neue Ideen einzubringen. Gemeinsam sind sie Garanten für Weiß- und Rotweine von erster Güte. Das Spektrum reicht vom ersten Winzersekt des Landes über feinwürzige Weiße bis hin zu Konzentraten wie Grauburgunder, Chardonnay und dem Duo „Das Beste“ – von Riesling und Veltliner. Und selbst Cabernet Sauvignon und Pinot noir gelingen hier so, dass man ihre Herkunft ganz woanders vermuten würde.

Petra Unger

3511 Furth bei Göttweig, Zellergraben 245
Tel. 027 2/858 95, Fax: 768 01
E-Mail: office@ungerwein.at
Internet: www.ungerwein.at

Petra Unger macht keine „Machbarkeitsstudien“, sondern harmonische und trinkfreundliche Rieslinge und Veltliner, bei denen die Frucht und nicht die Wucht im Vordergrund steht.

Wein- und Gästehof Josef Edlinger

3511 Furth/Palt, Lindengasse 22
Tel. 02732/776 22, Fax -17
E-Mail: j.edlinger@a1.net
Internet: www.edlingerwein.at

Bei einem Urlaub am Winzerhof kann man sich gemütlich in den sehr facettenreichen Veltliner- und Riesling-Kosmos von Josef Edlinger eintrinken.

Winzerhof Familie Dockner

3511 Höbenbach, Ortsstraße 30
Tel. 02736/72 62, Fax -4
E-Mail: winzerhof@dockner.at
Internet: www.dockner.at

Der Winzerhof Dockner ist einer der größten Betriebe der Region und dementspre-

An diesem Platz verweilt man lange, denn die Malats haben ein breites Sortiment (links). Verkosten unter der Baumpresse im Weingut Salomon in Stein (rechts).

chend breit ist auch das Sortiment aufgestellt, dessen Highlights die saftig-konzentrierten Privatfüllungen von Riesling und Grünem Veltliner sind. Tipp: Die Rotweine sind auch nicht von schlechten Eltern.

GEDERSDORF

Weingut Berger

3494 Gedersdorf, Wienerstraße 3
Tel. 02735/82 34, Fax -4
E-Mail: office@weingut-berger.com
Internet: www.weingut-berger.com

Würzige, vom Löss geprägte und in ihrer unaufgeregten Art wunderbar zu trinkende Grüne Veltliner und Rieslinge mit langem Atem sind charakteristisch für dieses traditionsreiche Weingut. Das komfortable, modern gestaltete Gästehaus bietet einen idealen Ausgangspunkt für Weintouren in der Region.

KREMS

Wolfgang Aigner

3500 Krems, Weinzierl 53
Tel. 02732/845 58, Fax -14
Mobil 0664/200 16 12
E-Mail: info@aigner-wein.at
Internet: www.aigner-wein.at

Wer erfahren möchte, warum die Lage „Sandgrube“ einst berühmt war, ist hier richtig. Im neuen Keller von „Stadt-Winzer“ Wolfgang Aigner, einem der wenigen, die im alten Kremser Weinhauer-Viertel „Weinzirl“ verblieben sind, kostet man idealtypische, würzige Löss-Veltliner, aber auch feinfruchtige Rieslinge und Muskateller.

Meinhard Forstreiter

3506 Krems, Hollenburg 13
Tel. 02739/22 96, Fax -4
E-Mail: weingut@forstreiter.at
Internet: www.forstreiter.at

Mächtige, komplexe Grüne Veltliner und Rieslinge sind der Haupt-Trumpf von Meinhard Forstreiter. Doch auch die Rotweine können hier einiges, und zwar vom klassischen St. Laurent bis zum Zinfandel, der übrigens der erste in Österreich und stets ausverkauft ist ...

Salomon (Undhof)

3504 Krems-Stein, Undstraße 10
Tel. 02732/832 26, Fax -78
E-Mail: office@salomonwines.com
Internet: www.salomonwines.com

Im historischen Undhof präsentiert Berthold Salomon harmonische, elegante und tiefgründige Weine von besten Kremser Lagen wie Pfaffenberg oder Kögl. Sie spiegeln mit ihrer feinen Würze und animierenden Säurestruktur den idealen Kremser-Weintyp wider. Die besten von ihnen wie der Riesling vom Kremser Kögl liegen gerne etwas länger in der Flasche und können auch Jahrzehnte überdauern. Ebenfalls vom Feinsten: die reifen und zugleich animierenden Rotweine vom zweiten Weingut der Familie Salomon in Australien.

Weingut der Stadt Krems

3500 Krems, Stadtgraben 11
Tel. 02732/801 44-1, Fax -2
E-Mail: office@weingutstadtkrems.at
Internet: www.weingutstadtkrems.at

Wein-Profi Fritz Miesbauer hat das traditionsreiche Weingut, das mit seiner mehr als 550-jährigen Geschichte zu den ältesten Europas zählt, wieder auf Kurs gebracht. Inzwischen steht der Name wieder für verlässlich gute Rieslinge und Grüne Veltliner im angenehm zu trinkenden Bereich mit typischer Kremser Stilistik.

Winzer Krems

3500 Krems, Sandgrube 13
Tel. 02732/855 11, Fax -6
E-Mail: office@winzerkrems.at
Internet: www.winzerkrems.at

Weine von rund 1000 Hektaren Rebfläche werden in diesem großen, modernen Betrieb verarbeitet, wobei die Rieslinge und Veltliner von besten Lagen wie Kremser Wachtberg oder Pfaffenberg zeigen, dass sich Größe und Qualität keineswegs ausschließen müssen. Die Wein-Erlebniswelt „SANDGRUBE 13 wein.sinn“ eröffnet tiefe Einblicke in die Historie und Gegenwart der Weinproduktion und -kultur.

Rotweinmanufaktur Wandraschek

3500 Krems, Landersdorferstraße 61
Tel.+Fax: 02732/836 45
E-Mail: rotwein@wandraschek.at
Internet: www.wandraschek.at

Baumeister und Hobby-Winzer Wolfgang Wandraschek produziert in seiner kleinen „Manufaktur“ Rotweine von erstaunlicher Qualität. Wer ihnen in der Kremser Gastronomie begegnet, sollte unbedingt zuschlagen – es lohnt sich!

ROHRENDORF

Weinkellerei Lenz Moser

3495 Rohrendorf bei Krems
Lenz-Moser-Straße 1
Tel. 02732/855 41, Fax 859 00
E-Mail: office@lenzmoser.at
Internet: www.lenzmoser.at

Rund 18 Millionen Flaschen Wein jährlich in dieser Qualität herzustellen, ist wahrlich eine Leistung. Das Geheimnis dahinter: Die Trauben werden von langjährigen Vertragslieferanten zugekauft, doch die Weine keltert Lenz Moser selbst, wobei man mit Ernest Grossauer seit vielen Jahren einen erfahrenen Kellermeister hat, der für erstklassige Produkte garantiert. Zur Weinkellerei Lenz Moser gehören auch die Weingüter „Malteser Ritterorden“ in Mailberg und „Klosterkeller Siegendorf“, deren Weine ebenfalls in Rohrendorf vermarktet werden.

Weingut Hermann Moser

3495 Rohrendorf, Bahnstraße 36
Tel. 02732/838 41
E-Mail: martin.moser@utanet.at
Internet: www.moser-hermann.at

Der Grüne Veltliner vom Löss ist Martin Mosers Spezialthema, das er in vielen Nuancen bis hin zu „Kraftwerken“ wie der „Großen Reserve“ variiert. Umwerfend: der Blick vom modernen Verkostungsraum auf die Rohrendorfer Terrassenlagen.

Weingut Sepp Moser

3495 Rohrendorf bei Krems
Untere Wiener Straße 1
Tel. 02732/705 31, Fax -10
E-Mail: office@sepp-moser.at
Internet: www.sepp-moser.at

Im stattlichen Atriumweingut in Rohrendorf keltert Niki Moser nach biodynamischen Prinzipien elegante, sorten- und regionstypische Weißweine aus Rohrendorfer Lagen. Dazu kommen stoffige, vollmundige Rotweine aus dem ebenfalls zum Betrieb gehörenden Hedwighof im burgenländischen Apetlon.

Weingut Josef Rosenberger

3495 Rohrendorf, Leisergasse 29
Tel. 02732/838 43, Fax -4
E-Mail: j.rosenbergerwein@aon.at
Internet: www.rosenbergerwein.at

Die Familientradition reicht hier bis 1722 zurück – das Weingut samt wunderschönem, modernem Gästehaus ist aber nagelneu. Gekeltert werden ausgezeichnete, typische Veltliner und Rieslinge von den Rohrendorfer Lössterrassen, die auch im Rahmen von Weinseminaren und Führungen besucht werden können.

SENFTENBERG

Martin Nigl

3541 Senftenberg, Kirchenberg 1
Tel. 02719/26 09, Fax -4
E-Mail: info@weingutnigl.at
Internet: www.weingutnigl.at

Martin Nigls „Fruchtbomben“ brillieren mit Feinheit und Eleganz und bereiten auch im hohen Reifebereich der „Privat“-Linie stets perfektes Trinkvergnügen. Mit der Verkaufsstätte im wunderschön restaurierten alten Lesehof haben sie auch einen würdigen Rahmen bekommen.

Franz Proidl

3541 Senftenberg
Oberer Markt 5
Tel. 02719/24 58, Fax -4
E-Mail: weingut@proidl.com,
Internet: www.proidl.com

Es steht auf dem Etikett und man schmeckt es auch aus Franz Proidls mineralischen Rieslingen und Veltlinern heraus: das Urgestein von Senftenberg. Karge und steile Lagen bieten hier in Verbindung mit dem schon etwas kühleren, vom Waldviertel beeinflussten Klima die Voraussetzung für eine optimale Aromenentwicklung.

STRATZING

Josef Schmid

3552 Stratzing bei Krems
Obere Hauptstraße 38
Tel. 02719/82 88, Fax -18
E-Mail: weingut@j-schmid.at
Internet: www.j-schmid.at

Josef Schmid gewinnt den Löss- und Urgesteinsböden rund um Stratzing, Senftenberg und Krems viele verschiedene Facetten ab, wobei seine Weine durchwegs zur kräftigeren Sorte zählen. Highlight ist der Riesling „Sunogln“ (dort, wo die Sunn hinnogelt ...).

Franz Türk

3552 Stratzing, Kirchengasse 16
Tel. 02719/284 60
E-Mail: info@weinguttuerk.at
Internet: www.weinguttuerk.at

„Erlesenes“ heißen die besten Grünen Veltliner und Rieslinge von Franz Türk, und das gilt gleich in mehrfacher Hinsicht. Denn was hier aus steilen Lagen mühsam mit der Hand „erlesen“ wird, veredelt Türk im Keller zu wahrhaft erlesenen Tropfen. Einfach nachlesen, äh, -kosten.

Essen

Landgasthof Schickh

3511 Furth bei Göttweig, Klein-Wien 2
Tel. 02736/72 18, Fax -7
E-Mail: office@schickh.at
Internet: www.schickh.at

Vielleicht nicht schick – dafür aber gut. Der Wirtshaus-Klassiker am Fuße des Göttweiger Berges.

Jell

3500 Krems, Hoher Markt 8–9
Tel. 02732/823 45, Fax -4
E-Mail: gasthaus@amon-jell.at
Internet: www.amon-jell.at

Ulli Jell verkörpert in Person das „Niederösterreichische Wirtshauswunder“. Lebensfreude, Gemütlichkeit und Herzlichkeit, das sind in diesem Mustergasthof keine leeren Schlagworte. Die Produkte stammen hier aus der eigenen Schlachterei und zu Köstlichkeiten wie dem ofenfrischen Schweinsbratl, allerlei Innereien, Knödeln & Co. trinkt man feine Weine von der vorwiegend regional orientierten Karte.

Mörwald m.kunst.genuss

3500 Krems, Franz-Zeller-Platz 3
Tel. 02732/908 010 168
E-Mail: m.kunst.genuss@moerwald.at
Internet: www.moerwald.at

Der ideale Platz für ein gutes Glas Wein, einen kleinen Snack oder feine, leichte Gerichte von der mediterran inspirierten Karte nach dem Ausstellungsbesuch.

Zum Kaiser von Österreich

3500 Krems, Körnermarkt 9
Tel. 02732/860 01, Fax -4
E-Mail: restaurant@kaiser-von-oesterreich.at
Internet: www.kaiser-von-oesterreich.at

Zu erlesener Gourmetküche mit regionalen und internationalen Edelprodukten schürft man hier in einem Weinkeller, der bodenlos zu sein scheint.

Relais & Châteaux Mörwald Kloster Und

3500 Krems, Undstraße 6
Tel. 02732/704 93, Fax -60
E-Mail: und@moerwald.at
Internet: www. moerwald.at

Und noch einmal Toni Mörwald, im wahrsten Sinne des Wortes der Kremser Lokal-Kaiser. Im altehrwürdigen Kloster wird unter reichlicher Verwendung von Edelprodukten der Haute-Gourmandise gefrönt. Gut und teuer.

Zum Elefanten

3504 Krems-Stein, Schürerplatz 9
Tel.+Fax 02732/850 16
E-Mail: office@zum-elefanten.at
Internet: www.zum-elefanten.at

Passend zum modernen Ambiente in alten Spitzgewölben wird hier frisch, saisonal und mediterran inspiriert aufgekocht.

Mörwald – Schloss Grafenegg

3485 Grafenegg 12
Tel. 02735/261 60, Fax 26 16 60
E-Mail: grafenegg@moerwald.at
Internet: www.moerwald.at

Das hübsche Restaurant präsentiert sich mit neuem Glanz, neuer Terrasse, neuer Besetzung – und über allem wacht nach wie vor Toni M. Geboten wird gutbürgerliche und inspiriert ländliche Küche.

Weinhaus Nigl

3541 Senftenberg, Kirchenberg 1
Tel. 02719/260 95-00, Fax -50
E-Mail: reservierung@weingutnigl.at
Internet: www.weingutnigl.at

Man ist Martin Nigl richtig dankbar dafür, dass er sich dieses historischen Baujuwels angenommen und es vor dem endgültigen Verfall gerettet hat, wenn man hier in den gemütlichen Stuben sitzt und zum Kalbsrieslingbeuscherl ein Glas Riesling des Meisters genießt. Und wenn man dann müde wird, legt man sich einfach in eines der liebevoll und individuell ausgestatteten Gästezimmer des dazugehörigen Hotels.

Über Nacht

Gasthof & Hotel Klinglhuber

3500 Krems an der Donau
Wiener Straße 2
Tel. 02732/821 43, Fax 869 69 50
E-Mail: hotel@klinglhuber.com
Internet: www.klinglhuber.com

Modern gestylte Zimmer und gutbürgerliche Küche im Restaurant.

Steigenberger Avance Hotel

3500 Krems, Am Goldberg 2
Tel. 02732/710 10-0, Fax -50
E-Mail: krems@steigenberger.at
Internet: www.steigenberger.com/Krems

Hoch über Krems wohnt man hier modern-komfortabel mit Swimmingpool und Blick über die Weingärten auf die Stadt.

Hotel Zierlinger

3541 Senftenberg, Oberer Markt 17
Tel. 02719/22 43, Fax 23 63
E-Mail: hotel.zierlinger@wvnet.at
Internet: www.tiscover.at/hotel-zierlinger

Hübsch gelegenes Wein-Hotel.

Mörwald Schloss Grafenegg

3485 Grafenegg 12
Tel. 02735/261 60, Fax 26 16 60
E-Mail: grafenegg@moerwald.at
Internet: www.moerwald.at

Man wohnt hier zwar nicht in einem Schloss, genießt in den modernisierten Zimmern dafür aber zeitgemäßen Komfort.

Gästehaus am Weingut Rosenberger

Rohrendorf, s. Winzer & Weine

Gästehaus am Weingut Berger

Gedersdorf, s. Winzer & Weine

Weinhaus Nigl

Senftenberg, s. Essen

Genusstipps

Vinothegg Grafenegg

3485 Grafenegg, Schloss Grafenegg 10
Tel. 02735/399 39
E-Mail: info@vinothegg.at
Internet: www.vinothegg.at

Rund 130 Weine von 33 Winzern aus dem südlichen Kamptal im alten Kreuzgewölbe.

Wein.Handlung Noitz

Im Kloster Und, Undstraße 6
Tel. 02732/707 04, Mobil 0664/325 42 63
Internet: www.wein-handlung.at

Weinfreak Franz Noitz lässt mit seinem nationalen und internationalen Sortiment keine Wünsche offen und freut sich, seinen Besuchern die Faszination Wein näherzubringen.

Arte Wein & Kunstgalerie

3500 Krems, Obere Landstraße 4
Tel. 02732/733 82, Mobil 0664/135 06 21
Internet: www.wua.at

Vinothek, Weinbar und Café.

Café-Konditorei Raimitz

3500 Krems, Bahnhofplatz 12,
Kirchengasse 1, Steiner Landstraße 21
Tel. 02732/824 55
Internet: www.raimitz.at

Feine Mehlspeisen, tolle Torten.

Cafe-Konditorei Hagmann

3500 Krems, Untere Landstraße 8
Tel. 02732/831 67-0
Internet: www.hagmann.co.at
Juli, August So geschl.

Konditorkunst in der Kremser Fußgängerzone.

Evi Naturkost Handel

3500 Krems, Utzstraße 5
Tel. 02732/854 73
Internet: www.evinaturkost.eu

Naturkostfachmarkt, Bioprodukte von über 50 Biobauern.

KAMPTAL

Winzer&Weine

Auf Urgesteinslagen finden im Kamptal vor allem Rieslinge, Grüne Veltliner und vereinzelt Sauvignon blancs ideale Bedingungen vor. Außerdem bringen Chardonnay und Weißburgunder sowie manche Rotweinsorten wie Zweigelt und Pinot noir schöne Ergebnisse.

GOBELSBURG

Cobaneshof Schneider

3550 Gobelsburg, Weinstraße 37
Tel. 02734/25 64-0, Fax -4
E-Mail: office@cobaneshof.at
Internet: www.cobaneshof.at

Der Cobaneshof ist ein Platz zum Verweilen. Die Argumente dafür sind blitzsaubere Weine, ein modernes, gemütliches Heurigen-Lokal und komfortable Gästezimmer für eine Nacht oder einen Urlaub beim Winzer.

Weingut Schloss Gobelsburg

3550 Langenlois, Schlossstraße 16
Tel. 02734/24 22, Fax -20
E-Mail: schloss@gobelsburg.at
Internet: www.gobelsburg.at

Unter der Leitung von Michael Moosbrugger hat sich dieses Weingut wieder zu dem entwickelt, was es einmal war: einem Leitbetrieb für die Region. Die Qualität der breit aufgestellten Weinpalette steht außer Zweifel. Doch Moosbrugger will mehr als das, nämlich Weine, die bekömmlich und trinkfreudig sind, ohne dabei allzu technisch zu wirken. Idealtypisch umgesetzt wird das mit dem Grünen Veltliner und dem Riesling der Serie „Tradition".

KAMMERN

Hannes Hirsch

3493 Kammern, Hauptstraße 76
Tel. 02735/24 60; Fax 360 89
E-Mail: info@weingut-hirsch.at
Internet: www.weingut-hirsch.at

Vom Jungen Wilden – der als Erster seine Top-Weine mit Schraubverschlüssen zustöpselte – wurde Hannes Hirsch zum arrivierten Winzer, dessen Veltliner und Rieslinge von Heiligenstein & Co. verlässliche Spitzenqualität liefern.

LANGENLOIS

Willi Bründlmayer

3550 Langenlois, Zwettler Straße 23
Tel. 02734/21 72, Fax 37 48
E-Mail: weingut@bruendlmayer.at
Internet: www.bruendlmayer.at

Offenheit, innovatives Denken, Ideen und Kontinuität im Qualitätsstreben haben Willi Bründlmayer zu dem gemacht, was er heute ist: eine Leitfigur des österreichischen Weinbaus mit hoher internationaler Reputation. Wer seine Weine vom duftigen Veltliner über die mineralischen Rieslinge bis hin zum mächtigen Chardonnay, aber auch die fruchtig-eleganten, lagerfähigen Roten wie den Pinot noir „Cécile" kostet, wird die Theorie nachvollziehen können, dass Weine immer auch ein wenig den Charakter des Winzers widerspiegeln. Nie vordergründig oder laut, aber immer mit Substanz, Vornehmheit und

Hier atmet die Weinbautradition der Jahrhunderte: Barriquekeller im Weingut Schloss Gobelsburg (oben). Einer der besten Plätze, um Bründlmayer-Weine zu genießen, ist der Heurigenhof (unten).

Tiefgang. Tipp: Der Sekt des Hauses lässt Champagner-Assoziationen sprudeln.

Ludwig Ehn

3550 Langenlois, Bahnstraße 3
Tel. 02734/22 36, Fax -4
E-Mail: weingut.ehn@ehnwein.at
Internet: www.ehnwein.at

Die meisten Weine des Hauses Ehn sind stilistisch im Rahmen des Üblichen und schmecken dabei hervorragend. Aber bei seinem „Incredibile", einer Barrique-Cuvée aus Chardonnay und Grünem Veltliner mit mächtig viel Alkohol, lässt Ludwig Ehn doch immer wieder ein bisschen den „Wilden Hund" raushängen.

Ludwig Hiedler

3550 Langenlois, Am Rosenhügel 13
Tel. 02734/24 68, Fax -5
E-Mail: office@hiedler.at
Internet: www.hiedler.at

Es muss nicht immer das „Maximum" sein, schließlich gibt es bei Ludwig Hiedler und Maria Àngeles mehr als genug tolle Weine im Angebot. Aber ab und zu so ein reifes, mineralisches Fruchtkonzentrat ist auch nicht zu verachten. Die Weine des Hauses zeichnen sich durch klare Struktur, Reife, Eleganz und Langlebigkeit aus. Ein toller Platz, um Hiedler-Weine zu genießen, ist der Heurige im „Weinschlössl" (Dimmelgraben 1, Tel. 0676/32 343).

Weingut Jurtschitsch

3550 Langenlois, Rudolfstraße 39
Tel. 02734/21 16-0, Fax -11
E-Mail: weingut@jurtschitsch.com
Internet: www.jurtschitsch.com

Das Weingut Jurtschitsch – neben den Brüdern Paul, Edwin und Karl Jurtschitsch ist auch die junge Generation bereits fleißig am Werk – ist ein Familienbetrieb von imposanter Größe. Will man ein Maximum an Langenloiser Sorten- und Lagenvielfalt in bester Qualität verkosten, dann ist man im historischen „Sonnhof" an der richtigen Adresse. Furore machten die Jurtschitschs unter anderem mit dem damals visionären Leichtwein „GrüVe", dessen Etikett der bekannte Maler Christian Ludwig Attersee jedes Jahr neu gestaltet.

Thomas Leithner

3550 Langenlois, Walterstraße 46
Tel. 02734/25 52-0, Fax- -4
E-Mail: kontakt@thomas-leithner.at
Internet: www.thomas-leithner.at

Der Urenkel von Dr. Fritz Zweigelt, dem Österreich seine „Nationalrebsorte" verdankt, keltert ausgezeichnete Weißweine wie den fruchtig-mineralischen Riesling „Privat", kräftige „Granaten" wie die Cuvée „Mantis Religiosa" und natürlich einen ausgezeichneten Zweigelt namens „Hommage".

Fred Loimer

3550 Langenlois, Haindorfer Vögerlweg 23
Tel. 02734/22 39 oder 37 63
Fax: 223 94
E-Mail: weingut@loimer.at
Internet: www.loimer.at

Fred Loimers Wine-Loft ist modern und avantgardistisch, doch in Sachen Weinbau lautet das Motto: Vorwärts in die Vergangenheit! Loimer ist von der biodynamischen Bewirtschaftung seiner Weingärten absolut überzeugt und keltert von deren Ertrag glasklare, präzise und erfrischende Weißweine. Eine Liebe des Winzers ist der Pinot noir; diese lebt er sowohl in Langenlois als auch in Gumpoldskirchen aus, wo

Der lange Tisch ist das zentrale Element in Fred Loimers puristischem Verkostungsraum (oben). „Weinbibliothek" samt Galerie im Weingut von Birgit Eichinger in Straß im Straßertale (unten).

er die Trademark „Schellmann“ weiterführt und auch mit Chardonnay, Traminer & Co. in auffälligen Designs punktet.

Rabl

3550 Langenlois, Weraingraben 10
Tel. 02734/23 03, Fax -10
E-Mail: office@weingut-rabl.at
Internet: www.weingut-rabl.at

Das imposante Weingut von Rudolf Rabl ist eine erste Adresse, wenn man Wein nicht nur kosten, sondern auch kaufen – und trinken will. Denn hier stimmen Preis und Qualität, was nicht zuletzt auch Weinfreunde im Ausland zu schätzen wissen: 40 Prozent der Rabl-Weine gehen nämlich in den Export.

Weingut Steininger

3550 Langenlois, Walterstraße 2
Tel. 02734/23 72, Fax -11
E-Mail: office@weingut-steininger.at
Internet: www.weingut-steininger.at

Karl Steininger, dem man bei einem Rundgang durch die Labyrinthe des Loisiums in den Arbeitskeller gucken kann, ist der Meister des Winzersektes. Sortenrein, mit präziser Frucht und in vielen Varianten wird hier feinster Sprudel in edle Flaschen gefüllt. Daneben gibt es aber auch ein beachtliches „stilles“ Angebot mit Veltliner und Riesling in den Hauptrollen.

Weingut Summerer

3550 Langenlois, Weinberggasse 6
Tel. 02734/36 78, Fax -50
E-Mail: weingut@summerer.at
Internet: www.summerer.at

Der Grüne Veltliner ist mit 60 Prozent Rebfläche der König im Weingut Summerer, doch auch aus Riesling und Zweigelt entstehen sehr bemerkenswerte Tropfen. Fürs meditative Verkosten steht im Haus ein eigener Weinsalon samt Zigarren-Lounge zur Verfügung. Und für alle, die noch ein bisschen näher am Weinbau dran sein wollen, gibt es den „virtuellen Weingarten“ unter: www.mein-weinstock.at.

LENGENFELD

Kurt Angerer

3552 Lengenfeld, Schickenberggasse 4
Tel: 0676/365 57 87 oder 0676/430 69 01
E-Mail: kurt.angerer@aon.at
Internet: www.kurt-angerer.at

Kurt Angerers Weine sind Herkunftsweine – und Namen wie Kies, Loam, Granit oder Eichenstaude machen das auch deutlich. Angerers Standbein sind die Weißweine, die von unbändiger Kraft zu sein scheinen und dafür manchmal sogar ins Barrique kommen. Doch auch das Rotwein-Spielbein ist hier stark und stets torgefährlich.

SCHÖNBERG AM KAMP

Weingärtnerei Josef Aichinger

3562 Schönberg am Kamp, Hauptstraße 15
Tel. 02733/82 37 oder 84 11, Fax: 764 58
E-Mail: kamptal@wein-aichinger.at
Internet: www.wein-aichinger.at

Im gepflegten Buschenschank mit Blick in den Weinkeller bereitet Anna Aichinger auserlesene Schmankerln zu, die gemeinsam mit den Weinen des Hauses das Wort „Gourmet-Heuriger“ zweifellos rechtfertigen. Saftig-fruchtige Weißweine bis hin zu vollreifen Spätlesen etwa vom Roten Traminer sorgen weiters dafür, dass es hier niemals fad wird.

Alfred Deim

3562 Schönberg am Kamp, Mollandserstr. 14
Tel. 02733/84 00 oder Tel.+Fax: 82 36
E-Mail: weinbau@deim.info
Internet: www.deim.info

Alfred Deim keltert präzise mineralische Rieslinge und saftig-würzige Veltliner, die mit einem wunderbaren Preis-Leistungs-Verhältnis feilgeboten werden.

Weingut Mathias Hager

3562 Schönberg am Kamp, Mollands 53
Tel. 02733/82 83, Fax 02733/764 94
E-Mail: wein@hagermatthias.at
Internet: www.hagermatthias.at

Matthias Hagers Weine protzen weder mit bombigen Alkoholwerten noch mit vordergründiger Fruchtigkeit. Sie bieten ein feinwürziges Trinkvergnügen, wo jedes Glas schon nach dem nächsten ruft. Am besten testen – in der Weinbeißerei (s. Essen).

STRASS IM STRASSERTALE

Weingut Allram

3491 Straß im Straßertale, Herrengasse 3
Tel. 02735/22 32, Fax -3
E-Mail: weingut@allram.at
Internet: www.allram.at

Die Veltliner und Rieslinge von Michaela und Erich Haas haben Lagen wie den Zöbinger Heiligenstein und den Straßer Gaisberg im Stammbuch stehen. Wer es gerne etwas cremiger hat, greift zu den weißen Burgundersorten.

Peter Dolle

3491 Straß im Straßertale, Herrengasse 2
Tel. 02735/23 26, Fax 28 57
E-Mail: weingut@dolle.at
Internet: www.dolle.at

Peter Dolle, der Senior, ist einer der Weinbaupioniere im Kamptal. Legendär sind die langlebigen Weißburgunder, doch der Schwerpunkt liegt bei Veltlinern und Rieslingen von Top-Lagen.

Birgit Eichinger

3491 Straß im Straßertale
Langenloiser Straße 365
Tel. 02735/56 48-0, Fax -8
E-Mail: office@weingut-eichinger.at
Internet: www.weingut-eichinger.at

Birgit Eichinger hat es geschafft, sich in der heimischen Weinszene zu etablieren und zahlreiche Auszeichnungen bestätigen immer wieder die hohe Qualität ihrer Weine. Ihr Erfolg mag darauf beruhen, dass ihre Weine, auch wenn sie von der kräftigeren Abteilung sind, stets animierend und trinkvergnüglich bleiben. Einmal jährlich öffnet Birgit Eichinger für verwöhnte Gaumen eine Batterie Magnums aus ihrer „Wein-Bibliothek" zur Verkostung.

Weingut Pado

3491 Straß im Straßertale, Talstraße 104
Tel. 0664/123 57 91, Fax 02735/360 57
E-Mail: pado@pado.at
Internet: www.pado.at

Peter A. Dolle geht mit seinem Weinprojekt, dessen Name sich aus seinen Initialen rekrutiert, eigene Wege. Er behandelt das Thema „Wein" erfrischen kreativ und unkonventionell, und bietet saftige, trinkanimierende Weine von besten Straßer Lagen wie Gaisberg, Heiligenstein oder Hasel. Der beste Platz, um diese zu genießen, ist die idyllische „Weinklause", in der Dolles Mutter Liletta auch die passende kulinarische Begleitung parat hat, gekocht und ge-

braten von ihrer Schwiegertochter Margit, die vormals am Herd des Haubenlokals Schwilinski in Langenlois wirkte.

Johann Topf

3491 Straß im Straßertale, Herrengasse 6
Tel. 02735/24 91, Fax -91
E-Mail: office@weingut-topf.at
Internet: www.weingut-topf.at

Anlässlich einer Großflaschen-Degustation von 20 Jahren Barrique-Chardonnay erinnerte Hans Topf daran, dass er seine Weinkarriere durchaus als Revoluzzer begonnen hat. Heute führt er einen imposanten Leitbetrieb im Kamptal und spielt auf allen Weinregistern, die hier möglich sind. Dazu zählen saftige, langlebige Rieslinge und Veltliner ebenso wie der Chardonnay, das Steckenpferd des Winzers, oder der Sauvignon blanc.

WEITERE EMPFEHLENSWERTE WEINBAUBETRIEBE

Reinhard Waldschütz

3491 Straß im Straßertale, Elsarn 3
Tel. 02735/794 57, Fax -4
Mobil 0664/101 66 20
E-Mail: waldschuetz.reinhard@wvnet.at

Weingut Weixelbaum

3491 Straß im Straßertale, Weinbergweg 196
Tel. 02735/22 69, Fax -16
E-Mail: weixelbaum@vinoweix.at
Internet: www.vinoweix.at

ZÖBING

Günther Brandl

3561 Zöbing, Lauserkellergasse 1
Tel. 02734/26 35-0, Fax -4
E-Mail: office@weingut-brandl.at
Internet: www.weingut-brandl.at

Vom Kogelberg keltert Günther Brandl konzentrierte Veltliner und Rieslinge bis hin zur „Reserve" voller Saft und Kraft. Der Heiligenstein liefert die etwas leichteren Weine, die durch Mineralik und Finesse glänzen.

WEITERE EMPFEHLENSWERTE BETRIEBE

Erwin Retzl

3561 Zöbing, Heiligensteinstraße 9
Tel. 02734/22 51, Fax -4
E-Mail: weingut.retzl@gmx.at

Gute Preis-Leistungs-Weine und ein toller Altwein-Fundus.

Kirschner

3561 Zöbing, Heiligensteinstraße 3
Tel: 02734/42 13, Fax -4
E-Mail: kirschner@zoebing.at
Internet: www.kirschner.co.at

Blitzsauberer, pfirsich-fruchtiger Riesling vom Heiligenstein.

Essen

Heurigenhof Bründlmayer

3550 Langenlois, Walterstraße 14
Tel. 02734/28 83, Fax -4
E-Mail: office@heurigenhof.at
Internet: www.heurigenhof.at

Im herrlichen Renaissance-Innenhof und den historischen Gewölben des Hauses kommen sowohl Fein- als auch Weinspitze auf ihre Rechnung. Am Ende geht man nur ungern, ohne ein paar Flaschen von Willi Bründl- mayers herrlichen Tropfen mitzunehmen.

Gutmann

3561 Zöbing, Heiligensteinstr. 32
Tel. 02734/23 34, Fax -4
www.halloaustria.netfirms.com/gutmann

Allein um im verwunschenen Terrassengarten mit Blick auf den Kamp zu sitzen, würde man auch eine weniger gute Küche und mindere Weine in Kauf nehmen. Braucht man gottlob aber nicht!

Färberstub'n

3493 Hadersdorf am Kamp, Hauptplatz 12
Tel. 02735/26 18, Fax -4
E-Mail: faerberstubn@aon.at
Internet: www.faerberstubn.at

Zur soliden, liebevoll zubereiteten Regionalküche serviert Patron Josef Hotzy passende Weine von der rund 200 Positionen umfassenden Weinkarte mit vielen interessanten Newcomern.

Schwillinsky

3550 Langenlois, Rudolfstraße 1
Tel. 02734/323 02, Fax 771 71
E-Mail: karl@schwillinsky.com
Internet: www.schwillinsky.com

Um beim engagierten Küchenmeister Karl Schwillinsky zu schlemmen, muss man nun nicht mehr bis Plank am Kamp pilgern – die hohe Qualität ist mit übersiedelt.

Weinbeißerei

3562 Schönberg am Kamp
Mollands 84, Kellergasse
Tel. 02733/780 80, Fax 764 94
E-Mail: genuss@weinbeisserei.at
Internet: www.hagermatthias.at

Der Mensch lebt nicht vom Wein allein – und darum bekommt man in der Weinbeißerei zu Mathias Hagers Weinen noch eine prima Aussicht und Köstlich-Bodenständiges aus Hermann Hagers Küche.

Über Nacht

Loisium Hotel

3550 Langenlois, Loisium Allee 2
Tel. 02734/771 00, Fax-100
E-Mail: hotel@loisium.at
Internet: www.loisiumhotel.at

Modernes Designerhotel in den Weingärten mit Wellness-Bereich und ausgezeichnetem Restaurant „Vineyard".

Schloss Grafenegg/Mörwald

Grafenegg, s. Essen

Schloss Haindorf

3550 Langenlois, Krumpöckallee 21
Tel. 02734/26 93, Fax -50
E-Mail: office@haindorf.at
Internet: www.haindorf.at

Straßerhof

3491 Straß im Straßertal, Marktplatz 30
Tel. 02735/24 27, Fax -99
E-Mail: eisenbocks@strasserhof.at
Internet: www.strasserhof.at

Genusstipps

Ursinhaus

3550 Langenlois, Kamptalstraße 3
Tel. 02734/20 00-0, Fax -15
E-Mail: info@ursinhaus.at
Internet: www.ursinhaus.at

LOISIUM Kellerwelt & Online Vinothek

3550 Langenlois, Loisium Allee 1
Tel.+Fax 02734/322 40
E-Mail: info@loisium.at
Internet: www.loisium.at

Vinothek Straß

3491 Straß, Langenloiser Straße 199
Tel.+Fax 02735/39 00
E-Mail: gemeinde.strass@aon.at
Internet: www.vinothek-strass.at

Alte Schmiede

3562 Schönberg am Kamp, Hauptstraße 36
Tel. 02733/764 76
E-Mail: alteschmiede@schoenberg.gv.at
Internet: www.schoenberg.gv.at

Weine der Region, Ausstellungen und Kulturveranstaltungen im sehenswerten Ambiente eines historischen Gemäuers.

Hofkäserei Robert Paget

3492 Diendorf am Kamp, Kirchenweg 2
E-Mail: paget.robert@netway.at
Internet: www.bufala-connection.at

Feinster Ziegen- und Büffelkäse.

TRAISEN-, KREMS- UND KAMPTAL

Natur

Naturpark Kamptal-Schönberg

Weinerlebnis zwischen dem „krummen“ Fluss, sanften Hügeln und seltenen Pflanzenarten; Attraktionen: das Kultur- und Tourismuszentrum „Alte Schmiede“ mit Schmiedewerkstatt, Ausstellung und Vinothek, Weinlehrpfad, Waldlehrpfad; *Wein/Erlebnis/Information: Hauptstraße 36, Schönberg am Kamp, Tel. 02733/764 76, www.schoenberg.gv.at*

Walderlebniswelt Stift Göttweig

Zu sehen sind 125 Jahre alte Mammutbäume und andere Exoten. Ein Waldlehrpfad führt zum Arboretum mit über 50 Baumarten und Raritäten aus aller Welt. Entlang des Weges können kleine und große Besucher allerlei Rätsel und Aufgaben lösen. *Tel 02732/855 81-321. www.stiftgoettweig.at*

Kittenberger Erlebnisgärten

Ein paradiesisches Gartenerlebnis sind die Kittenberger Erlebnisgärten auf einer Fläche von 22.000 m² mit jährlich ca. 70.000 Besuchern; *Schiltern bei Langenlois, Laaerbergstraße 15 (nahe Kamptal). www.kittenberger.at*

Amethyst Welt Maissau

Die größte freigelegte Amethyst-Ader der Welt ist einen Abstecher vom Kamptal wert, Besichtigung des Stollens und Schürferlebnis, ganzjährig geöffnet, *Maissau, Tel. 02958/848 40-0, www.amethystwelt.at*

Entdeckungstour mit Traisentaler Weinbegleiter

18 ausgebildete Weinbegleiter gehen mit den Gästen auf Entdeckungstour, unterwegs ist man zu Fuß oder mit dem Fahrrad oder Pferd. *Tourismusverband und NÖ Weinstraße Traisental, Tel. 02782/833 21*

Urzeitmuseum

Mit einem 3,3 Meter langen Mammutstoßzahn sowie dem ältesten Weinkern, der im Traisental gefunden wurde, und vielen Grabbeigaben bietet das Urzeitmuseum Einblicke in das Leben der Bronzezeit, von April bis Ende Oktober geöffnet, Führungen, Nußdorf ob der Traisen.

Kultur

Korkenzieher-Turm

Ist die neue Attraktion der Winzervereinigung Ahrenberger-Eichberger Kellergasse, mit Weinlehrpfad mit 10 Infostationen sowie vier Erlebnisstationen für Kinder. Das Weinbaumuseum der Familie Zwick ist zusätzlich von April bis Oktober täglich geöffnet, *www.derkorkenzieher.at*

Schloss Grafenegg

Das Schloss Grafenegg, im Stile des romantischen Historismus erbaut, verfügt über die bedeutendste historische Schlossanlage Österreichs, das Schloss selbst mit den Prunkräumen, der Kapelle und dem Innenhof ist von 24. April bis 31. Oktober dienstags bis sonntags zu besichtigen. Führungen nach Voranmeldung.
Tel: 02735/5500-522
E-Mail:schloss@grafenegg.at
Internet: www.grafenegg.at

Burgruine Senftenberg

Konnte ihr wehrhaftes Äußeres bis heute erhalten und thront über dem gleichnamigen Ort Senftenberg, ganzjährig geöffnet, *www.burgruinesenftenberg.at*

Weinstadtmuseum Krems

Ist im Dominikanerkloster, einem der historisch interessantesten Gebäude der Stadt, untergebracht, eine Kulturreise durch mehr als 30.000 Jahre Kulturgeschichte, von März bis November geöffnet.
www.weinstadtmuseum.at

Sandgrube 13 wein.sinn

Der Besucherrundgang beginnt im Weingarten, führt über den Weinkeller hin zu den Themen „Kunst“ und „Film“ und endet bei einer Verkostung und im Ab-Hof-Verkauf; *Sandgrube 13, Krems, Tel. 02732/855 11, www.sandgrube13.at*

Loisium Langenlois

Ein 900 Jahre altes Labyrinth durch die alten Weinkeller von Langenlois, traditionell und mystisch inszeniert, mit Themenführungen, *Loisium Allee 1, Langenlois, Tel. 02734/322 40, www.loisium.at*

Stift Göttweig

Ein UNESCO-Kulturerbe mit Klosterladen und Museum im Kaisertrakt, auch Urlaub im Kloster ist möglich, *Tel. 02732/855 81-231, www.stiftgoettweig.at*

Kunstmeile Krems

Ist eines der renommiertesten Ausstellungshäuser Österreichs. Es bietet ganzjährig Ausstellungsprojekte mit Kunstwerken aus dem 19., 20. und 21. Jahrhundert. *Franz-Zeller-Platz 3, Krems, www.kunstmeile.at*

Karikaturmuseum

Nach dem Motto „Lachen ist gesund". Es nimmt als einziges Museum für Karikatur, kritische Grafik und Bildsatire in der österreichischen Museumslandschaft eine Sonderstellung ein. *Steiner Landstraße 3 a, Krems, Tel. 02732/90 80 20*

„Kirchenblick" durch die bunten Glasfenster des Loisiums in Langenlois.

MODERNE ARCHITEKTUR

Auditorium Schloss Grafenegg, ein Solitärbaukörper mit dem Auditorium, in dem es kaum einen rechten Winkel gibt, Grafenegg 10, Architekten: Schröder, Schulte-Ladbeck, Irresberger

Open-Air Bühne „Wolkenturm", eine Skulptur aus Glas und Stahl, Areal Schloss Grafenegg, ArchitekInnen: nextEnterprice

Glaspavillon in der Kunstmeile, zitiert die Form des Kremser Tores, Krems, Architekt: Alfred Krischanitz

Karikaturmuseum Krems, das Museum mit der markanten Dachkonstruktion vom Karikaturisten und Architekten Gustav Peichl

Weingut Loimer, zum Degustationsgebäude gesellte sich eine Kellerei, die wie ein Presshaus aus dem 18. Jahrhundert funktioniert – jedoch in moderner Formensprache, Architekt: Andreas Burghardt

Loisium, Langenlois, ein Baujuwel und Aushängeschild moderner Architektur, Architekt: Steven Holl

TERMINE

Wine Fun Tasting, Traisental (Apr)
Kamptaler Weinfrühling (Apr)
Tour de Vin der Traditionsweingüter (1. Wochenende im Mai)
Pfingstweinkost und Hauermarkt in Nußdorf ob der Traisen (Mai)
Kremstaler Weinblüte (Juni)
Ahrenberger Kellergassenfest (Juni)
Kellerfest am Heiligenstein, Zöbing (Juni)
Tag der offenen Kellertür, Reichersdorf (Juli)
Hauermarkt und Kellergassenfest in der Kellergasse am Eichberg (Juli)
Kellergassenfest in der Leithen, Krems a. d. Donau (Juli)
Hauermarkt und Kellergassenfest in Wagram ob der Traisen (Aug)
Weingenuss im Spätsommer, Gobelsburg (Aug)
Weinpräsentation Traisentaler Jungwein, Stift Herzogenburg (Okt)
Vinum Circa Montem Jungweinverkostung, Stift Göttweig, Kremstal (Nov)
Kamptaler Weinnacht, Schloss Grafenegg (Nov)
Fröhliche Loisium, Langenlois (Dez)
Leopoldi-Weinkost, Herzogenburg (Nov)

Die Weinstraße Niederösterreich

Alle Informationen über die niederösterreichischen Weinstraße, wie Termine, Veranstaltungstipps etc., findet man auf der Homepage der ARGE Weinstraße Niederösterreich: www.weinstraßen.at

Im Schimmer der Smaragde

Das Donautal zwischen Melk und Krems ist eine einzigartige Natur- und Kulturlandschaft. Auf steilen Hängen mit den typischen Steinterrassen wachsen hier Rieslinge und Grüne Veltliner, die zu den feinsten Weißweinen des Landes zählen.

Die Geschichte des Weines in der Wachau ist eine von vielen, die sich mit dem klassischen Satz „Schon die alten Römer …" beginnen lässt. Es ist nachgewiesen, dass hier bereits unter dem legendären Weinkaiser Probus im dritten Jahrhundert nach Christus Wein angebaut wurde. In dieser Zeit wurde damit begonnen, Terrassen in die steilen Urgesteinshänge zwischen Spitzer Graben und Kremser Pfaffenberg zu schlagen. Ein gewaltiges Unterfangen, das gerne mit dem ägyptischen Pyramidenbau verglichen wird und das dem weinfreundlichen Kaiser letztendlich den Kopf kosten sollte. Irgendwann hatten die Legionäre die mühsame Plackerei nämlich satt und meuchelten ihren Herrn kurzerhand. Der unter seiner Regentschaft begonnene Terrassenbau, durch den die Wachau ihr landschaftliches Gepräge erhielt, ist bis heute im Gange und es ist eine der Hauptaufgaben jeder Wachauer Weinhauergeneration, die Terrassen permanent in Stand zu halten und zu erneuern. Nicht zuletzt bilden sie neben den besonderen klimatischen Bedingungen und der Bodenbeschaffenheit die Grundlage für jene hohe Weinqualität, die aus der Wachau ein Mekka für Weinpilger von nah und fern gemacht hat.

Winzernamen wie **Knoll, Prager, Hirtzberger, Alzinger, Lagler oder F. X. Pichler**, vor allem aber deren Weine, lassen sich Freunde des österreichischen Weißweins genüsslich auf der Zunge zergehen. Diese und andere Spitzenwinzer keltern von den Hängen längs der Donau Rieslinge, die eine einzigartige und – zumindest für Fachleute – unverwechselbare Fruchtigkeit und Eleganz zeigen. Ebenfalls idealtypisch sind die Grünen Veltliner, die hier mit ihrem würzig-pfeffrigen Duft, ihrer klaren Frucht und ihrer eleganten Stilistik ihre wohl reinste Ausformung findet. Viele dieser Weine von Lagen wie Kellerberg, Singerriedel, Achleiten, Klaus oder Tausendeimerberg haben inzwischen Kultstatus erlangt. Sie fehlen auf keiner gut sortierten Weinkarte im Land und so manche gute Flasche macht sich auch auf den Weg nach Deutschland, in die USA oder gar nach Japan.

Das Werk von Jahrhunderten: die Wachauer Steinterrassen, hier in der Ried Achleiten.

Kühle Winde aus dem Walviertel machen die Wachauer Trauben so besonders aromatisch: Blick von der Ried Klaus auf die Weingärten und das Donautal.

Von Melk ins Donautal

Wir wollen nun erkunden, wo diese guten Tropfen ihren Ausgang nahmen, und folgen dabei dem Strom der Donau. Darum starten wir diese Tour, obwohl das eigentliche Weinbaugebiet erst in Schwallenbach bei Spitz beginnt, in Melk. Am Tor zur Wachau ragt das berühmte Benediktinerstift als monumentales Wahrzeichen hoch über den Ort hinaus. Es zählt zu den imposantesten Kloster- und Barockbauten Europas und allein sein Anblick nötigt selbst dem stumpfsten Kulturbanausen einen gewissen Respekt ab. Wer sich die Zeit nimmt, das Innere dieses weitläufigen Sakralbaus näher in Augenschein zu nehmen, sollte jedenfalls nicht auf die Bibliothek vergessen, die in ihren kunstvoll geschnitzten Schränken und Regalen eine Vielzahl kostbarer mittelalterlicher Schriften und Bücher beherbergt; schließlich war im Anfang das Wort und nicht der Wein.

Zum Wein gehört freilich – so wie in der Eucharistie – fast zwingend das Brot, womit wir beim Essen und schon mit einem Fuß in der Tür von **„Tom's Restaurant"** am Hauptplatz wären, im Hotel „Stadt Melk", wo Thomas Wallner verwegene Kreationen einer modernen Fusion-Küche auf die Tel-

Wenn schon neu, dann richtig neu: Das Weingut F. X. Pichler ist ein gelungenes Beispiel für moderne Architektur in einer uralten Kulturlandschaft.

ler zaubert. Ganz anders im Gasthof **„Zum Schwarzen Bären“** in Emmersdorf, auf der anderen Seite der Donau, in dessen alten Gewölben ziemlich exakt das serviert wird, was man gemeinhin als „gutbürgerliche Küche“ bezeichnet. Auf der Weiterfahrt passiert man die Orte Aggsbach Markt – hier spannten in Zeiten vor der Autobahnvignette die auf Burg Aggstein ansässigen Raubritter und Vorfahren der heutigen Zollbeamten ihre Sperrkette über die Donau – und Willendorf, wo im Zuge des Baus der Wachauer Bahn im Jahr 1908 mit der sogenannten „Venus von Willendorf“ die wohl älteste Österreicherin ausgegraben wurde. Seither fristet die nur elf Zentimeter große, dafür rund 28.000 Jahre alte Dame ihr Dasein im Wiener Naturhistorischen Museum, während sie am Fundort von einer vergleichsweise überdimensionalen Kopie aus Sandstein vertreten wird. Für den Weinfreund wird der weithin sichtbare „Spitzer Tausendeimerberg“ aber ohnehin imposanter wirken, ist er doch das weinbauliche Wahrzeichen des mit Spitzenwinzern reich gesegneten Ortes. Von dieser markanten Erhebung, die sozusagen die Ouvertüre zu den flussabwärts nachfolgenden Riesling- und Veltliner-Sinfonien darstellt, sollen früher in guten Erntejahren bis zu 1.000

Im Tal wächst auch Wein, aber der vom Berg schmeckt besser. Im Hintergrund Spitz mit dem Tausendeimerberg – links von der Kirche.

Eimer Wein (das entspricht 56.000 Litern) gekeltert worden sein.

Ehe man sich aber nun tatsächlich Spitz zuwendet, empfiehlt sich noch ein kleiner Abstecher hinein in den Spitzer Graben. Hier befindet sich das Schloss Erlahof mit seinem hervorragenden Schifffahrtsmuseum. In eindrucksvollen Darstellungen und Aufbauten lernt man unter anderem, dass die Vorläufer der inzwischen so beliebten Radrouten entlang der Donau die sogenannten „Treppelwege" waren; auf ihnen zogen Pferde- und Ochsengespanne die Schiffe stromaufwärts, heute verkehren darauf Radler in beide Richtungen ...

Ebenfalls im Spitzer Graben befindet sich die Burg Oberranna bei Mühldorf. Sie beherbergt die älteste romanische Krypta Österreichs aus dem 9. Jahrhundert und eine außergewöhnliche Frühstückspension. Mit ihren großen, individuell und original eingerichteten Zimmern ist sie eine der komfortabelsten – und ruhigsten – Bleiben für müde Wachaufahrer.

Spitz selbst, das erstmals im Jahr 830 urkundlich erwähnt wurde, hat eine lange und wechselvolle Geschichte hinter sich, von der nicht nur Reste ehemaliger Wehranlagen wie die Burg Hinterhaus oder das mitten im Ort gelegene Spitzer Schloss, sondern auch zahlreiche andere historische Gebäude wie das Alte Rathaus oder das Bürgerspital zeugen. Geprägt ist das Ortsbild von Kopfsteinpflasterstraßen und verwinkelten Gässchen wie der „Rote(n) Torgasse", die hinauf in die Weinberge und zum Roten Tor führt. Dieser letzte Teil der ehemaligen Ringmauer – im Dreißigjährigen Krieg soll hier dermaßen gemetzelt worden sein, dass sich das Stadttor rot färbte – gibt einer Weinriede den Namen, von der Franz Hirtzberger jedes Jahr einen zauberhaften Veltliner keltert.

Wo das Essen, da der Wein

Vorbei an St. Michael, das vor allem für sein kulturhistorisch interessantes Kirchlein bekannt ist, geht es mitten hinein in ein wahres Wein- und Restaurant-Eldorado, bestehend aus Wösendorf, Joching und Weißenkirchen. Den Auftakt macht der Florianihof in Wösendorf, ursprünglich im Jahr 1159 erbaut, zuletzt eine Traubensammelstelle und heute ein Spitzenrestaurant, in dem sich gediegen-altbelassenes Ambiente, feine Regionalküche und hochstehende Weinkultur aufs Beste ergänzen. Etwas jüngeren Datums ist das besuchenswerte Weingut von **Rudi Pichler** – eines der wenigen in der Wachau, die mit moderner Architektur aufwarten können. Ganz und gar historisch wird es dagegen wieder im **Prandtauerhof** in Weißenkirchen, wobei die Wirtfamilie **Holzapfel** nicht nur Weinbau betreibt, sondern darüber hinaus einige der besten heimischen Edelbrände destilliert. Dringend angeraten ist eine Verkostung der „Schwarzen Ribisel" (Johannisbeere) und natürlich der Marille. Dieser kommt im kulinarischen Wachauer Mikrokosmos eine ganz besondere Bedeutung zu. Während der Blütezeit Anfang April ziehen die Marillenbäume dem ganzen Tal ein romantisches weiß-rosa Spitzenkleidchen an, was für viele Gäste mit ein Grund ist, die Wachau gerade zu dieser Zeit zu besuchen. Verarbeitet werden die Marillen zu zahlreichen köstlichen Desserts wie dem Marillenstrudel oder den Marillenknödeln, zu Marmelade und eben zu feinen Destillaten. Den zweiten Höhepunkt im „Marillenjahr" stellt der Spitzer Marillenkirtag dar, der alljährlich am letzten Juliwochenende stattfindet und die Gelegenheit bietet, zu feinen Wachauer Weinen köstliche Marillenknödel und „Saumeisen" (geselchte Hackfleischlaibchen im Schweinsnetz) zu probieren.

Nur unweit vom Prandtauerhof findet man mit dem **Restaurant und Weingut Jamek** in Joching eine weitere Bastion des Genusses, die aus dem Wachauer Gesamtbild nicht wegzudenken ist. Es gilt als verpflichtend, „beim Jamek" wenigstens einmal pro Wachau-Aufenthalt einzukehren und dort die perfekte Symbiose zwischen verfeinerter, bodenständiger Küche und den edlen Weinen des Hauses zu erleben.

Die Spitzer Pfarrkirche zum heiligen Mauritius trägt Festtagstracht – mit Kirschblüten.

Bevor es weiter stromabwärts in Richtung Krems geht, sollte man in Weißenkirchen die formidablen Weine von **Toni Bodenstein** im **Weingut Prager** kosten und den historischen Teisenhoferhof besuchen, in dem sowohl ein Wachau- als auch ein Weinbaumuseum untergebracht sind und der alle zwei Jahre den würdigen Rahmen für die Verkostung der Wachauer „Smaragde" bietet. Unmittelbar davor führt eine überdachte Treppe zur alten Wehrkirche Mariae Himmelfahrt hinauf, in der man nicht nur geistlichen Beistand für die noch folgenden Wachau-Unternehmungen erbitten, sondern sich einen schönen Rundblick genehmigen darf. Lohnenswert ist auch ein Spaziergang auf dem alten Weinweg von Joching nach Weißenkirchen und dann hinauf in die berühmten Rieden Achleiten und Klaus, wo Josef Jamek in der Nachkriegszeit als Erster – wieder – begann, die typischen Terrassen-Mauern systematisch zu erneuern.

Löwenherzen und Wachauer Laberln

Nur wenige Kilometer weiter taucht am linken Donauufer der „Zeigefinger Gottes" auf. So nennen die Einheimischen den Kirchturm des Chorherrenstiftes Dürnstein, das Wahrzeichen des Ortes. Dass dieser Zeigefinger den weinseligen Besuchern des Ortes drohen könnte, ist ganz und gar ausgeschlossen, war doch sein Erbauer, der berühmte Propst Hieronymus Übelbacher, dem Wein und den irdischen Lustbarkeiten durchaus zugeneigt. Das hat er nicht zuletzt durch die Errichtung des Dürnsteiner Kellerschlössels bewiesen, in dem zu Lebzeiten des Propstes so manches Gelage abgehalten wurde.

Über das kleine, vom Mittelalter und der Barockzeit geprägte Dürnstein ließe sich mit Leichtigkeit ein ganzes Buch schreiben. Über die Legende vom Sänger Blondel etwa, der den armen englischen König Richard Löwenherz aus der Burg Dürnstein befreit haben soll. Oder über die wahre Geschichte von der Erfindung des heute zum Allgemeingut gewordenen Wachauerlaberls (Brötchen) durch den Großvater des Bäckermeisters und Winzers Franz Schmidl, der sein Geschäft immer noch inmitten der engen Dürnsteiner Gässchen in einem ehemaligen Schiffsmeisterhaus betreibt. Die Qualität der Schmidl-Laberln ist trotz zahlreicher Nachahmungsversuche bis dato unerreicht. Und dann darf man natürlich nicht das noble Dürnsteiner Schlosshotel vergessen, von dessen Restaurantterrasse man den besten Donaublick der ganzen Wachau genießt.

Unmittelbar nach Dürnstein biegt man links von der Hauptstraße ab und gelangt zu den Latifundien der Winzergenossenschaft **„Domäne Wachau"**. Dazu zählen Propst Übelbachers Schlösschen, das heute – mustergültig restauriert – Schauplatz von Veranstaltungen und Verkostungen ist, und eine moderne Vinothek, in der man sich anhand der Weine des Hauses quer durch die Wachau kosten kann. Weiter geht es nun vorbei am „Franzosendenkmal", das an jenes blutige Gefecht der Österreicher und Russen gegen die Franzosen erinnert, das

In mehreren Bauetappen entstand ab dem 12. Jahrhundert die Burg Hinterhaus in Spitz (oben). Durchblick auf den Kirchturm von Dürnstein und die Burgruine im Hintergrund (unten).

Die Donau ist ein wichtiger Wasserweg für die Passagier- und Frachtschifffahrt (oben).
Von hier stammen legendäre Weine: Ried Klaus vor der Kirche von Weißenkirchen (unten).

für Napoleons Armee im Jahr 1805 die erste Niederlage während ihres Ost-Feldzuges brachte, hinein nach Ober- und Unterloiben. Die beiden politisch seit dem 14. Jahrhundert getrennten, aber vom Ortsbild her zusammengewachsenen Weinbauorte bilden ein kulinarisches Zentrum und vor allem auch eines des Weinbaus, in dem sich alljährlich tausende Weinfreaks einfinden.
Die Rieslinge und Veltliner eines **F. X. Pichler, Emmerich Knoll** oder **Leo Alzinger** zählen nicht nur zu den besten Kreszenzen, die Österreichs Rieden hervorbringen, sondern haben wesentlich dazu beigetragen, dass der österreichische Wein heute auch international wieder einen guten Ruf genießt. Wenn man von Loiben spricht, darf der von Emmerich Knolls Cousin Josef betriebene **„Loibnerhof"** nicht unerwähnt bleiben. Er ist eine der ersten kulinarischen Adressen der Wachau, wo zu bodenständiger Küche in bester Form ein breit gestreutes Sortiment von Knoll-Weinen auch älterer Jahrgänge angeboten wird. Unterhalb von Loiben endet ja per Definition das Weinbaugebiet Wachau. Allerdings sollte man die alte Weinbaustadt Krems mit ihren zahlreichen historischen Bauwerken und kulturellen Angeboten deswegen nicht links liegen lassen. Wer sich dafür nicht interessiert, sollte zumindest einmal den süßen „Kremser Senf" kosten, der als klassische Wachauer Spezialität gilt. Heute wird der delikate Würstchenbegleiter aus grob geschroteten Senfkörnern und Traubenmost zwar in Wien hergestellt, die erste gewerbsmäßige Erzeugung im Jahr 1546 erfolgte jedoch in Krems, wo der Senf bis in die 50er-Jahre des vorigen Jahrhunderts produziert wurde.

Impressionen aus der Ried Achleiten bei Weißenkirchen: Hier gedeihen besonders mineralische, komplexe und langlebige Weine.

Die andere Wachau

Von Krems aus setzt man über die alte Donaubrücke – mit Blick auf das mächtige, in luftiger Bergeshöh' thronende Stift Göttweig – auf die andere Seite der Wachau über. Die Weinrieden von Furth werden zwar nicht mehr der Wachau zugerechnet, doch steht das monumentale Barockgemäuer des Stifts, gleichsam als Gegenstück zu Stift Melk im Westen, hier als zweiter steinerner Torwächter für das Weinparadies am Donaustrom.

Ein Tor ganz anderer Natur findet man in Mautern, nämlich jenes zur kulinarischen Welt. Im **„Landhaus Bacher"** pflegt Liesl Wagner-Bacher gemeinsam mit ihrem hochtalentierten Schwiegersohn Thomas Dorfer eine der anspruchsvollsten Küchen des Landes, während Patron Klaus Wagner Herr über den sicherlich bestsortierten „Wachaukeller" der Welt ist. Gleich nebenan befindet sich der Nikolaihof, eines der ältesten Weingüter Österreichs mit exzellenter Weinstube und einem Gästehaus, das den schönen Namen „ad vineas" – zu den Weinbergen – trägt. Schon seit einem runden Jahrtausend besteht der beeindruckende Keller, dessen Fundamente noch von jenem Römerlager „Favianis" stammen, das in Mautern vor rund 2000 Jahren als nördlichster Vorposten des römischen Reiches errichtet wurde.

Fährt man von Mautern weiter in Richtung Rossatz, so fällt im Orts- und Straßenbild bald auf, dass hier nicht permanent Sonntagsstaat getragen wird. Da sieht man auch abbröckelnde Fassaden und renovierungsbedürftige Straßen und Häuser, kurzum, es ist nicht alles herausgeputzt wie in einem Fremdenverkehrsprospekt. Dennoch hat auch diese Seite der Wachau für den Tourismus ihren Reiz. Auf den teilweise noch erhaltenen, teilweise wieder befahrbar gemachten Treppelwegen bieten sich beste Möglichkeiten für Radwanderer und die kleinen Buschenschänken entlang der Route locken mit ruhiger Lage und einem schönen Blick über die Donau. Im Bereich von Ober- und Mitterarnsdorf öffnet sich das enge Tal etwas und bietet wieder mehr Möglichkeiten für den Weinbau, was sich etwa in der Buschenschank von Josef Hick in Mitterarnsdorf oder von Rudolf Hick in Oberarnsdorf – mit perfekter Aussicht auf Spitz und den Tausendeimerberg – leicht nachkosten lässt. Hier lässt sich dann, wenn die letzten Strahlen der Abendsonne den Wein im Glas zum Funkeln bringen, trefflich darüber sinnieren, welche denn nun wirklich die schönere Seite der Wachau ist ...

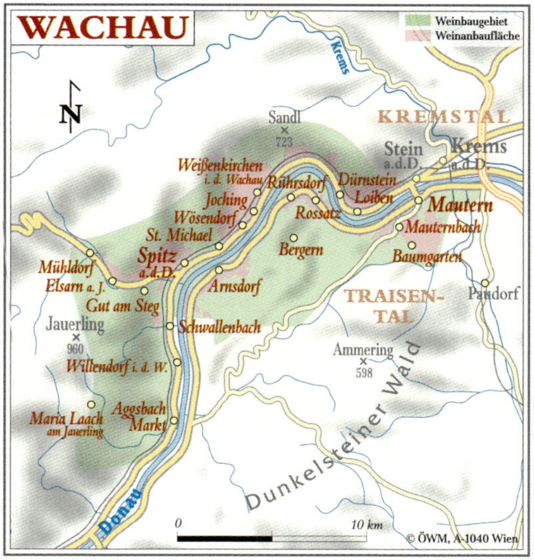

Winzer&Weine

Die Wachauer Winzer keltern von den Hängen längs der Donau Rieslinge, die mit ihrer herrlichen Fruchtigkeit und Eleganz auch international zu den besten Vertretern ihrer Art zählen. Ebenfalls idealtypisch sind die Grünen Veltliner, die mit ihrem würzig-pfeffrigen Duft, ihrer klaren Frucht und ihrer eleganten Stilistik bestechen. Die Grundlage dafür sind neben den idealen klimatischen Voraussetzungen mit warmen Tagen und kühlen Nächten auch die Terrassenlagen auf den steilen Urgesteinshängen an der Donau. Sie bedeuten allerdings für die Winzer mühevolle händische Bearbeitung und geringe Hektarerträge.
Dass die Wachauer Rieslinge und Veltliner heute gesuchte Raritäten sind, liegt nicht zuletzt an den strengen Richtlinien, die der 1983 gegründete Gebietsschutzverein „Vinea Wachau Nobilis Districtus" seinen Mitgliedern vorschreibt. Eine Besonderheit der Vinea ist es, die Weine in eigene Qualitätsstufen zu unterteilen: Steinfeder (15 bis 17 Grad Klosterneuburger Mostwaage, mindestens 10,7 % Alk., maximal 4 Gramm Restzucker), Federspiel (17 bis 18,2 Grad Klosterneuburger Mostwaage, mindestens 11,9 % Alk.) und Smaragd (ab 18,2 Grad Klosterneuburger Mostwaage, mindestens 12 % Alk.), wobei die Weine nicht aufgezuckert werden dürfen.

DÜRNSTEIN

Domäne Wachau

3601 Dürnstein 107
Tel.02711/371, Fax -13
E-Mail: office@domaene-wachau.at
Internet: www.domaene-wachau.at

Die Domäne Wachau ist eine Vorzeige-Genossenschaft und stellt mit ihrer Größe einen gewichtigen Faktor im Wachauer Weinbau dar. Weinfreunde sind in der Vinothek des Betriebes an einer guten Adresse, denn hier wird das gesamte Sorten- und Qualitätsspektrum des Wachauer Weinbaus in hoher Qualität und zu fairen Preisen angeboten. Highlights sind die Lagenweine so berühmter Rieden wie Kellerberg, Singerriedel, Loibenberg, Kollmütz oder Achleiten. Das ganze Jahr über veranstaltet der Betrieb Weinveranstaltungen vom Weinseminar über die Kellerführung bis zur Donau-Riedenfahrt mit Weinverkostung auf dem Schiff.

Pichler-Krutzler

3601 Dürnstein, Oberloiben 16
Tel.0 27 32/718 06, Fax -11
E-Mail: office@pichler-krutzler.at
Internet: www.pichler-krutzler.at

Eine höchst produktive und erfolgreiche Marriage aus Burgenland – Erich Krutzler – und Wachau – Elisabeth Pichler-Krutzler. Die beiden haben sich hier selbständig gemacht und keltern Weine von hoher Feinheit, deren beste Vertreter aber zugleich auch eine geradezu stoffige Dichte aufweisen und sich so geradezu als Meditationsweine eignen. Einen Farbfleck im weißen Sortiment stellt der Blaufränkisch „Weinberg“ dar: Trauben aus Krutzlers Heimat in Deutsch-Schützen sind die Basis für einen dunkelfruchtigen, beerenbeladenen Rotwein, der zwar in der Wachau ein Exot, aber deswegen nicht minder vergnüglich zu trinken ist.

Tegernseerhof – Mittelbach

3601 Dürnstein, Unterloiben 2
Tel. 02732/853 62, Fax -20
E-Mail: office@tegernseerhof.at
Internet: www.tegernseerhof.at

Im historischen Tegernseerhof wirken Martin und Franz Mittelbach feinsten Stoff aus Edellagen wie Dürnsteiner Kellerberg, Loibner Steinertal, Höhereck und Loibenberg, die zur Crême des Loibner Weinbaus zählen. Dabei ist es Martin Mittelbachs Ehrgeiz, bei jedem Wein den speziellen Sorten- und Lagencharakter herauszuarbeiten. Nachzukosten unter anderem im Heurigen „Alter Klosterkeller“.

JOCHING

Karl Holzapfel

3610 Joching 36
Tel. 0 27 15/23 10, Fax -9
E-Mail: weingut@holzapfel.at
Internet: www.holzapfel.at

Karl Holzapfel keltert von Spitzenlagen wie Vorderseiber oder Achleiten Weine, die mit ihrer frischen Frucht und klaren Struktur – nicht nur – prächtige Speisenbegleiter abgeben

Seit Jahrzehnten Hort von Wachauer Spitzenweinen: der Keller im Weingut Jamek (oben). Alte Baumpresse – neu verkleidet: Kostraum im Weingut Alzinger in Loiben (unten).

Josef Jamek

3610 Weißenkirchen, Joching 45
Tel. 0 27 15/22 35, Fax -22
E-Mail: info@weingut-jamek.at
Internet: www.weingut-jamek.at

JJJ – „Josef Jamek Joching“ – seit Jahrzehnten steht dieses Kürzel für beste Qualität aus und in der Wachau. Josef Jamek, der Wachauer Weinbaupionier, legte dafür den Grundstein, indem er bereits nach dem Krieg jenen trockenen, rassigen und fruchtbetonten Ausbaustil pflegte, der noch heute dem Geschmack der Zeit entspricht. Geführt werden Weingut und Restaurant heute von Tochter Jutta und Schwiegersohn Hans Altmann – in bewährter Art und Weise. Nach wie vor großartig munden Weine wie der legendäre Riesling von der Riede Klaus, der Grüne Veltliner von der Achleiten oder der prototypische Weißburgunder „Hochrain“.

Wunderschöne Gewölbe im alten Winzerhaus der Familie Knoll in Unterloiben.

Schmelz

3610 Joching-Weißenkirchen
Weinbergstraße 14
Tel. 0 27 15/24 35, Fax -4
E-Mail: info@schmelzweine.at
Internet: www.schmelzweine.at

Da die Top-Lagen des Hauses über die halbe Wachau verstreut sind, ergibt sich hier die interessante Möglichkeit, Rieslinge und Veltliner mit verschiedenen Charakteristika – von duftig-mineralisch bis hin zu reif, fruchtig und mit dem sprichwörtlichen Schmelz – zu verkosten.

LOIBEN

Leo Alzinger

3601 Unterloiben 11
Tel. 0 27 32/779 00, Fax -50
E-Mail: weingut@alzinger.at
Internet: www.alzinger.at

Kühle Mineralik, hochelegante Frucht und feinste Säurestruktur prägen die Rieslinge und Veltliner aus dem Hause Alzinger. Die feingliedrigen, finessenreichen Weine aus der Schule von Leo senior und Leo junior zählen zum Feinsten, das in der Wachau in Flaschen gefüllt wird.

Wolfgang Bäuerl

3601 Dürnstein, Loiben 28
Tel 02732/755 55, Fax -4
E-Mail: vino@baeuerl.at
Internet: www.baeuerl.at

Die exzellente Qualität von Weinen wie dem Riesling oder dem Grünen Veltliner von der Top-Lage Kellerberg macht Wolfgang Bäuerl zum echten Wachauer Geheimtipp.

Emmerich Knoll

3601 Unterloiben 10
Tel. 0 27 32/793 55, Fax -5
E-Mail: weingut@knoll.at

Die Weine von Emmerich Knoll senior und junior bedürfen keines Marketings. Wann immer das seit vier Jahrzehnten unveränderte und längst zur Trademark gewordene Etikett mit dem heiligen Urbanus auftaucht, wissen Eingeweihte: Gleich knollts! Und das bedeutet, dass tiefgründige, würzige und komplexe Rieslinge oder Grüne Veltliner ins Glas kommen, die zum Besten zählen, das es zu diesem Thema gibt.

F. X. Pichler

3601 Oberloiben 27
Tel. 0 27 32/853 75, Fax -11
E-Mail: winery@fx-pichler.at
Internet: www.fx-pichler.at

Die Weine von Altstar Franz Xaver „F. X." und Lucas Pichler weisen eine Brillanz, Fruchtdichte und Eleganz auf, die ihresgleichen sucht. Kein Wunder also, dass diese hochmineralischen, fein ziselierten Weine von Reben, die seit vielen Jahrzehnten in der Familie selektioniert wurden, zu den geschätzten und gesuchten Kultweinen der Welt zählen. Mit dem Neubau eines Kellers in Loiben mit herrlichem Blick auf die Weingärten haben die Pichlers nun ihre Arbeitsbedingungen optimiert und ihren edlen Tropfen eine würdige Heimstätte gegeben.

Rainer Wess

3601 Unterloiben, Kellergasse
Tel. 0699/126 983 73, Fax 02277/730 99
E-Mail: info@weingut-wess.at
Internet: www.weingut-wess.at

Rainer Wess, ehemals Geschäftsführer der Winzergenossenschaft „Freie Weingärtner Wachau", hat sich höchst erfolgreich als Winzer selbständig gemacht. Was zaghaft begann, ist mittlerweile schon ein recht ansehnliches Pflänzchen mit rund fünf Hektaren Rebflächen, ausschließlich in Spitzenlagen. Auf diesen gedeiht eine konsistente Phalanx feinster Rieslinge und Veltliner mit klingenden Namen von Achleiten bis Pfaffenberg.

MAUTERN

Nikolaihof

3512 Mautern/Wachau, Nikolaigasse 3
Tel. 02732/829 01, Fax: 764 40
E-Mail: wein@nikolaihof.at
Internet: www.nikolaihof.at

Der historische Nikolaihof beherbergt einen zu Recht weitum gerühmten Heurigen mit herrlichem Hofgarten, vielen regionalen und meist hausgemachten Köstlichkeiten und exzellenten, nach streng biologischen Richtlinien gekelterten Weinen aus eigener Produktion. Besonderes Highlight sind die edlen Tropfen, die erst nach vielen Lagerungen im großen Holzfass auf die Flasche gezogen werden.

ROSSATZ

Josef Hick

3621 Rossatz, Mitterarnsdorf 61
Tel. 02714/84 91. Fax -4
E-Mail: josefhick@telering.at
Internet: www.arnsdorf-wachau.at/josef-hick

Abseits vom touristischen Trubel genießt der Weinreisende auf der kleinen Terrasse des Hick'schen Heurigen nicht nur einen herrlichen Blick über die Donau, sondern auch grundsolide, sorten- und regionstypische Rieslinge und Veltliner – da lachen Herz und Gaumen!

Sigl

3602 Rossatz, Rossatz 15
Tel.0 27 14/63 02, Fax -28
E-Mail: winzerhof-sigl@direkt.at
Internet: www.winzerhof-sigl.at

Von der „anderen Seite" der Wachau stammen die meisten der feinfruchtigen, frischen und animierenden Rieslinge und Veltliner aus diesem aufstrebenden Weingut. Nur beim Grünen Veltliner vom Frauenweingarten schielt man ein bisschen über die Donau – mit schmeckbar gutem Ergebnis.

SPITZ AN DER DONAU

Weingut Donabaum „In der Spitz"

3620 Spitz, In der Spitz 3
Tel. 02713/26 44, Fax 729 79
E-Mail: weingut@donabaum.at
Internet: www.donabaum.at

Mit Blick auf den Setzberg, wo der Großteil der Reben des Weinguts herstammt, genießt man hier kraftvoll-elegante Rieslinge, Veltliner, Sauvignons oder Muskateller und bettet, wenn die Verkostung einmal etwas eingehender ausfällt, sein müdes Haupt im Gästehaus „Donabaum" zur Ruhe.

Johann Donabaum

3620 Spitz, Laaben 15
Tel. & Fax 02713/24 88
E-Mail: info@weingut-donabaum.at
Internet: www.weingut-donabaum.at

Neben Rieslingen und Veltlinern, die mit komplexer Fruchtigkeit und frischer, aber keineswegs „Spitzer" Säure aufwarten, setzt Johann Donaubaum auch auf den Neuburger, der ja aus Spitz stammen soll und hier hervorragende Ergebnisse bringt.

„Graben-Gritsch"

3620 Spitz, Vießling 21
Tel.+Fax 02713/84 78
E-Mail: weingut@josef-gritsch.net
Internet: www.josef-gritsch.net

Wenn man schon in einem Graben wie jenem von Spitz sitzt, dann sollte man das Beste daraus machen, so wie Josef „Graben" Gritsch: frische, knackige Weine mit animierender Säure und elegantem Fruchtspiel.

Franz Hirtzberger

3620 Spitz, Kremser Straße 8
Tel. 02713/22 09, Fax -20
E-Mail: weingut@hirtzberger.com
Internet: www.hirtzberger.com

Hinter dem wunderschönen, am Fuße der Wachauer Riesling-Paradelage „Singerriedel" gelegenen Winzerhaus der Hirtzbergers erstreckt sich ein – von außen praktisch unsichtbarer – kunstvoll in den Berg gehauener Keller. In diesem entstehen Weine, die nicht nur zu den besten Österreichs zählen, sondern auch international Maßstäbe setzen. Indes setzt Hirtzberger keineswegs auf spektakuläre Show-Effekte, sondern versucht mit seinen komplexen und wunderbar „trinkfreudigen" Weinen nur möglichst exakt das wiederzugeben, was die Natur hier hervorbringt. So einfach – so gut!

Die Kellerschätze des Weinguts Hirtzberger befinden sich im Bauch des „Singerriedel".

Josef Högl

3620 Spitz, Vießling 31
Tel. 02713/84 58, Fax -4
E-Mail: office@weingut -hoegl.at
Internet: www.weingut-hoegl.at

Aus dem einstigen Geheimtipp ist ein arrivierter Winzer geworden, der in seinen Weinen das Beste aus den zwei Wachauer Welten im Spitzer Graben und in Loiben markant zum Ausdruck bringt. Feinheit und Eleganz ragen bei den Ersteren heraus, mehr stoffige Fülle charakterisiert die Zweiten – und ausgezeichnet schmecken sie alle.

Karl Lagler

3620 Spitz an der Donau, Rote Torgasse 10
Tel. 027 3/25 16, Fax -4
E-Mail: info@weingut-lagler
Internet: www.weingut-lagler.at

Stahlklare Mineralik und fruchtige Opulenz fließen in Karl Laglers Rieslingen, Veltlinern und Sauvignon blancs von besten Lagen wie Steinborz und Tausendeimerberg zu einem herrlichen Trinkerlebnis zusammen, das stets nach Fortsetzung ruft. Mit besonderem Genuss verkostet man diese im wunderschönen Heurigen in Spitz zu kulinarischen Köstlichkeiten von ebensolcher Qualität. Und wenn es dabei ein bissl länger wird, gibt es ja noch das mitten in den Weinbergen gelegene Hotel der Laglers.

Mauritiushof (Franz Josef Gritsch)

3620 Spitz, Kirchenplatz 13
Tel.+& Fax 02713/24 50, Fax 729 43
E-Mail: weingut@mauritiushof.at
Internet: www.mauritiushof.at

Jung und etwas Älter packen hier gemeinsam an und keltern im historischen Mauritiushof aus dem 13. Jahrhundert, den die Familie in siebenter Generation bewirtschaftet, sowohl ganz moderne als auch traditionell gearbeitete Weine, die in der Linie „Kalmuck" auf den Markt kommen.

Anton Nothnagl

3620 Spitz an der Donau, Radlbach 7
Tel. 02713/26 12, Fax 729 69
E-Mail: weingut@nothnagl.at
Internet: www.nothnagl.at

Weine wie der duftige Riesling oder der fein-würzige Veltliner vom Setzberg sind ganz und gar nicht als Notnagel zu verstehen, sondern bereiten im Gegenteil unbeschwerten Trinkspaß. Einmal im Jahr wird bei Nothnagls im Heurigen ausgeschenkt und wohnen beim Winzer kann man auch.

Veyder-Malberg

3620 Spitz an der Donau
Ottenschlägerstraße 14
Tel. 0664/164 11 68
E-Mail: office@malberg.at
Internet: www.veyder.malberg.at

Der langjährige Leiter des Weinguts Graf Hardegg, Peter Veyder-Malberg, hat sich hier seinen Traum vom eigenen Weingut erfüllt. Auf – für ihn selbstverständlich – biodynamischer Basis keltert er jetzt in Spitz Weine, die so gar nicht nach dem Mainstream schielen. Stattdessen handelt es sich um ebenso eigenständige wie eigenwillige „Kreationen", die gleichwohl den Gaumen fordern und größten Trinkspaß bereiten.

WEISSENKIRCHEN

Weingut Jäger

3610 Weißenkirchen, Kremser Straße 1
Tel. 02715/25 35, Fax -4
E-Mail: weingut.jaeger@utanet.at
Internet: www.weingut-jaeger.at

Rieslinge und Veltliner mit Charakter und Ausdruck, aber ohne vordergründige Fruchtigkeit sind die Stärke von Manfred Jäger. Weine, die man gerne zum Essen trinkt – ein Glück, dass es hier auch einen – leider nur einmal im Jahr geöffneten – Heurigen gibt, in dem man die Jäger-Weine zur exzellenten, kreativ gestalteten Heurigenjause genießen kann.

Mustergültig renoviert: die alten Gewölbe im Weingut Prager in Weißenkirchen (oben).
Moderne Zeiten: aussichtsreicher Verkostungsraum bei Rudi Pichler in Wösendorf (unten).

Ilse Mazza

3610 Weißenkirchen, Burg 124
Tel. 02715/23 00, Fax -73
E-Mail: ilse@mazza.at
Internet: www.mazza.at

Ohne nach absoluter technischer Perfektion zu streben, keltert Ilse Mazza sorten- und regionstypische Weine mit blitzsauberer Frucht und animierender Säure, die vor allem einmal Trinkfreude bereiten. All das ist mehrmals im Jahr im hauseigenen Heurigen mit Blick auf den Vorderseiber mit Genuss nachzuvollziehen.

Weingut Prager/Toni Bodenstein

3610 Weißenkirchen, Wachauer Straße 48
Tel. 02715/22 48, Fax 25 32
E-Mail: prager@weissenkirchen.at
Internet: www.weingutprager.at

Das Weingut Prager war unter der Leitung von Franz Prager ein renommierter Spitzenbetrieb und hoch gerühmt. Schwiegersohn Toni Bodenstein baute auf dieses Fundament auf und setzte noch zusätzliche Marksteine. Als Erster kelterte er in der Wachau eine – damals heiß umstrittene – Trockenbeerenauslese vom Riesling nach deutschem Vorbild, weiters machte er einen ausgesprochen hoch gelegenen Weingarten urbar, von dem der filigrane und elegante Riesling „Wachstum Bodenstein“ stammt, und schließlich setzte er auch noch einen Weingarten in der früher üblichen niedrigen Stockkultur aus, der einen Grünen Veltliner bringt, dessen saftige Frucht, kernige Würze und komplexe Struktur ihresgleichen suchen. Zudem machte er noch seinem Namen Ehre und veröffentlichte ein hochinteressantes Buch über das Terroir der Wachau.

Winzerhof Andreas Lehensteiner

3610 Weißenkirchen, Kremser Straße 7
Tel. 02715/22 84, Fax -4
E-Mail: winzerhof.lehensteiner@aon.at
Internet: www.lehensteiner-wachau.at

Andreas Lehensteiner keltert mineralisch elegante, von saftiger Frucht getragene Grüne Veltliner und Rieslinge, die er zu absolut fairen Preisen verkauft. Außerdem gibt es in diesem Winzerhof komfortable Gästezimmer mit Blick auf die Wein- und Marillengärten.

WEITERER EMPFEHLENSWERTER BETRIEB

Anton Schneeweiß

3610 Weißenkirchen 27
Tel. 02715/22 27, Fax -27
E-Mail: wachauerwein@aon.at
Internet: www.wachauerwein.at

WÖSENDORF

Franz Pichler

3610 Wösendorf, Hauptstraße 68
Tel. 02715/23 07, Fax -15
E-Mail: weingut.pichler@aon.at

In der Wachau Pichler zu heißen, ist ja nun nicht unbedingt von Vorteil. Doch Franz Pichler weiß diesen Namen mit Würde zu tragen und seine Weine, vom duftigen Muskateller bis zum Veltliner-Kraftwerk „Das Beste“ von der Riede Kollmütz, ebenso.

Rudi Pichler

3610 Wösendorf 38
Tel. 02715/22 67, Fax -4
E-Mail: weingut@rudipichler.at
Internet: www.rudipichler.at

Rudi Pichler keltert hochkarätige, kraftvoll-elegante Weißweine wie den Grünen und Roten Veltliner, Riesling oder Weißburgunder, die auf wunderbare Weise das großartige Terroir der Weißenkirchner Lagen zutage bringen. Gewachsen auf besten Lagen wie Achleiten, Kollmütz oder Steinriegl, ist das der Stoff, aus dem Wachauer Weinträume sind.

Erich Machherndl

3601 Wösendorf, Hauptstraße 1
Tel. 0664/350 40 53
Fax 0664/773 50 40 53
E-Mail: office@machherndl.com
Internet: www.machherndl.com

Erich Machherndl macht es anders, als es die anderen machen – und er macht es hervorragend. Man ahnt es ja schon, wenn man den modernen Verkostungsraum betritt, und dann wird es genussvolle Gewissheit: Hier gibt es nicht nur formidable Rieslinge und Veltliner, sondern auch Weine wie einen prima Chardonnay mit dem Namen „x anders“ oder eine Rotwein-Cuvée aus Zweigelt und Syrah, angesichts deren sich der traditionalistische Wachau-Fahrer glatt fragen könnte: Darf er denn das? Antwort: „Jawoll – weiter so!“

i Essen

DÜRNSTEIN

Loibnerhof

3601 Dürnstein, Unterloiben 7
Tel. 02732/828 90, Fax -3
E-Mail: office@loibnerhof.at
Internet: www.loibnerhof.at

Ich habe dieses Spontan-Gedicht auf den Loibnerhof für mein letztes Weinstraßen-

Buch gedrechselt und es gefällt mir nach wie vor. Jetzt werden Sie vielleicht denken: Dem Egle fällt auch nichts Neues ein! Falsch: Nur nichts Besseres.

Krebserl, Waller, Gänselebern;
Steinpilz, Kutteln – jetzt ein Trebern!
Alle diese guten Sachen
weiß der Meister Knoll zu machen.
Er ist deshalb hoch zu preisen
und es lohnen sich selbst Reisen
von dem fernen Ausland her,
denn hier findet man noch mehr.
Schatt'ger Garten unter Bäumen –
Weine vom Cousin zum Träumen.
Kann es etwas Schön'res geben?
Hinfahr'n und es selbst erleben!

Richard Löwenherz

3601 Dürnstein 8
Tel. 02711/222, Fax -18
E-Mail: loewenherz@duernstein.at
Internet: www.richardloewenherz.at

Man sitzt hier auf der Donauterrasse mit herrlichem Panoramablick und genießt bei besten Wachauer – und anderen – Weinen eine feine regionale Küche auf hohem Niveau, die aber auch Ausritte ins Feld der gehobenen Gourmandise unternimmt.

Sänger Blondel

3601 Dürnstein 64
Tel. 02711/253, Fax -7
E-Mail: saengerblondel@aon.at
Internet: www.saengerblondel.at

Wo Löwenherz ist, darf auch der Sänger Blondel nicht weit sein. Zwar geht es hier etwas weniger aristokratisch zu als im „Richard Löwenherz", mit guter, bodenständiger Küche und ebensolchen Weinen weiß man aber auch hier aufzuwarten.

Hotel Schloss Dürnstein

3601 Dürnstein 2
Tel 02711/212 Fax -30
E-Mail: hotel@schloss.at
Internet: www.schloss.at

Ob nur für Kaffee und Kuchen auf der Donauterrasse oder „Candlelight-Dinner" mit Hummer und Gänseleber – das Hotel Schloss Dürnstein ist eine erste Adresse.

EMMERSDORF

Bauer & Wirt Langthaler

3644 Emmersdorf, Pömling 14
Tel. 02752/714 27, Fax -20
E-Mail: gasthaus.langthaler@aon.at
Internet: www.langthaler.at

„Rotisserie" mit Köstlichkeiten vom Backhendl bis zur Stelze und unterhaltsamen „Nebengeräuschen" vom Streichelzoo bis zum Hoftheater.

Zum schwarzen Bären

3644 Emmersdorf an der Donau 7
Tel. 02752/712 49, Fax -44
E-Mail: hotel@hotelpritz.at
Internet: www.hotelpritz.at

Kreative Küche mit Bodenhaftung, eine tolle Weinauswahl und die gastfreundliche Obsorge der Wirtsfamilie Pritz sind überzeugende Argumente, um hier auch für längere Zeit sein Quartier aufzuschlagen.

JOCHING

Jamek

3610 Joching 45
Tel. 02715/22 35, Fax -22
E-Mail: info@weingut-jamek.at
Internet: www.weingut-jamek.at

Man geht zum Jamek nicht nur, weil er eine Institution ist, sondern weil es sich in den sorgsam gepflegten Stuben und im idyllischen Hausgarten so gemütlich sitzen lässt. Und weil die Küche, ohne nach gängigen Moden zu schielen, einfach köstlich ist. Und natürlich auch, weil es zu diesem herrlichen Essen die nicht minder herrlichen Jamek-Weine zu trinken gibt. Deshalb geht man hierher.

MARIA TAFERL

Hotel Schachner-Krone

3672 Maria Taferl 124
Tel. 07413/63 55, Fax -83
E-Mail: office@hotel-schachner.at
Internet: www.hotel-schachner.at

Wer beim Essen auf die Donau hinunterschauen will, ist auf der Terrasse der Krone am richtigen Platz. In diesem luftigen Adlerhorst und perfekten „Hideaway" wird in zwei Gängen gekocht: regional-gutbürgerlich auf der „Donauterrasse" und inspiriert-kreativ im Gourmet-Restaurant „Smaragd". Die gewaltige Weinauswahl legt eine rechtzeitige Buchung im Hotel nahe.

MAUTERN

Landhaus Bacher

3512 Mautern, Südtiroler Platz 2
Tel. 02732/829 37, Fax 743 37
E-Mail: info@land haus-bacher.at
Internet: www.landhaus-bacher.at

Wer hier einen Marillenknödel isst, hat gute Chancen, dass es der beste seines Lebens ist. Doch egal ob Hummer, Steinpilz, Trüffel oder Gänseleber – unter den kundigen Händen von Lisl Wagner-Bacher, der Grande-Dame der heimischen Kochszene, und ihres kongenialen Mitstreiters und

Deckenfresko im Dürnsteiner Kellerschlössel, das den Weingenuss verherrlicht (links); das Burgtor in Dürnstein (rechts).

Schwiegersohns Thomas Dorfer gerät alles zur elaborierten Gaumenfreude. Dazu kredenzt „Kellermeister“ Klaus Wagner die besten Tropfen aus der Wachau, dem Bordeaux und der ganzen Welt.

MELK

Tom's Restaurant

3390 Melk, Hauptplatz 1
Tel. 02752/524 75, Fax -19
E-Mail: hotel.stadtmel@netway.at
Internet: www.hotelstadtmelk.com

Moderne und gekonnt dargebrachte Fusion-Küche im gutbürgerlichen Umfeld – einen Versuch wert.

MÜHLDORF

Weißes Rössl

3622 Mühldorf, Markt 17
Tel. 02713/82 57, Fax 81 77
E-Mail: info@7handl.at
Internet: www.7handl.at

Auch im Spitzer Graben muss man nicht darben: In diesem behäbigen Landgasthof, der früher einmal eine Pferdewechselstation war, wird wunderbar bodenständig und auch ein bisschen mediterran aufgetischt – was aber auch wunderbar in den blühenden Gastgarten passt.

NÖHAGEN

Schwarz

3521 Nöhagen 13
Tel. 02717/82 09, Fax -4
E-Mail: office@gasthaus-schwarz.at
Internet: www.gasthaus-schwarz.at

Unter den kundigen Blicken und der wohlwollenden Betreuung durch den legendären „Weinpfarrer“ Hans Denk entstand in diesem abgelegenen Dorfwirtshaus ein kulinarisch-önophiles Eldorado, das in Sachen gediegener Regionalküche und erschöpfender Weinauswahl längst Maßstäbe gesetzt hat.

ROSSATZ

Thiery-Keller

3602 Rossatz, Rührsdorf
Tel. 02714/65 05
Internet: www.thierykeller.at

Neben allerhand Antiquitäten und Zierrat, den der Hausherr sammelt, isst man hier böhmisch-bodenständig – die Frau des Hauses stammt aus Breslau – und trinkt ein gutes Weinderl.

SPITZ

Altes Schiffmeisterhaus

3620 Spitz, Hinterhaus 16
Tel. 02713/23 23, Fax -20
E-Mail: gasthaus.prankl@aon.at
Internet: www.gasthaus-prankl.at

In diesem hübschen, g'standenen Landgasthof der Familie Prankl wartet man mit feinen Weinen, ebenso guten Bieren, einer deftig-regionalen Küche und einigen komfortablen Gästezimmern auf.

Terrassen-Restaurant Strandcafé

3620 Spitz, Donaulände 7
Tel. 027 3/23 20, Fax -4
E-Mail: strandcafe.spitz@aon.at
Internet: www.strandcafe-spitz.at

Hier speist man ganz wachauerisch vom Rieslingbeuscherl bis zum Marillenknödel, trinkt dazu feine Wachauer Weine und erfreut sich am Blick auf den Donaustrom.

WEISSENKIRCHEN

Donauwirt

3610 Weißenkirchen 47
Tel. 02715/22 47, Fax -47
E-Mail: info@donauwirt.at
Internet: www.donauwirt.at

Von der wirklich guten Regionalküche über den exzellent sortierten Weinkeller bis zum Kastaniengarten mit Donaublick, hauseigener Vinothek und Greißlerei für kulinarische Mitbringsel fehlt hier wirklich nichts.

Heinzle

3610 Weißenkirchen
Wachaustraße 280
Tel. 02715/22 31, Fax -19
E-Mail: restaurant@heinzle.at
Internet: www.heinzle.at

Auf der direkt an der Donau gelegenen Terrasse isst man natürlich vorzugsweise Fisch – und lässt ihn in einem Glas Wachauer Riesling schwimmen.

Holzapfels Prandtauerhof

3610 Weißenkirchen
Joching 36
Tel. 027 5/23 10, Fax -9
E-Mail: weingut@holzapfel.at
Internet: www.holzapfel.at

Allein der Prandtauerhof mit seinen historischen Gewölben und dem lauschigen Arkadenhof wäre einen Besuch wert. Aber die feine Küche, die hauseigenen Weine, die gerühmten Edelbrände sind weitere gewichtige Argumente, um hierher zu kommen. Und die tollen Zimmer des Hauses sprechen dafür, nicht so bald wieder wegzugehen.

Kirchenwirt

3610 Weißenkirchen
Kremser Straße 17
Tel. 02715/23 32, Fax -200
E-Mail: kirchenwirt@weissenkirchen.at
Internet: www.weissenkirchen.at/kirchenwirt

In dieser zum Wirtshaus gewordenen Antithese zu zeitgeistiger Szene-Gastronomie speist man wie anno dazumal Saumeisen, Blunz'n, Lamm, Gansln, Knödl & Co. All das erfreulich unprätentiös, aber einfach gut.

WÖSENDORF

Florianihof

3610 Wösendorf 74
Tel. 02715/22 12, Fax -4
E-Mail: office@florianihof-wachau.at
Internet: www.florianihof-wachau.at

Unter alten Gewölben genießt man in einem der besten Restaurants der Wachau feine Küche auf gehobenem Niveau und schöpft dazu aus einem enormen, vom weinbegeisterten Patron Karl Mandl fachkundig zusammengestellten Weinfundus.

Über Nacht

Hotel Schachner-Krone

Maria Taferl, s. Essen

Hotel-Restaurant Donauhof Familie Pichler

3644 Emmersdorf
Tel. 02752/717 77, Fax -44
Internet: www.donauhof.com

Hotel & Restaurant zum Schwarzen Bären

s. Restaurants

Hotel & Restaurant Zur Stadt Melk

s. Restaurants

Barock-Landhof Burkhardt Hotel Garni und Ferienwohnungen

3620 Spitz, Kremserstraße 19
Tel. 02713/23 56
Internet: www.burkhardt.at

Weinberghof Lagler
Weingut und Hotel Garni

3620 Spitz, Rote Torgasse 10
Tel. 02713/29 39, Fax 25 1 64
E-Mail: weinberghoflagler@uol.at
Internet: www.tiscover.com.weinberghof

Wohnen mitten in den Spitzer Weinbergen – der Wein lässt grüßen!

Weingut und Gästezimmer Schweighofer

3601 Dürnstein, Oberloiben 11
Tel. 02732/84 3 37
Internet: www.weingutschweighofer.at

Gemütliche Privatpension mit eigenem Buschenschank bei den Weingärten.

Burg Oberranna, Hotel Garni

3622 Mühldorf bei Spitz
Tel. 02713/82 21, Fax 83 66
E-Mail: reservierung@burg-oberranna.at
Internet: www.burg-oberranna.at

Donauhof, Hotel Garni

3610 Weißenkirchen 298
Tel. 02715/23 53, Fax -4
E-Mail: info@hotel-donauhof.at
Internet: www.hotel-donauhof.at

Raffelsbergerhof, Hotel Garni

3610 Weißenkirchen 54
Tel. 02715/22 01, Fax -27
Internet: www.raffelsbergerhof.at

Schlossherrlich wohnen – mitten in Weißenkirchen.

Pfeffel, Gartenhotel & Weingut

3601 Dürnstein 122
Tel. 02711/206, Fax -8
E-Mail: info@pfeffel.at
Internet: www.pfeffel.at

Romantikhotel Richard Löwenherz

Dürnstein, s. Restaurants

Hotel & Restaurant Sänger Blondel

Dürnstein, s. Restaurants

Genießerhotel & Restaurant Bacher

Mautern, s. Restaurants

Gediegen Wohnen im Landhausstil – und dazu ein herrliches Land-Frühstück!

Landgasthof Schickh

Klein-Wien, s. Restaurants

Schloss Dürnstein

3601 Dürnstein
Tel. 02711/212, Fax 351
E-Mail: hotel@schloss.at
Internet: www.schloss.at

Man residiert im Schloss – mit allem Komfort und Blick auf die Donau.

Turm Wachau

Weißenkirchen, Burg 140
Tel. 0664/201 3850, 0664/617 0 329
E-Mail: rosenberger@turm-wachau.at
Internet: www.turm-wachau.at

i Genusstipps

Alter Klosterkeller (Heuriger) Familie Mittelbach

Dürnstein, s. Winzer & Weine

Vinothek Domäne Wachau

3601 Dürnstein, Nr. 107
Tel. 02711/371, Fax -3
E-Mail: office@domaene-wachau.at
Internet: www.domaene-wachau.at

Im lichtdurchfluteten Raum kann man sich durch einen Querschnitt der Wachauer Weinlagen kosten und die Weine erwerben. Außerdem gibt's hier Altwein-Raritäten, feine Edelbrände aus eigener Produktion und gute Bücher – wie dieses hier.

Weingut & Heuriger Arnold Bayer

Weißenkirchen, St. Michael 4
Tel.+Fax: 02713/23 64
E-Mail: office@weingut-bayer.com
Internet: www.weingut-bayer.com

Bio-Weinstube im Nikolaihof

Mautern, s. Winzer & Weine

Heuriger Weingut Lagler

Spitz, Rote Torgasse 10
Tel. 02713/2516, Fax -4
E-Mail: info@weingut-lagler.at
Internet: www.weingut-lagler.at

Spitzenweine und feine Speisen in gemütlicher Atmosphäre.

Individuelle Weinberatung Hubert Fohringer

3620 Spitz, Donaulände 1 a
Tel. 02713/20 29, Fax -20
E-Mail: webshop@fohringer.at
Internet: www.fohringer.at

Hier gibt es alles, was in der Wachau Rang und Namen hat – auch ältere Jahrgänge und Magnumflaschen; dazu Top-Weine aus aller Welt und die unvergleichlichen Gläser von Zalto.

Wein & Keramik im Salzstadel

3610 Weißenkirchen, Tel. 02715/22 14

Vom Weinkühler über edle Handarbeiten bis zu selbstgemachten Marmeladen reicht das Angebot – außerdem kauft man hier die empfehlenswerten Weine der Familie Schneeweiß.

Wieser Café und Shop

In Dürnstein 18 a und Dürnstein 39 sowie in Melk, Rathausplatz 6

Hier kauft man nicht nur die herrlichen Brände von Markus Wieser aus Wösendorf (Wösendorf, Hauptstraße 13, Tel. 02715/25 44, Internet: www.wieser-wachau-at, Ab-Hof-Verkauf und Verkostung nach Voranmeldung), sondern auch feinen Espresso aus eigener Röstung und originelle Mitbringsel wie die duftige Marillenseife.

Wachauer Backstube

Dürnstein 21, Tel. 02711/224-0
Internet: www.schmidl-duernstein.com

Hier gibt's die Original Wachauer Laberln vom Erfinder – qualitativ unerreicht.

Elfis Turmgwölb

Dürnstein, Haus 16 im Stadttorbogen
Tel. 02732/849 87
Internet: www.deuretzbacher.at

Marmeladen, Marillensenf, Brände.

Biohof König

Rossatz/Arnsdorf, Mitterarnsdorf 51
Tel. 02714/82 04, nach tel. Vereinbarung

Obst, Gemüse, Säfte, Brände.

Obsthof Reisinger

Spitz an der Donau
Mitterndorf am Jauerling 1
Tel. 02713/28 55, nach tel. Vereinbarung
Internet: www.obsthof-reisinger.at

Saft, Nektar, Cidre.

Marillenhof Destillerie Kausl

Mühldorf, Ötz 16
Tel. 02713/82 25, nach tel. Vereinbarung
Internet: www.marillenhof.at

Destillerie, Marmeladen.

Biohof Fries

Mautern, Unterbergern 24
Tel. 02714/7434, nach tel. Vereinbarung

Fleischspezialitäten, Grammeln, Würste und mehr.

i Natur&Erleben

Naturpark Jauerling-Wachau

Vom Jauerling hat man einen traumhaften Blick ins Herz der Wachau.
Attraktionen: Hans-Pichler-Naturparkhaus, Kraftweg und Wallfahrtskirche Maria Laach, Schlossgasse 3, Spitz, Tel. 02713/30000, *www.naturpark-jauerling.at*

Themenpark Hubhof

Unterwegs im 50.000 m^2 großen Garten mit Blumen und Kräuterbeeten durch vier verschiedene Welten (Welt der Dinosaurier, Reich der Insekten, Zaubergarten und Märchenlehrpfad). Weiters Sonderausstellung „Mineralien", *Tel. 02712/241, Hubhof bei Aggsbach Markt in der Wachau.*
www.maerchenland.at

Schallaburg

Zählt zu den schönsten Renaissanceschlössern nördlich der Alpen und ist nach dem Vorbild italienischer Palazzi erbaut, zweigeschossiger Arkadenhof, wunderschöner Garten mit historischen Rosen, Ausstellungen; Schlossbesichtigung ist möglich. *Schallaburg 1, (5 km von Melk entfernt), www.schallaburg.at*

Schloss Artstetten

„Märchenhaftes" Schloss mit sieben charakteristischen Zwiebeltürmen, vormals Sommerresidenz der kaiserlichen Familie, Erzherzog-Franz-Ferdinand-Museum; im weitläufigen Park imposante alte Bäume, von April bis November geöffnet, *Artstetten, Tel. 07413/80 06-0, www.schloss-artstetten.at*

Burgruine Aggstein

300 Meter über der Donau thront die Burgruine Aggstein auf einem schmalen Felsen. Hier hielt der Raubritter Jörg Scheck vom Wald der Legende nach Gefangene auf dem „Rosengärtlein" gefangen. Nibelungenausstellung, Burgenmodell, von März bis November geöffnet, *Aggstein,*
Tel. 02753/8228-1, www.ruineaggstein.at

Steinzeit-Museum

An der Fundstelle der „Venus von Willendorf", einer 11 cm großen Kalksteinfigur, ist eine Nachbildung zu sehen. Das Original befindet sich im Naturhistorischen Museum in Wien, Einblicke ins Leben der Menschen vor 25.000 Jahren, von Mai bis Ende Oktober geöffnet, *Aggsbach Markt, Tel. 02712/214, www.willendorf.info*

Wachaumuseum

Das Museum befindet sich im Teisenhoferhof in Weißenkirchen, einem der schönsten Renaissancehöfe der Region. Neben Wachauer Trachten und altem Hausrat sind laufende Ausstellungen zu sehen, von April bis Ende Oktober geöffnet, *Tel. 02715/22 68, www.weissenkirchen-wachau.at*

Das „Franzosendenkmal“ erinnert an das siegreiche Gefecht gegen Napoleon (1805).

Basilika Maria Taferl

In der Wallfahrtskirche beeindruckt die mechanische Krippe, ein Kunstwerk mit mehr als 300 Figuren. Im Inneren fasziniert Barockschmuck in Gold und Silber. Sehenswert ist auch die Schatzkammer, von April bis Oktober geöffnet, *Tel. 07413/278, www.basilika.at*

Stift Melk

Ist seit mehr als 900 Jahren geistliches und kulturelles Zentrum des Landes, mit spannend gestalteten Museumsräumen und Prunksälen, im Stiftspark befinden sich ein barocker Pavillon, der Benediktusweg, die „sprechenden Steine“, das Paradiesgärtlein, *Tel. 02752/555-232, www.stiftmelk.at*

Ruine Dürnstein

Einst Hauptburg der Kuenringer, berühmt geworden durch die Gefangenschaft des englischen Königs Richard Löwenherz und die Sage um Sänger Blondel. Am Weg zur und auf die Ruine: herrlicher Ausblick auf die Weinberge des Donautals, Starhembergwarte, Dürnstein, von April bis Oktober zu besichtigen. *Tel. 02711/219, www.duernstein.at*

TERMINE

Wachauer Weinfrühling (Mai)
Sonnwendfeiern im Juni
Kellergassenfest in Unterloiben (Juni)
Wachauer Marillenkirtag, Spitz in der Wachau (Juli)
Rieslingfest Weißenkirchen (Aug)

INFORMATION

u.a. **Gästeinformation Weißenkirchen** (direkt an der Hauptstraße) oder **Tourismusverband Wachau-Nibelungengau**, Spitz, Schlossgasse 3, Tel. 02713/300 60-60, Internet: www.wachau.at; hier bekommt man unter anderem Veranstaltungshinweise (wie Wachauer Weinfrühling, Smaragdpräsentation, Weinherbst etc.) und den hilfreichen Wachauer Heurigenkalender – damit man nicht vor verschlossenen Türen steht.

Wein in der City

Wien ist die einzige Großstadt der Welt mit wirtschaftlich bedeutendem Weinbau im Stadtgebiet. Das ist gut für die Wirtschaft, weil man vom Weinbau leben kann. Und für die Ökologie, denn die Wiener Winzer sind zugleich Landschafts-Gärtner. Außerdem für die Wiener und ihre Gäste, denn: Das Gute liegt so nah!

Als ich vor mehr als zwanzig Jahren nach Wien gezogen bin, war der Wiener Heurige eine der ersten Einrichtungen dieser freundlichen Stadt, die ich zu schätzen lernte. So nahe an der Stadt und doch draußen, leicht zu erreichen, leger und gemütlich. Sicher, die Weinqualität war nicht immer die beste; aber das war mir damals nicht so wichtig, und heute hat sich gerade in diesem Punkt sehr viel zum Guten verändert. Nicht zuletzt deshalb wäre es auch viel zu kurz gegriffen, den Wiener Weinbau ausschließlich am Heurigen festzumachen. Denn Wien ist eine eigenständige Weinbauregion und der Verkauf des Wiener Weines außerhalb des Heurigen hat in den vergangenen Jahren stark an Bedeutung gewonnen. Das liegt nicht zuletzt an der deutlichen Qualitätsverbesserung auf breiter Front, aber auch an den Bemühungen, dem Wiener Wein wieder jenen Stellenwert zu geben, den er bereits im 19. Jahrhundert hatte. Damals zählte etwa der „Nußberger" zu den großen und prämierten Weinen Österreichs und heute knüpft man an diese Erfolge wieder an. Allen voran schreiten Rieslinge und Weißburgunder, die hier optimale Bedingungen vorfinden, sowie der klassische Wiener „Gemischte Satz" aus mehreren Rebsorten, der als Top-Wein eine eindrucksvolle Renaissance erlebt. So wird der Wein, der praktisch vor der Haustüre wächst, inzwischen auch in der Wiener Gastronomie gern getrunken und erobert sich nach und nach auch kleine, feine Nischen in Österreich und im Ausland. Um sich die Größenordnungen etwas zu verdeutlichen: Die Weinregion Wien nimmt etwa 680 Hektar Rebfläche ein; das ist knapp die Hälfte der berühmten Wachau und bringt einen durchschnittlichen Ertrag von rund zwei Millionen Litern Wein pro Jahr. Ausreichend also, dass man auch den anderen etwas davon abgeben kann.

Aber sehen wir uns diese Weinregion Wien, ihre Weingärten und ihre Heurigen einmal genauer an und begeben wir uns auf eine önophile „Stadtrundfahrt". Der

Einzigartig: Wien ist die einzige Weltstadt mit nennenswertem Weinbau innerhalb der Stadtgrenzen.

spezielle Charakter dieser Tour legt es eigentlich schon nahe, dabei, soweit es geht, auf öffentliche Verkehrsmittel zu setzen oder überhaupt ein Stück Weges zu Fuß oder mit dem Fahrrad zurückzulegen. Abgesehen vom positiven Effekt auf die Umwelt – Ihre georderten Zwölferkartons können Sie ja bei anderer Gelegenheit mit dem Wagen abholen –, bemerkt man dabei bald, was einem Autofahrer kaum auffällt: Wiens Außenbezirke und noch mehr die Übergänge zum Wienerwald bestehen aus einer Vielzahl von Hügeln und Tälern, in denen teilweise noch immer – allerdings zumeist unterirdisch – Bäche verlaufen. Apropos Umwelt: Die Weingärten im Norden, Westen und Süden der Stadt liefern nicht nur feine Tropfen, sie prägen auch das Stadt- und Landschaftsbild, sind von großer ökologischer Bedeutung und werden von vielen Menschen als Naherholungsgebiet genutzt. Die Stadt Wien und die Wiener Winzer sind bemüht, diesen Lebens- und Erholungsraum zu pflegen und zu erhalten, was jedoch nur möglich ist, so lange es den echten Wiener Heurigen – erkennbar am Föhrenbuschen und der „Ausg'steckt"-Tafel – gibt. Nur hier wird garantiert Wiener Wein ausgeschenkt und das bedeutet, dass der Winzer auch Wiener Weingärten bewirtschaftet und betreut.

2000 Jahre Wiener Heuriger

Ehe wir uns nun endgültig auf die Socken machen, wollen wir eine kleine Reise unternehmen, für die man weder Auto noch Wanderschuhe benötigt: Sie führt uns durch die Geschichte des Wiener Weinbaus. Erschrecken Sie nicht, ich werde mich kurz fassen – schließlich wollen wir ja etwas zu trinken finden – und nur einige Highlights aus der bewegten Vergangenheit des Rebensaftes von Nußberg & Co herausgreifen. Bei den Nüssen fängt es übrigens erst an, spannend zu werden; denn obwohl bereits die Kelten und Illyrer hier ihre Weinbauversuche unternommen haben – kommt „Keltern" eigentlich von den Kelten? –, brachte erst der als „Weinkaiser" in die Geschichte eingegangene Marcus Aurelius Probus die Dinge ins Rollen, indem er das Weinanbauverbot für seine Legionäre in den nördlich der Alpen gelegenen römischen Provinzen aufhob, ihnen ein bestimmtes Quantum Wein als Teil des Soldes zusicherte und schließlich anordnete, dass auf dem Nußberg, na ja, eben Nussbäume zu pflanzen seien; der Genuss der fettreichen Schalenfrucht sollte die Auswirkungen übermäßigen Weinkonsums lindern.

Ein römischer Legionär soll übrigens als Pensionist auf der heutigen Hohen Warte den ersten „Heurigen" eröffnet haben, um müde Reisende zu laben, die auf der Limesstraße vorbeikamen, was freilich geschichtlich nicht gesichert ist. Jedenfalls entwickelte sich Wien – und dabei spielte auch der Wiener Wein eine Rolle – im Mittelalter zu einer recht gastlichen Stadt; Kreuzritterheere verweilten hier gerne auf ihrem langen und staubigen Weg nach Jerusalem, das wieder einmal zu befreien war. Nur die Türken wollten Wiens Gastfreundschaft etwas zu sehr strapazieren, wurden erst gar nicht eingelassen und mussten als Buße für ihren unangemeldeten Besuch den Kaffee zurücklassen; was, wie wir wissen, für Wien ebenfalls nicht folgenlos blieb.

In der damaligen Zeit gab es noch viele Weingärten innerhalb der Stadtmauern – ein kleines Relikt am Schwarzenbergplatz, dessen Trauben alljährlich unter dem Beisein des Wiener Bürgermeisters gelesen werden, zeugt noch heute davon – sowie dort, wo sich heute die Außenbezirke befinden. Schon damals wurde von den Bürgern in der Stadt oder in ihren Häusern und Kellern außerhalb der Mauern Wein ausgeschenkt, womit der eigentliche Heurige geboren war. Später wichen die Weingärten immer mehr in Richtung der Vororte zurück, sie mussten Befestigungsanlagen und später Wohnbauten weichen. Die heutigen Heurigenorte wie Sievering, Grinzing oder Stammersdorf gehörten damals noch nicht zu Wien und zu Schuberts Zeiten galt es als regelrechte Landpartie, wenn man – mit der Pferdekutsche oder dem „Zeiselwagen" – dort hinausfuhr.

Im 20. Jahrhundert ging es mit dem Wiener Weinbau stetig bergab, er verlor mehr und mehr an Rebflächen und auch an Bedeutung. Erst in den 1980er-Jahren konnte durch einen Schulterschluss des damaligen Vizebürgermeisters Hans Mayr und des Doyens der Wiener Weinhauer, Franz Mayer, dieser Entwicklung Einhalt geboten und eine Wiederbelebung der Wiener Weinkultur initiiert werden. Die Wiener Weingärten wurden zur Landschaftsschutzzone, was sie bis heute geblieben sind, und durch eine gezielte Förderung von Neuauspflanzungen konnten innerhalb eines Jahrzehnts an die zwei Drittel der Wiener Weingärten erneuert werden. Damit war ein wichtiger Schritt für den Weiterbestand der rund 150 echten Wiener Heurigen getan – einen anderen unternahmen die

Der Durchbruch des Donautals beeinflusst das Klima und damit den Weinbau positiv. Links der Leopoldsberg, rechts der Bisamberg.

Wiener Winzer in Eigeninitiative: Viele junge, engagierte Weinhauer setzen heute ihren Ehrgeiz darin, nicht nur einen guten Schankwein für den Heurigen zu produzieren, sondern auch sorten- und regionstypische Bouteillenweine abzufüllen. So sorgten und sorgen sie für den qualitativen Bauchaufschwung, der langfristig das Überleben der Weinregion Wien sichert.

Die Kellergassen von Transdanubien

Doch genug in der Vergangenheit gekramt. Die Gegenwart führt uns zum Parkplatz am Ende der Stammersdorfer Kellergasse. Von hier aus gehen mehrere Gassen und Hohlwege weg; sie sind die einzigen echten Kellergassen von Wien, die sich zum Teil metertief in den Löss versenken, in den die kleinen, alten Keller hineingebaut sind. Wir könnten nun entweder in Richtung Sender Bisamberg hinaufspazieren und im **Magdalenenhof** einkehren, wo der langjährige Korso-Küchenchef und Starkoch Reinhard Gerer den Kochlöffel schwingt, oder wir bleiben gleich hier und trinken beim ersten Heurigen einen G'spritzten und dann noch ein Glaserl Rotwein, denn der ist hier wirklich exzellent. Der Hausherr, **Hans Peter Göbel**, ist eigentlich ein „g'studierter" Architekt und hat daher sein kleines Heurigenlokal ganz modern umgebaut. Vielleicht sieht so der Heurige der Zukunft aus, gemütlich ist er jedenfalls nach wie vor geblieben.

Bei etlichen Heurigen in der **Stammersdorfer Kellergasse** befinden sich die Terrassen auf dem Dach der Lokale, darum genießt man von hier einen schönen Blick über die Weingärten auf den Bisamberg und weit nach Wien hinein. Die Betriebe hier sind einfach und ursprünglich, für Touristen eigentlich zu abgelegen, aber perfekt, um in Ruhe sein Gläschen Wein zu trinken. Zumindest fast: Denn leider fahren viele Autos durch Wiens einzige Kellergasse hinaus nach Hagenbrunn, obwohl es dorthin

auch eine breite Hauptstraße gibt, die halt einen kleinen Umweg bedeutet. Mögen die Verantwortlichen dereinst ein Einsehen haben und eine Schranke an den Wegesrand pflanzen ...
Etwas anspruchsvoller geht es unten in der Stammersdorfer Hauptstraße zu, wo sich ein Heuriger an den anderen reiht. Der wohl bekannteste ist der von Leo Wieninger, dessen Bruder Fritz in derselben Straße seinen imposanten Weinkeller, bestehend aus alten Gewölben und moderner Architektur, betreibt. Hier entstehen einige der besten und interessantesten Weine der Stadt, mit denen Fritz Wieninger in den vergangenen Jahren immer wieder Maßstäbe gesetzt hat.
Neben Stammersdorf befinden sich auf dieser Seite der Donau, im Volksmund als „Transdanubien" bezeichnet, noch die Wein- und Heurigenorte Großjedlersdorf – hier sollte man es nicht verabsäumen, dem **Heurigen Christ** einen Besuch abzustatten, was sich sowohl wegen des Weines als auch wegen des modernen Kellers lohnt – und Strebersdorf, das man von Stammersdorf mit dem Auto in fünf Minuten, zu Fuß in einer schwachen halben Stunde erreicht. Am Fuße des Bisamberges sind noch etliche original Wiener Heurigenbetriebe erhalten geblieben. Ein besonderes Zuckerl ist die kleine, idyllisch in den Weingärten gelegene Buschenschank des Wiener Politikers Norbert Walter, der mit großem Eifer und ausgeprägtem Qualitätsstreben im Nebenberuf Weinbau betreibt.

Grinzing, Neustift & Co. – Zwischen Tourismus und Tradition

Jetzt müssen wir über die Donau, und es bleibt uns nicht viel anderes übrig, als uns einer der Brücken zu bedienen, es sei denn, wir fahren nach Korneuburg hinaus und setzen stilvoll mit der Rollfähre nach Klosterneuburg über. Das hätte den Vorteil, dass wir am Weg nach Nussdorf dem winzigen Kahlenbergerdorf einen kleinen Besuch abstatten könnten, in dem es zwar nur mehr wenig Buschenschänken gibt, das aber mit seinen alten Häusern und verwinkelten Gässchen ein besonders idyllischer Flecken an einer wenig idyllischen Straße ist. Ganz ähnlich sieht es rund um den Nußdorfer Platz aus, nur sind hier die Häuser imposanter, zwischen denen man einen Spaziergang durch das alte Wien unternehmen kann, ehe man in einem der durchwegs recht hübschen und vom Massentourismus praktisch verschont gebliebenen Heurigen einkehrt.
Empfehlenswert ist der besonders authentische **Heurige Kierlinger** mit dem lauschigen Garten und einem Liptauer, der unter Kennern als der beste der Stadt gilt. Etwas weiter oben, in Heiligenstadt, wo dereinst der geniale Beethoven komponierte und seine Zipperlein an den heilkräftigen Quellen kurierte, findet man zwei weitere interessante Betriebe: das **Weingut Hajszan**, wo sich mit Blick auf den Weinkeller wunderbar zechen lässt, und den **„Mayer am Pfarrplatz"**, das ist der Traditionsheurige schlechthin. Von einem Glas Nußberger Riesling kann man sich hier, so wie einst Beethoven, der in diesem Hause wohnte, inspirieren lassen.
Von Heiligenstadt ist es nur ein kleiner Sprung hinauf nach **Grinzing**, ungefähr so weit wie von Ruhe und Abgeschiedenheit zu Wirbel und Trubel. Wer gerne ein bisschen spazieren geht, kann über den **Nußberg** nach Grinzing wandern, was zwar

einen Umweg bedeutet, aber dafür einen herrlichen Ausblick über die Donau und die Stadt gewährt. Will man nicht nur schauen, sondern auch trinken, so kann man dem **Sirbu** einen Besuch abstatten – der kleine Heurige liegt besonders schön und „aussichtsreich" mit Blick über die Donau auf den Bisamberg. Gleich daneben schenken im Herbst vier Winzer gemeinsam direkt im Weingarten aus – ein einfaches, aber vergnügliches Weinerlebnis der etwas anderen Art. Schließlich gibt es hier oben auch noch eine Dependance des Bio-Weinguts Hajszan – Weingarten-Idylle inklusive.

Was Grinzing angeht, so hat der nach wie vor recht schön anzusehende Heurigenort zwar eine lange Tradition, authentische Buschenschänken wie der **Maly** oder der **Obermann** sind aber inzwischen rar geworden. Etwas besser bestellt ist es da um die Heurigengrätzln (= viertel) in den nächsten „Tälern", Sievering und Neustift. Zwar breiten sich auch hier zunehmend diverse Pseudoheurige aus, die in Wahrheit Gastronomiebetriebe sind und ihre Weine von weiß Gott woher billigst einkaufen. Dazwischen findet man aber – meist in einfachen, kleinen Betrieben, die oft nur ein-, zweimal im Jahr „ausg'steckt" haben – noch ursprüngliche Heurigenatmosphäre.

Um nun in die kleinen Weinbauenklaven von Hernals (17. Bezirk) und Ottakring (16. Bezirk) zu gelangen, fährt man am besten über die Höhenstraße durch den Wienerwald, die leider von zahlreichen Ein- und Auspendlern als Umfahrung für die überfüllten Wiener Straßen verwendet wird. Eine Besonderheit ist der **Heurige des Salzburger Benediktinerstiftes St. Peter** am Rupertusplatz. Das Weingut geht auf den Anfang des 13. Jahrhunderts zurück und noch vor wenigen Jahren schenkte in den historischen Gewölben unter dem Pfarrhaus der Herr Pfarrer mehrmals jährlich höchstpersönlich den Eigenbau-Wein aus; inzwischen hat ihm der Gutsverwalter diese doch recht weltliche Pflicht abgenommen.

Schlosswein und Rotwein im Süden

Mit dem Wilhelminenberg endet das noch einigermaßen geschlossene Wiener Weinbaugebiet; will man die beiden anderen „Weininseln" in Mauer/Rodaun und Oberlaa besuchen, so spricht dies jedenfalls dafür, ein Auto oder öffentliches Verkehrsmittel zu benützen. Am Weg dorthin bietet sich ein kleiner Abstecher in den Schönbrunner Schlosspark an. Bis zum Jahr 1744 wurde direkt vor der prächtigen Orangerie ein Weingarten mit der Bezeichnung „Liesenpfennig" bewirtschaftet. Im Jahr 2009 knüpften die Winzer der Gruppe „WienWein" (zu diesem Zeitpunkt Edlmoser, Christ, Zahel und Wieninger) wieder an diese Tradition an und setzten einen „Gemischten Satz" aus, der in Zukunft alljährlich einen „schlossherrlichen" Wein bringen wird.

Nur wenige Autominuten entfernt warten die Weinberge von Mauer. Ausgrabungen und Funde lassen vermuten, dass dies der älteste besiedelte Teil von Wien war; schon in der Jungsteinzeit dürften hier Menschen gelebt haben. Nicht ganz so alt, aber ebenfalls schon angejahrt ist der alljährlich stattfindende „Maurer Kirtag", der in Aufzeichnungen vom Anfang des 18. Jahrhunderts bereits als „alter Brauch" erwähnt wird. Man findet im Süden von Wien aber nicht nur alte Bräuche, sondern auch junge Weine und Winzer, die nicht zuletzt mit ihren ausgezeichneten Rotweinen von sich reden machen. Bemerkenswert ist auch die besonders lebendige Heurigen-Szene: Beim Wiltschko, Zahel, Edlmoser, Steinklammer oder Hofer genießen Jung und Alt bunt gemischt die guten Weine und die unkomplizierte Heurigen-Atmosphäre.

Das letzte Wiener Weinbaugebiet schließlich befindet sich mitten im urbanen Bereich auf dem Laaer Berg. Weit bekannter als der Wein ist das Wasser von Oberlaa, das seit Ende der 1960er-Jahre ein Kurzentrum speist. Doch auch das knappe Dutzend Heurige, das sich hier – aller Verstädterung zum Trotz – rund um die Oberlaaer Straße gehalten hat, macht diese Gegend besuchenswert; sie sind, inmitten von Häusern und Straßen – ebenso wie der nahe gelegene „Böhmische Prater" –, noch ein „kleines Stückerl vom alten Wien".

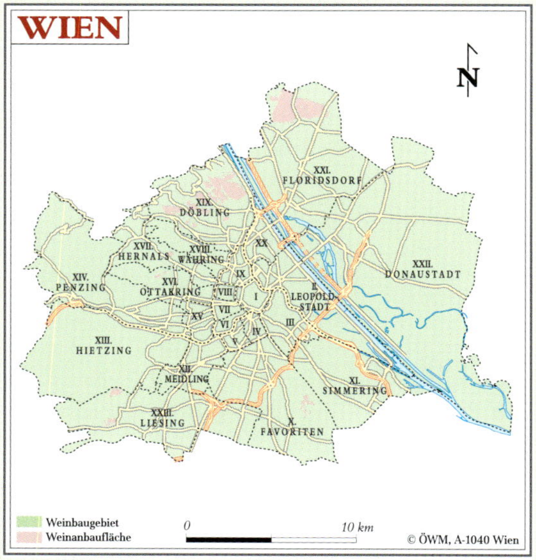

Winzer&Weine

Vor allem die klassischen Sorten Riesling und Weißburgunder, aber auch der weit verbreitete Grüne Veltliner, Sauvignon blanc, Gelber Muskateller und Chardonnay bringen ausgezeichnete Ergebnisse und zeigen, was in den Wiener Weinrieden für ein Potenzial steckt. Daneben wurde auch der klassische „Wiener Gemischte Satz" aus mehreren Rebsorten, die im selben Weingarten stehen, wieder entdeckt und zu einer neuen Blüte gebracht. Schließlich gewinnt der Rotwein zunehmend an Bedeutung: Zweigelt, Pinot noir und St. Laurent, aber auch neue Rebsorten wie der Merlot oder der Syrah sind die Bestandteile einer neuen Wiener Rotweinkultur.

Rainer Christ

1210 Wien-Jedlersdorf, Amtsstraße 12–14
Tel.+Fax 01/292 51 52
E-Mail: info@weingut-christ.at
Internet: www.weingut-christ.at

Seit 400 Jahren betreibt die Familie Weinbau, doch der moderne, sehenswerte Weinkeller zeigt, dass Rainer Christ nach dem neuesten Stand der Technik arbeitet. Star unter den Weißweinen ist der vielfach ausgezeichnete Weißburgunder „Vollmondwein", doch Christ keltert auch einige der besten Roten der Stadt wie die Cuvées „Mephisto" und „XXI". Im Familienbetrieb sorgen die Eltern dafür, dass der Heurige den Weinen qualitativ um nichts nachsteht.

Weingut Cobenzl

1190 Wien, Am Cobenzl 96
Tel. 01/320 58 05, Fax 328 22 86
E-Mail: office@weingutcobenzl.at
Internet: www.weingutcobenzl.at

Nach über 100 Jahren seines Bestehens ist das Weingut der Stadt Wien durch laufende Investitionen voll auf der Höhe der Zeit. Von Weinlagen auf beiden Seiten der Donau keltert man hier eine breite Palette von qualitativ hochwertigen und oftmalig ausgezeichneten Weinen vom „Gemischten Satz" über den Weißburgunder und Riesling bis zum dichten und stoffigen Zweigelt.

Edlmoser

1230 Wien, Maurer Lange Gasse 123
Tel.+Fax 01/889 86 80
E-Mail: office@edlmoser.at
Internet: www.edlmoser.at

Michael Edlmoser, geschult in der Neuen Welt, hat mit seinen dichten und stoffigen Rotweinen, die er kräftig mit Holz auflädt, einen für Wien neuen Rotweinstil kreiert. Seine Top-Weine sind im wahrsten Sinne des Wortes eine Wucht, doch gibt es hier natürlich auch animierende und trinkfröhliche Tröpfchen, die sich bestens im ausgezeichneten Heurigen der Familie zwitschern lassen.

F. M. Mayer Vitikultur

1190 Wien, Eroicagasse 6
Tel.+Fax 0699/120 277 85
E-Mail: fm-vitikultur@gmx.at
Internet: www.fm-vitikultur.at

Klein, aber fein – so das Motto von Franz Michael Mayer, der von einigen Spitzenlagen kleine Mengen ungewöhnlicher und höchst spannender Weine keltert.

Hajszan

1190 Wien, Grinzinger Straße 86
Tel. 01/370 72 37, Fax -20
E-Mail: elke@hajszan.com
Internet: www.hajszan.com

Quereinsteiger Stefan Hajszan hat in wenigen Jahren einen beachtlichen Betrieb aufgebaut, dessen Weingärten nach biologisch-dynamischen Richtlinien bewirtschaftet werden. Grüner Veltliner, Riesling, Gemischter Satz und Co. munden vor der Kulisse eines imposanten Kellergewölbes in Hajszans Weinrestaurant.

Göbel

1210 Wien, Stammersdorfer Kellergasse 151
Tel. 01/294 84 20, Fax 290 60 59
E-Mail: office@weinbaugoebel.at
Internet: www.weinbaugoebel.at

Hans Peter Göbel hat Architektur studiert und als Erster in Wien ein neuartiges Heurigenlokal mit moderner, schnörkelloser und doch gemütlicher Einrichtung geschaffen. Bemerkenswert sind überdies seine Rotweine, die mit ihrer festen Struktur und ihrem konzentrierten, saftigen Fruchtkörper zu den besten der Stadt zählen.

Hengl-Haselbrunner

1190 Wien, Iglaseegasse 10
Tel. 01/320 33 30, Fax 320 86 96
E-Mail: office@hengl-haselbrunner.at
Internet: www.hengl-haselbrunner.at

Im bekannten Heurigen der Familie Hengl lässt sich traditionelle Atmosphäre in Verbindung mit einem ausgezeichneten Buffet und feinen Weinen wie dem Riesling vom Nußberg oder den opulenten Rotweinen genießen. Tipp: Laufend finden hier hochkarätige Musikveranstaltungen mit Jazz und Wienerlied jenseits des Kitschs statt.

Weingut Karl Lentner

1210 Wien, Amtsstraße 44
Tel.+Fax: 01/292 51 23
E-Mail: info@karl-lentner.at
Internet: www.karl-lentner.at

Mit seinen Rieslingen, Chardonnay, Grünem Veltliner & Co. hat sich Karl Lentner schon des Öfteren in die Siegerlisten der Landesweinbewertung eingetragen. Mutter Lentner liefert dazu im Heurigen köstliche Braten und andere feine Happen vom Buffet.

Winzerhof Leopold

1210 Wien, Stammersdorfer Straße 18
Tel. 01/292 13 56, Fax 292 91 46
E-Mail: office@klager.at
Internet: www.winzerhof-leopold.at

Mit großem Engagement betreibt die Familie Klager ihren „Winzerhof", einen gemütlichen Heurigen mit viel Licht, Luft und hellem Holz. Stark sind die Rotweine, sehr gut auch Edelbrände, Fruchtsäfte, Sekt und, und, und ... ach ja: und Frau Klagers wunderbares, stets saisonal inspiriertes Heurigenbuffet.

Mayer am Pfarrplatz

1190 Wien, Pfarrplatz 2
Tel. 01/370 33 61, Fax: 01/370 47 14
E-Mail: mayer@pfarrplatz.at
Internet: www.pfarrplatz.at

Gegründet im Jahr der Zweiten Türkenbelagerung 1683, bewohnt von Ludwig van Beethoven und mehr als 50 Jahre lang von Franz Mayer, dem Doyen des Wiener Weinbaus, bewirtschaftet, sind das Weingut und der Heurige „Mayer am Pfarrplatz" längst eine Institution. Inzwischen im Besitz von Werbe-Legende Hans Schmid, wird diese Tradition aufs Beste fortgesetzt. Der Riesling vom Nußberg ist ein Parade-Exemplar, Sauvignon blanc, Muskateller, Gemischter Satz und Co. bereiten, begleitet von einem feinen Heurigenbuffet, jede Menge Trinkvergnügen. Ebenfalls hier vermarktet werden die Weine von Schmids zweitem Label, „Weingut Rotes Haus": kräftige, hochreife Rieslinge, Traminer und Gemischte Sätze von besten Lagen am Wiener Nußberg.

Schlumberger

Vertrieb: Top Spirit VertriebsGmbH
1190 Wien, Heiligenstädter Straße 35–41
Weingut:
2540 Bad Vöslau, Hans-Haderer-Gasse. 8
Tel. 01/368 22 59, Fax 368 225 96 20
E-Mail: office@mounier.com
Internet: www.mounier.at

Neben einer breiten Palette von Sekten produziert das Traditionshaus auch ausgezeichnete Rotweine von Lagen in Bad Vöslau (s. Thermenregion). Sehenswert sind die alten Gewölbekeller der Sektkellerei, die auch für Veranstaltungen angemietet werden können.

Alte Gewölbe unter dem modernen Keller bei Fritz Wieninger in Stammersdorf.

Weingut Walter Wien

1210 Wien, Untere Jungenberggasse 7
Tel. 01/515 43, Fax -929
Mobil: 0664/231 40 11
E-Mail: office@weingut-walter-wien.at
Internet: www.weingut-walter-wien.at

Mehr als ein Hobby ist für Norbert Walter der Weinbau in Wien. Die Vinifikation von Riesling, Veltliner, Chardonnay und Zweigelt besorgt sein Freund Fritz Wieninger, um die Vermarktung kümmert er sich selbst. Tipp: Der kleine Heurige in den Weingärten von Strebersdorf ist einen Besuch wert.

Wieninger

1210 Wien, Stammersdorfer Straße 80
Tel. 01/290 10 12, Fax -3
E-Mail: weingut@wieninger.at
Internet: www.wieninger.at

Überregionales Aufsehen erregte Fritz Wieninger vorerst mit Weinen, die eine internationale Stilistik an die Donau brachten, namentlich Chardonnay, Cabernet Sauvignon und Pinot noir, der im Betrieb schon eine lange Tradition hatte. Nach und nach wurde das Sortiment aber immer mehr auch durch „Wiener Spitzen“ wie den genialen „Gemischten Satz“ vom Nußberg oder Rieslinge bis hin zu opulenten Spätlesen angereichert. Wieningers Weine stehen auf vielen gut sortierten Weinkarten des Landes und rund ein Drittel davon wird exportiert. Der exzellente Heurige von Fritz’ Bruder Leo (Stammersdorfer Straße 78, Tel. 01/ 292 41 06, E-Mail: office@heuriger-wieninger.at) ist aber nach wie vor einer der besten Plätze, um diese feinen Tropfen zu genießen.

Zahel

1230 Wien, Maurer Hauptplatz 9
Tel. 01/889 13 18, Fax 889 15 67
E-Mail: winery@zahel.at
Internet: www.zahel.at

Richard Zahel bewirtschaftet Weingärten in Mauer, Oberlaa und am Wiener Nußberg – und sammelt das Beste dieser Regionen ein. Im Süden sind das eher die Rotweine wie der St. Laurent oder die Top-Cuvée „Antares“. Vom Nussberg kommen ein nobler Riesling, ein Gemischter Satz von höchster Reife und ein Chardonnay. Das alles genießt man in den gemütlichen Stuben des alten Bauernhauses oder im lauschigen Garten unter Kastanienbäumen.

WEITERE EMPFEHLENSWERTE WEINBAU- UND HEURIGENBETRIEBE IN WIEN

Jutta Ambrositsch

1030 Wien, Dannebergplatz 12/2
Tel. 0664/500 60 95
Internet: www.jutta-ambrositsch.at

Jutta Kalchbrenner (vormals Ambrositsch) bewirtschaftet als Quereinsteigerin einige sehr gute Weingartenparzellen in Wien, deren Erträge von Fritz Wieninger zu höchst kostenswerten Weinen vinifiziert werden.

Peter Bernreiter

1210 Wien, Amtsstraße 24–26
Tel. 01/292 36 80
Internet: www.bernreiter.at

Traditioneller, gut geführter Heurigenbetrieb mit sauberen Weinen, wobei der Schwerpunkt bei den weißen Burgundersorten liegt.

Fuhrgassl-Huber

1190 Wien, Neustift 68
Tel. 01/440 14 05, Fax 440 27 30
Internet: www.fuhrgassl-huber.at

In diesem renommierten Heurigen, der wie man in Wien sagt – „alle Stückerln spielt", genießt man die immer wieder ausgezeichneten Eigenbauweine und bedient sich am wahrhaft ausufernden Buffet.

Weingut Hofer

1230 Wien, Maurer Lange Gasse 29
Tel. 01/888 73 80, Mobil: 0664/373 77 04

Gemütlicher, traditioneller Heuriger mit modernen, fruchtbetonten Weißweinen wie Sauvignon blanc & Co., aber auch erstaunlich dichten und vollmundigen Roten.

Kierlinger

1190 Wien, Kahlenberger Straße 20
Tel.+Fax 01/370 22 64
Internet: www.kierlinger.at

Einer der einfachen, traditionellen Heurigen bietet in historischem Ambiente (der Betrieb befindet sich seit dem Jahr 1787 im Familienbesitz) feine Weine vom Nußberg und einen Liptauer-Aufstrich, der längst als legendär gilt. Tipp: Regelmäßige Veranstaltungen rund um die Themen Wein und Kultur.

Gerhard Klager

1210 Wien, Stammersdorfer Straße 14
Tel. 01/292 41 07
Internet: www.weingutklager.at

Die engagierte Winzerfamilie Klager verwöhnt ihre Gäste mit einem liebevoll zusammengestellten Buffet und feinen Eigenbauweinen in weiß und rot.

Obermann

1190 Wien, Cobenzlgasse 102
Tel: 01/328 43 41, Mobil: 0664/451 99 27
E-Mail: obermannwein@utanet.at

Abseits vom lauten Grinzinger Touristentrubel findet man im kleinen Gastgarten oder den gemütlichen Stuben seine Ruhe, ausgezeichnete Eigenbauweine und ein typisches Heurigenbuffet.

Reinprecht

1190 Wien, Cobenzlgasse 22
Tel. 01/320 14 71, Fax 320 57 13-22
Internet: www.heuriger-reinprecht.at

Im 300 Jahre alten Kloster befindet sich ein wahres „Heurigen-Eldorado" mit 15 Stüberln in allen Größen und einem weitläufigen Garten; auch wer die klassische „Schrammelmusik" mag, ist hier richtig.

Herbert Schilling

1210 Wien, Langenzersdorfer Straße 54
Tel. 01/292 41 89
Internet: www.weingut-schilling.at

Herbert Schilling war ein Vorreiter des Qualitätsheurigen in Wien. Im Heurigen serviert man zu den Eigenbauweinen Köstlichkeiten wie die hausgemachten Brat-, Blut- und Leberwürste.

Sirbu

1190 Wien Kahlenberger Straße 210
Tel. 01/320 59 28

Direkt auf der Anhöhe des Nußbergs gelegen, belohnt der Sirbu einen kurzen Fußmarsch mit gemütlicher Atmosphäre, einem guten Schluck Wein und einem traumhaften Blick über die Weinberge und die Donau bis weit hinein ins Weinviertel.

Steinklammer

1230 Wien, Jesuitensteig 28–30
Tel: 01/888 22 29
Internet: www.heuriger.co.at/steinklammer

Engagiert geführter Traditionsbetrieb mit einer breiten Palette kostenswerter Weiß- und Rotweine und einem hübschen Heurigengarten.

Stift St. Peter/ Gutsverwaltung Dornbach

1170 Wien, Rupertusplatz 5
Tel. 01/486 46 75

Im uralten, direkt unter dem Pfarrhaus gelegenen Kellergewölbe trinkt man einen rassigen „Alsegger" und genießt dazu feine Schmankerln vom gut sortierten Buffet.

Weingut Wailand

Kontakt: Teresa Wailand
1190 Wien, Hammerschmidtgasse 15
Tel. 0664/99 22 723
Internet: www.wailandwein.at

Der bekannte Medienmacher Dr. Georg Wailand betreibt im Nebenberuf ein kleines Weingut am Nußberg. Vinifiziert werden beim Hengl-Haselbrunner vor allem frische, fruchtig-animierende Weißweine.

Wiltschko

1230 Wien, Wittgensteinstraße 143
Tel. 01/888 55 60

Moderner Designer-Heuriger mit schöner Aussicht über die Weinberge von Mauer, kreativer Küche und fruchtig-reintönigen Weinen.

Haus der Musik: Im „Lehárschlössel“ in Nußdorf lebten Emanuel Schikander, Franz Lehár und Richard Tauber (oben). Space-Design bei Rainer Christ in Jedlersdorf (unten).

Essen
außerhalb der Heurigen

Hier sind nur stellvertretend einige Lokale angegeben, die sich in der Nähe der Weinbauregionen befinden.

Zum Herkner

1170 Wien, Dornbacher Straße 123
Tel. 01/485 43 86
E-Mail: karl.riedler@a1.net

Steirerstöckl

1180 Wien, Pötzleinsdorfer Straße 127
Tel. 01/440 49 43, Fax 440 64 49
E-Mail: steirerstoeckl@jagawirt.at
Internet: www.steirerstoeckl.at

Eckel

1190 Wien, Sieveringer Straße 46
Tel. 01/320 32 18, Fax 320 66 60
E-Mail: restaurat.eckel@aon.at
Internet: www.restauranteckel.at

Plachutta-Nußdorf

1190 Wien, Heiligenstädter Straße 179
Tel. 01/37 41 25, Fax 370 41 25-20
E-Mail: nussdorf@plachutta.at
Internet: www.plachutta.at

Gasthof zum Renner

1190 Wien, Nußdorfer Platz 4
Tel. 01/378 58 58, Fax -19
E-Mail: gastro@zum-renner.at
Internet: www.zum-renner.at

Liebstöckl & Co

1190 Wien, Sandgasse 12
Tel. 01/328 83 10, Fax 328 94 40
E-Mail: office@liebstoeckl.at
Internet: www.liebstoecklco.at

Figls

1190 Wien, Grinzinger Straße 55
Tel. 01/320 42 57, Fax -20
E-Mail: info@figls.at
Internet: www.figls.at

Pfarrwirt

1190 Wien, Pfarrplatz 5
Tel. 01/370 73 73, Fax -1
E-Mail: info@pfarrplatz.at
Internet: www.pfarrwirt.com

Gerer's Magdalenenhof

1210 Wien, Senderstraße 355
Tel. 01/292 35 19
Internet: www.reinhard-gerer.at

Der Stasta

1235 Wien, Lehmanngasse 11
Tel. 01/865 97 88-35
E-Mail: hotel@stasta.at
Internet: www.stasta.at

Was mögen diese alten Rebstöcke wohl für herrliche Weine hervorgebracht haben?

Über Nacht

In nächster Nähe stehen sämtliche Wiener Beherbergungsbetriebe zur Verfügung. *Info im Internet: www.wien.info.at*

Kultur&Erleben

Weinbaumuseum Wien-Döbling

Untergebracht ist das Weinbaumuseum im mittelalterlichen Keller des Bezirksmuseums Döbling. Ausgestellt sind Gerätschaften des Weinbaus; *1190 Wien, Döblinger Hauptstraße 96, Tel. 01/ 368 65 46.*

Wiener Heurigenguide

Unter www.wienerwein.at (zum Download) oder bei allen Wiener Heurigenbetrieben, der Stadtinfo im Wiener Rathaus und bei den Touristeninformationsstellen des Wiener Tourismusverbandes erhältlich.

Alle Sehenswürdigkeiten finden Sie im Internet unter: www.wien.info.

TERMINE

Wiener Winzertour (Apr)
Tag der offenen Kellertüren, Weinverkostungen und Weinfeste unter www.wienerwein.at
Vievinum, die größte heimische Weinmesse, findet alle zwei Jahre in der Wiener Hofburg statt.

MODERNE ARCHITEKTUR

Weingut Christ, mit einfacher Formensprache und Materialien wie Stein, Holz und Beton erhielt der traditionelle Heurige ein neues Gesicht; Großjedlersdorf, *Architekten: raum-werk-stadt architekten*

Weingut Wieninger, Design-Weingut und alter Gewölbekeller – der Weg des Weines stellt eine zeitgemäße Verbindung her, Stammersdorf, *ArchitektInnen: Jeitler-Stiebellehner*

Römerquelle lässt dem Weine das Seine

Mineralwasser und Wein sind bewährte Partner in Sachen Genuss. Wichtig ist dabei die ideale Kombination, denn nicht jedes Wasser passt zu jedem Wein. Römerquelle Mineralwasser ist geschmacklich ein hervorragender Begleiter der edlen Tropfen und sorgt dafür, dass auch die Gesundheit nicht zu kurz kommt.

Hochwertiges Mineralwasser zu Top-Weinen

Mineralwasser ist vor allem in der gehobenen Gastronomie ein gern gesehener Begleiter zu erstklassigen Weinen. Für Gäste lohnt sich dabei nicht nur die Frage nach der passenden Weinbegleitung zum Menü, sondern auch nach dem idealen Wasser zum Wein, denn ob und wie sich der Wein im Geschmack entfaltet, hängt nicht zuletzt von seiner Kombination mit dem idealen Mineralwasser ab. So wird den Top-Weinen nur hochwertiges natürliches Mineralwasser wie Römerquelle als kulinarischer Begleiter gerecht. Das optimale Wasser zum Wein weist eine ausgewogene Mineralisierung auf, ist dezent im Geschmack und erfrischt und neutralisiert so die Geschmacksrezeptoren der Zunge mit jedem Schluck. Römerquelle zeichnet sich durch genau diese Eigenschaften aus und ist daher in Österreich nicht nur unter Kennern das beliebteste Mineralwasser zum Wein. Daher unterstützt Österreichs großer Mineralwasserbrunnen die neue und innovative Ausbildung zum diplomierten Wasserexperten in der HLF Krems (Höhere Bundeslehranstalt für Tourismus). Im Zentrum des Pilotprojektes: das Wasser als wertvoller österreichischer Bodenschatz und wesentliches Element heimischer Trinkkultur – sei es als Begleiter zu einem Glas Wein, einer Tasse Kaffee oder pur genossen.

Wein- und Wasserregion Burgenland

Österreich ist sowohl für seine lange Weinbautradition als auch für seinen Wasserreichtum weit über die Grenzen hinweg bekannt. Unverfälschter Genuss spielt dabei eine wichtige Rolle und zeichnet die heimischen Köstlichkeiten aus. Die unterschiedlich mineralisierten Böden sorgen für individuellen, regional einzigartigen und natürlichen Geschmack – von Mineralwasser und Wein. Somit ist jedes Mineralwasser und jeder Wein gleichzeitig auch ein Spiegelbild der Region und der dortigen geologischen Bodenbeschaffenheit. Seine reichen und vielfältigen Böden machen das Burgenland nicht nur zu einer der wichtigsten Weinregionen Österreichs sondern auch zu einer erstklassigen Quellregion für natürliches Mineralwasser. Für naturreinen Wassergenuss lohnt es sich, in die Tiefe zu gehen – wie bei der traditionsreichen Römerquelle im burgenländischen Edelstal. 3.300 v. Chr. war ein hervorragender Jahrgang, damals versickerte Wasser in der Erde und reicherte sich auf seinem Weg durch zahlreiche Gesteinsschichten mit wertvollen Mineralstoffen und Spurenelementen an. Von mächtigen Gesteinsformationen geschützt, lagert die Römerquelle seither als kostbarer Naturschatz in der Tiefe. Der Weg durch die Gesteinsschichten macht die spezifische Mineralstoffzusammensetzung und den Geschmack von

Römerquelle Mineralwasser aus. Als heimisches Mineralwasser von natürlicher Reinheit ist es damit nicht nur ein wohlschmeckender und gesunder Durstlöscher, sondern auch ein wertvoller Mineralstofflieferant.

Gesunder Genuss durch ausgewogene Mineralisierung

Entscheidend für die geschmackliche Wahrnehmung des Weines ist auch das dazu gereichte Wasser und hier vor allem die in Mineralwasser enthaltenen Mineralstoffe. So wird im Idealfall der Charakter eines guten Weines durch die optimale Mineralisierung des Wassers zusätzlich unterstrichen. Ist die Mineralisierung unausgeglichen, kann die Freude auf den edlen Tropfen schnell zur Enttäuschung werden: Aromen können verfälscht oder überdeckt und der Weingenuss dadurch getrübt werden. Bei Römerquelle liegt der natürliche Calciumanteil für eine optimale Geschmacksentwicklung im Idealbereich und auch das Verhältnis der Mineralstoffe untereinander stimmt. Durch seine ausgewogene natürliche Mineralisierung tut Römerquelle Mineralwasser aber nicht nur dem Geschmack sondern auch der Gesundheit gut – denn bei allem Genuss und Freude an den edlen Kreszenzen: Wein entzieht dem Körper auch Wasser und wertvolle Mineralstoffe. Eine bewährte Gourmet-Regel empfiehlt, ein Glas Wasser pro Achterl Wein zu trinken, um den Wasser- und Mineralstoffhaushalt auszugleichen. Römerquelle Mineralwasser hilft so, typische „Nebenwirkungen" wie Müdigkeit am Tag danach zu lindern oder gar nicht erst aufkommen zu lassen.

Prickelnd, mild oder still?

Neben einer ausgewogenen Mineralisierung sollte bei der Wasserauswahl auch auf den passenden Kohlensäure-Gehalt geachtet werden. So kann Kohlensäure je nach Anteil beispielsweise Säure oder Gerbstoffe des Weines verstärken oder ausgleichen. Als gute Orientierungshilfe gilt dabei: Je weniger Säure ein Wein hat, desto mehr Kohlensäure darf das dazu gereichte Mineralwasser enthalten.

Prickelnde Begleitung
Römerquelle prickelnd eignet sich beispielsweise ideal zur Begleitung halbtrockener und leichter Weine wie Traminer, Blauer Portugieser oder Neuburger.

Mild genießen
Die optimale Ergänzung zu Weinen mit mäßiger Säure wie Grüner Veltliner, Chardonnay, Weißburgunder oder Zweigelt ist Römerquelle mild mit seinem mittleren Kohlensäuregehalt.

Stille Wasser sind tief
Gehaltvolle Weißweine mit klar strukturierter Säure wie Riesling Smaragd sollten hingegen bevorzugt mit stillem Römerquelle Mineralwasser kombiniert werden. Letzteres ist auch die ideale Ergänzung zu im Barrique ausgebauten Rot- oder Weißweinen, da z. B. Blaufränkisch, St. Laurent oder Merlot einen hohen Gerbstoffanteil aufweisen und Kohlensäure den bitteren Geschmack der Tannine zusätzlich betont.

Das Angebot an Römerquelle Mineralwasser bietet dabei für jeden Gaumen und Tropfen das Richtige: Ob prickelnd, mild oder still – hier findet sich für jeden Wein die ideale Begleitung. Und nicht zuletzt spielt wie auch beim Wein die Trinktemperatur eine wichtige Rolle. Gut gekühlt auf ideale 7 bis 12 Grad Celsius erfrischt es den Gaumen und unterstreicht den Charakter des Weins optimal.

Geschmackvolles Design

In der Gastronomie wird Römerquelle in der karaffenförmigen Glasflasche kredenzt. Vor allem Hotels und Restaurants, die auf Ästhetik, Design und gehobene Tischkultur Wert legen, schätzen die preisgekrönte Römerquelle Design-Flasche. Aber nicht nur das Design, auch funktionale Elemente wie der praktische Metallverschluss und die große Flaschenöffnung überzeugen Gastronomen. In ebendieser Flasche bietet Römerquelle für Liebhaber von Near Water Getränken in der Gastronomie die Geschmacksrichtungen birne | melisse, lemongrass, brombeere | limette und die neue emotion-Kreation apfel | ribisel an.

Nähere Informationen auf
www.roemerquelle.at

Register

ORTE

WINZER

GENUSSREISEFÜHRER ÖSTERREICH

So schmeckt Salzburg
ISBN: 978-3-7088-0492-7
Vorgestellte Regionen: Stadt Salzburg, Flachgau, Tennengau, Pongau, Lungau, Pinzgau

Ab Herbst 2010

Zusammen mit dem Kuratorium Kulinarisches Erbe Österreich präsentiert der Kneipp-Verlag Bundesland für Bundesland heimische, regionale Produkte und Spezialitäten. Die handlichen Führer informieren über die österreichischen Genussregionen, landestypische Erzeugnisse, über Produzenten und Vermarkter, über Wirte und Hoteliers – über alle, die sich der Idee der regionalen Lebensmittelvielfalt verschrieben haben.

Machen Sie sich auf die Entdeckungsreise!

Pro Führer **€ 12,90**
128 Seiten, Farbfotos

Bestellen Sie unter
www.ichlese.at

So schmeckt das Burgenland
ISBN: 978-3-7088-0452-1
Vorgestellte Regionen: Seewinkel, Neusiedler-See-Ufer, von Eisenstadt zur Rosalia, rund um den Geschriebenstein, Mittelburgenland, rund um die Weinidylle, rund um die Therme Stegersbach, vom Lafnitztal in den Süden.

So schmeckt die Steiermark
ISBN: 978-3-7088-0470-5
Vorgestellte Regionen: Auseerland und Ennstal, Unterwegs im Murtal, rund um das Mürztal, Graz und Umgebung, durch die Oststeiermark, Region Weststeiermark, die Südsteiermark

So schmeckt Kärnten
ISBN: 978-3-7088-0475-0
Vorgestellte Regionen: Rund um den Wörthersee, Klagenfurt & Villach; Lieser-, Maltatal & Gegendtal; Millstätter See; Gurktal, Metnitztal; Görtschitztal & Norische Region; Mölltal & Region Hohe Tauern, Lavanttal; Jauntal & Rosental; Gailtal, Lesachtal & Gitschtal

So schmeckt Tirol, Vorarlberg
ISBN: 978-3-7088-0430-9
Vorgestellte Regionen: Tirol: Innsbruck und Umgebung, Tiroler Oberland, Tiroler Unterland, Osttirol; Vorarlberg: Rheintal und Bodensee, Bregenzerwald, Alpenregion und Montafon

So schmeckt Wien, Niederösterreich
ISBN: 978-3-7088-0431-6
Vorgestellte Regionen: Wachau und Kamptal, Weinviertel, Waldviertel, Motviertel, Schneebergland und Bucklige Welt, Thermenregion Wienerwald

So schmeckt Oberösterreich
ISBN: 978-3-7088-0443-9
Vorgestellte Regionen: inneres Salzkammergut, rund um den Traunsee, Eferdinger Becken, vom Kobernaußwald zum Weilhartforst, unterwegs im Sauwald, Region Mühlviertel, rund um Feldaist und Waldaist

Kleine Rebsortenkunde

ÖSTERREICHS WEISSWEINE

Grüner Veltliner
Verbreitung: Niederösterreich, Burgenland, Wien
Charakteristik: würzig, pfeffrig, fruchtbetont; im Alter Brot, Nüsse, Mandeln

Welschriesling
Verbreitung: Burgenland, Steiermark, östl. Weinviertel
Charakteristik: Stachelbeeren, grüne Äpfel, saure Drops, Johannisbeeren

Müller-Thurgau (Riesling x Sylvaner, Rivaner)
Verbreitung: in allen Weinbaugebieten
Charakteristik: Muskat, eventuell Gras, mild und eher säurearm, sollte jung getrunken werden

Chardonnay und Weißer Burgunder (Pinot blanc, Klevner)
Verbreitung: in allen Weinbaugebieten
Charakteristik: Chardonnay: Ananas, Banane, Äpfel, Birnen, Zitrusfrüchte, Karamel, Vanille, Butter; Weißer Burgunder: Nüsse, Äpfel, grünes Laub, bei hoher Reife Butter

Riesling (Rheinriesling)
Verbreitung: Donau (Wachau, Wien und andere Flusstäler)
Charakteristik: Pfirsich, Marille (Aprikose), grüne Äpfel, Quitten, Limonen; im Alter Duft nach Petroleum (Benzin)

Neuburger
Verbreitung: Thermenregion, Wachau, Neusiedler See, Wien
Charakteristik: Nüsse (eher bei hoher Reife) im Duft und Geschmack, tendiert zu hohem Extrakt, daher oft als Prädikatswein ausgebaut, Honig

Frühroter Veltliner (Malvasier)
Verbreitung: Niederösterreich
Charakteristik: sehr feines, neutrales Bukett, Anklänge von Marzipan, Mandeln, Nüssen

Muskat-Ottonel
Verbreitung: Neusiedler See,
Charakteristik: intensive, oft fast laute Frucht, Muskat, Würze, manchmal grüne Äpfel

Bouvier
Verbreitung: Burgenland
Charakteristik: traubig, Muskataromen, wird vor allem für Süßweine verwendet

Traminer
Verbreitung: in allen Weinbaugebieten
Charakteristik: Gewürze (auch exotische wie Ingwer, Kardamom etc.), Rauch, Gras, Litschis

Sauvignon blanc (Muskat-Sylvaner)
Verbreitung: Südsteiermark, Neusiedler See
Charakteristik: grüne Paprika, frisch geschnittenes Gras, grüne Blätter, Stachelbeeren; Neue-Welt-Weine: gekochter Spargel

Ruländer (Grauburgunder, Pinot gris)
Verbreitung: Niederösterreich, Burgenland, Steiermark
Charakteristik: bei hoher Reife Nüsse, Honig

Muskateller
Charakteristik: riecht und schmeckt nach Trauben, je nach Reife grüne Äpfel, Orangen, Zitrusfrüchte, Rosenblüten

Roter Veltliner
Rebfläche: 0,5 %
Verbreitung: Niederösterreich (Wagram)
Charakteristik: riecht nussig, würzig, aromatisch; schmeckt kraftvoll und vollmundig

Zierfandler/Rotgipfler (Spätrot)
Verbreitung: Thermenregion
Charakteristik: nussige Würze, Bukett nach Mandeln und Pistazien; Zierfandler: kräftige Säure; die beiden Rebsorten werden häufig zum so genannten Spätrot-Rotgipfler verschnitten

ÖSTERREICHS ROTWEINE

Blauer Zweigelt
Verbreitung: in allen Weinbaugebieten
Charakteristik: Kirsche, Weichsel, verschiedene Beeren

Blaufränkisch
Verbreitung: Burgenland
Charakteristik: Brombeeren, Gras, mineralische Bodentöne, Moos, Pilze, manchmal Schokolade

Blauer Portugieser
Verbreitung: Niederösterreich, Burgenland
Charakteristik: wenig Bukett, traubig, Heublumen, im Idealfall etwas Beeren

Blauer Burgunder (Pinot noir)
Verbreitung: Niederösterreich, Burgenland
Charakteristik: Himbeeren, Walderdbeeren, Kirschen, Preiselbeeren, im Alter Laub, Unterholz, Leder, Pilze etc.

Sankt Laurent
Verbreitung: Niederösterreich, Burgenland
Charakteristik: Kirschen, Weichseln, Himbeeren, ähnlich Pinot noir

Blauer Wildbacher
Verbreitung: Weststeiermark
Charakteristik: grasig, rassig, pikant, würzig, säurereich

Andere rote Qualitätssorten

Cabernet franc
Charakteristik: ähnlich wie Cabernet Sauvignon, auch Brombeeren, mehr grüner Paprika, gemüsige Anklänge

Cabernet Sauvignon
Charakteristik: Schwarze Johannisbeere, Dörrobst, Schokolade,
grüner Paprika, Zedernholz/Zigarrenkiste, Tabak

Merlot
Charakteristik: Beeren wie Kirsche, Johannisbeere etc., Zwetschken (Pflaumen), Gewürze

Syrah (Shiraz)
Charakteristik: schwarzer Pfeffer, Gewürze, Brombeeren, Oliven, Leder, Teer, manchmal Schokolade

Blauburger
Charakteristik: weinig im Duft, kräftiger, meist eher einfacher Wein